Die schönsten Wege

Erlebnis-Wanderungen in der Ortenau

Zu den schönsten Aussichtspunkten, durch urige Wälder und liebliche Weinberge

J. BERG

Inhalt

Rheinebene

Weinzone und Schwarzwaldvorberge

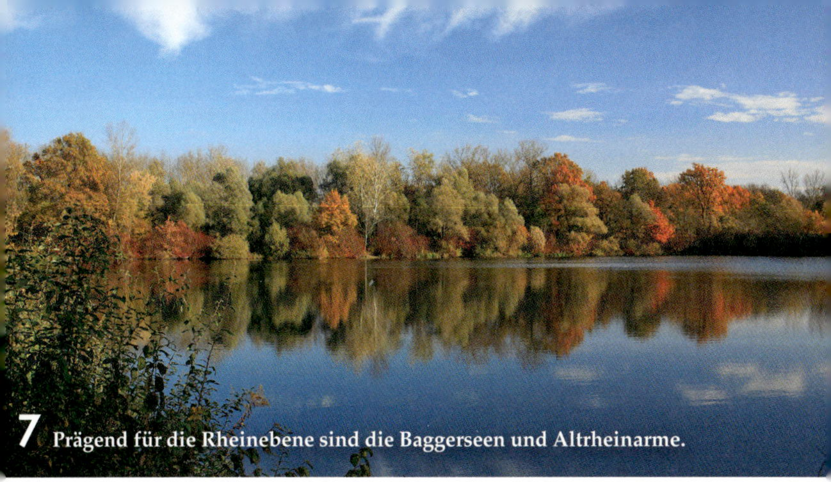

7 Prägend für die Rheinebene sind die Baggerseen und Altrheinarme.

Schwarzwald

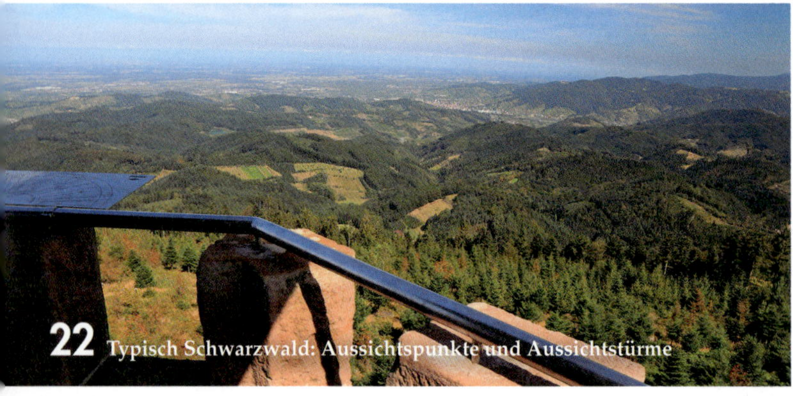
22 Typisch Schwarzwald: Aussichtspunkte und Aussichtstürme

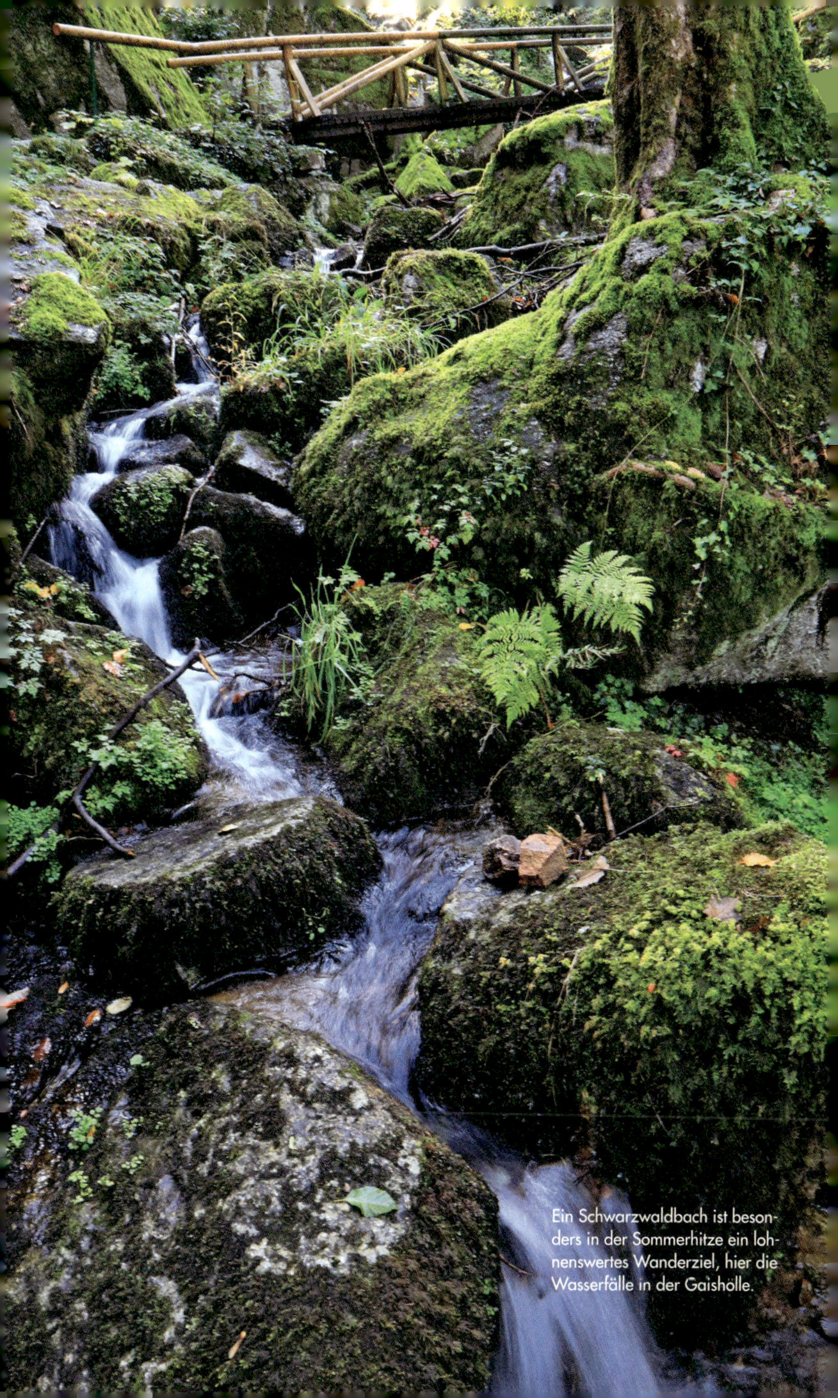

Ein Schwarzwaldbach ist besonders in der Sommerhitze ein lohnenswertes Wanderziel, hier die Wasserfälle in der Gaishölle.

Tourenüberblick

Tour			Länge in km	Höhenunterschied in m	Gehzeit in Std.	Einkehr	kindergeeignet	Premiumweg	wintergeeignet	viel Sonne	eher schattig	Sehenswürdigkeit	öffentliche Verkehrsmittel
1	Mittel	Durch die Auwälder bei Rheinau	10,3	10	2.30	•	•		•		•		•
2	Mittel	Hinauf in die Schwarzwaldvorberge	11,5	90	3	•	•		•	•		•	•
3	Mittel	Schwarzwaldblick zwischen Streuobstwiesen	8,4	30	2.15	•	•		•	•		•	•
4	Mittel	Durch das Hanauerland	14,2	10	3.30	•	•		•	•		•	•
5	Schwer	Viel Wasser in der Rheinebene	15,4	10	3.45	•			•	•		•	•
6	Schwer	Zwischen Ichenheim und Altenheim	16,1	10	4	•			•	•	•	•	•
7	Leicht	Von Nonnenweier nach Schwanau	10,4	10	2.30	•	•		•	•	•		•
8	Leicht	Von Lahr in die Weinberge	8,4	150	2.15	•	•		•	•		•	•
9	Mittel	Im Dreieck Ringsheim, Ettenheim und Herbolzheim	10,6	200	3	•	•		•	•		•	•
10	Mittel	Alde God Panoramarunde	10	330	3.30	•	•	•	•	•		•	•
11	Mittel	Zwischen Oberachern und Kappelrodeck	11,4	170	3.10	•	•		•	•		•	•
12	Mittel	Von der Schauenburg in die Weinberge	10,8	370	3.30	•	•		•	•		•	•
13	Schwer	Durbacher Weinpanorama	16	600	5	•		•	•	•		•	•
14	Mittel	Wandern am Schwarzwaldrand	8,8	130	2.30	•	•		•	•		•	•
15	Mittel	Von Diersburg nach Niederschopfheim	12,2	150	3.10	•	•		•	•			•
16	Mittel	Mummelsee und Hornisgrindepfad	6,5	340	3	•	•	•			•	•	•
17	Mittel	Über den Altsteigerskopf	9	250	3	•	•				•		•
18	Schwer	Rund um das Mühlendorf Ottenhöfen	13,5	450	4.30	•				•	•	•	•
19	Schwer	Karlsruher Grat	12,2	790	4.30	•		•			•		•

Leicht
Mittel
Schwer

Länge in km
Höhenunterschied in m
Gehzeit in Std.

Einkehr
kindergeeignet
Premiumweg
wintergeeignet

viel Sonne
eher schattig
Sehenswürdigkeit
öffentliche Verkehrsmittel

Tour			km	Hm									
20	●	Erlebnistour um Allerheiligen	5,5	230	2	•	•			•		•	•
21	●	Auf den Buchkopfturm	8,5	250	2.30	•	•				•	•	•
22	●	Auf den Moosturm	9,5	420	3.30	•					•	•	
23	●	Zum Habererturm bei Bad Griesbach	6,6	330	2.15	•	•			•	•	•	•
24	●	Harmersbacher Vesperwegle	14,5	490	4.30	•		•		•	•		•
25	●	Hahn-und-Henne-Runde	14	500	5	•		•		•	•		•
26	●	Viel Aussicht vom Brandenkopf	8,7	280	2.40	•	•				•		
27	●	Panoramawege um St. Roman	7,5	200	2.15	•	•				•	•	
28	●	Hausacher Bergsteig	13,5	760	4.30	•		•			•		•
29	●	Zum Urenkopfturm	11	570	3.30	•					•	•	•
30	●	Gutacher Tälersteig	15	720	5	•		•			•		•

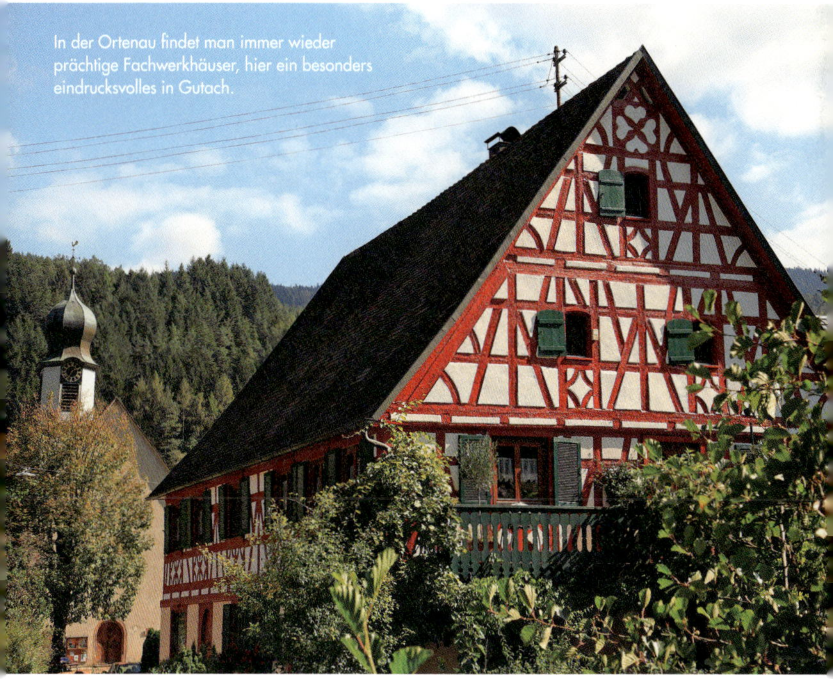

In der Ortenau findet man immer wieder prächtige Fachwerkhäuser, hier ein besonders eindrucksvolles in Gutach.

Vorwort

Liebe Leserinnen, liebe Leser,

von der fruchtbaren Rheinebene über die sonnenverwöhnten Rebhänge bis hin zu den Höhenlagen des Schwarzwalds – die Ortenau besticht durch ihre vielseitige Natur- und Kulturlandschaft, in der es sich herrlich wandern lässt. Ganz gleich, ob Sie auf der Suche nach Erholung, Genuss oder Abenteuer sind, ob Sie die kleine Spazierrunde oder die ambitionierte Wandertour bevorzugen – auf über 1000 Kilometern an ausgewiesenen Wander- und Fernwanderwegen, darunter 15 Premiumwanderwege, wird für jede und jeden etwas geboten!

Im größten Landkreis in Baden-Württemberg empfangen wir unsere Gäste mit über 1700 Sonnenstunden im Jahr, mit National- und Naturpark und einer

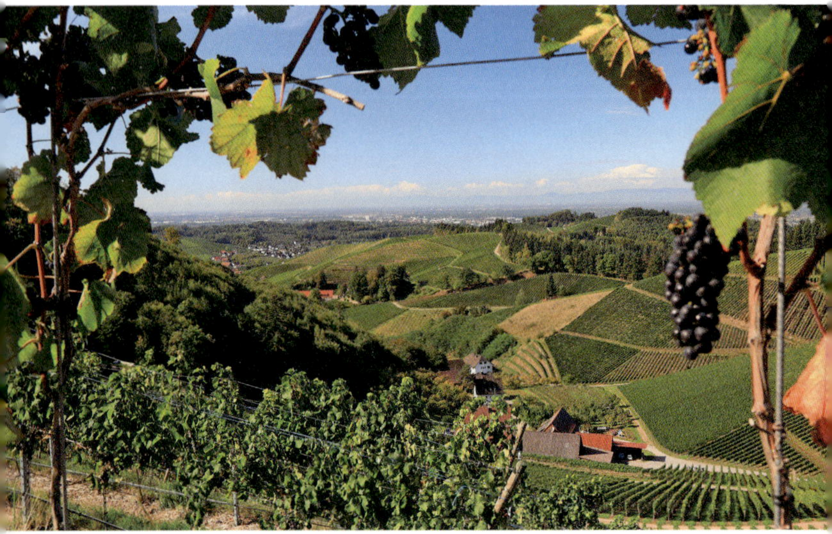

Blick in die Weinberglandschaft um Schloss Staufenberg

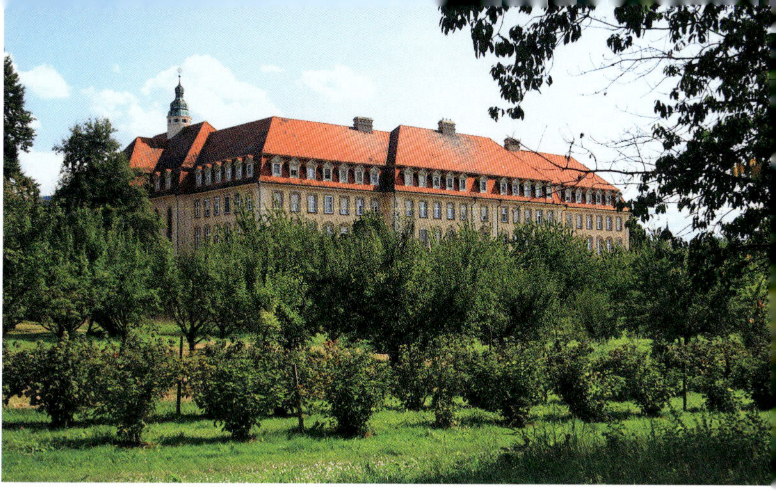

gemeinsamen 60 Kilometer langen Grenze mit Frankreich in unmittelbarer Nachbarschaft zur pulsierenden Europametropole Straßburg. Bei uns im Ortenaukreis werden alte Traditionen, weltbekannte Trachten, sagenhafte Mythen und authentische Dialekte mit unverwechselbarem Kunsthandwerk kombiniert – und oftmals auch neu interpretiert. Das Angebot reicht von der traditionellen Bollenhutmacherin bis hin zum avantgardistischen Künstler. Und auch kulinarisch kommen unsere Gäste voll auf ihre Kosten, neben exzellenten Weinen oder Edelbränden, feldfrischem Obst und Gemüse und der weltberühmten Schwarzwälder Kirschtorte punktet die Ortenau auch mit ihrer vielfach dekorierten Gastronomie.

Prächtige Architektur in der Rheinebene, hier das Kloster Erlenbad

Ich lade Sie herzlich ein auf eine Reise durch diese Vielfalt des Ortenaukreises. Mit ausgewählten Wanderrouten, Wissenswertem, hilfreichen Tipps und starken Motiven führt Sie Dieter Buck vorbei an den beliebten Sehenswürdigkeiten ebenso wie zu entlegenen Orten.

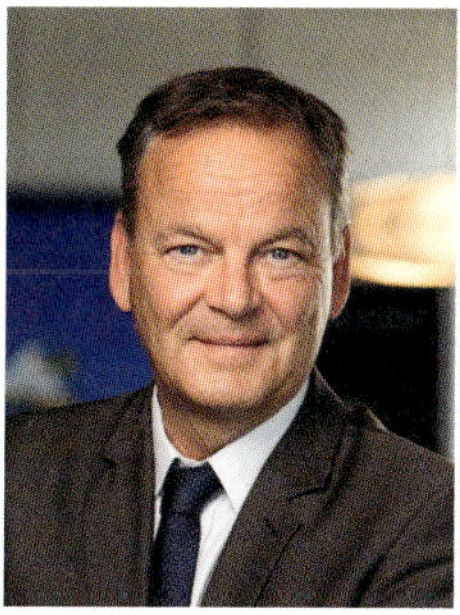

Ihr
Frank Scherer
Landrat des Ortenaukreises

Die Ortenau – Wanderlandschaft der vielen Möglichkeiten

»Ein klein, aber ganz fruchtbar Ländlin,
darin gut Wein und ziemlich Korn wächst.«
Sebastian Münster, 1550

Die Ortenau, eine Gegend, die von völlig unterschiedlichen Landschaftstypen geprägt ist, gehört zu den schönsten Wandergebieten Baden-Württembergs. Ihr Name ist schon alt, er stammt aus dem Keltischen und entwickelte sich zunächst über die Bezeichnung Moridunum hin zur 768 genannten Gaugrafschaft Mortenau (Mordenaugia). Deren Gebiet lag zwischen dem Rhein und dem Schwarzwaldkamm, von der Bleich im Süden bis zu Murg und Oos im Norden. Sie gehörte im 11. und 12. Jahrhundert den Herzögen von Zähringen, war von 1218 bis 1245 staufisches Reichsgut und löste sich im folgenden Interregnum in eine Vielzahl kleinerer Herrschaftsgebiete auf. Aus diesem Konglomerat eroberte Rudolf von Habsburg die damalige Reichsvogtei Ortenau zurück. Ab dem 15. Jahrhundert trug sie den von der Burg Ortenberg inspirierten Namen Ortenau, war also sogar ein staatsrechtlicher Begriff. Durch den Frieden von Pressburg 1805 kam sie an die Markgrafen von Baden. Außer den Markgrafen von Baden herrschten hier noch der Bischof von Straßburg und die Grafen von Hanau-Lichtenberg, denen das Hanauer Land um Kehl gehörte. Zudem gab es freie Reichsstädte wie Offenburg und Gengenbach und eine Reihe freier Ritterschaften, die in einem Ritterbund organisiert waren.

Anreise

Die Anreise per Bus und Bahn (Infos unter www.efa-bw.de) sowie mit dem Auto wird immer ab Offenburg beschrieben.

Das in diesem Buch behandelte Gebiet reicht vom Rhein und der französischen Grenze im Westen bis zu den Ausläufern des Schwarzwalds und Teilen desselben im Osten. Die Wanderungen des Buches erstrecken sich vom Norden bei Bühl bis zu dem bereits zum Breisgau gehörenden Kaiserstuhl im Süden. Mittelpunkt und Kreisstadt ist Offenburg.

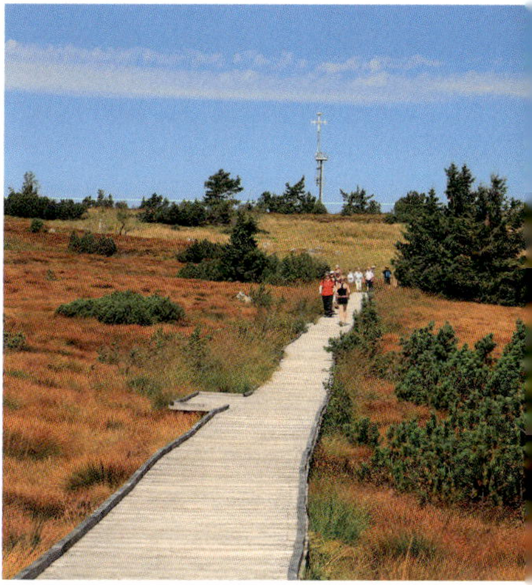

Auf der Hornisgrinde

Landschaftlich gegliedert ist die Ortenau in drei unterschiedliche Typen: Im Westen liegen die gleich einem Urwald von Pflanzen überwucherten Rheinauen mit ihren Althreinarmen und die fruchtbare Rheinebene; sie wird durch Mais-, Tabak- und den Anbau anderer Pflanzen intensiv genutzt. Östlich davon liegt die Zone der Weinberge und danach folgen die dicht bewaldeten Schwarzwaldausläufer und -berge. Diese gehören teilweise zu den höchsten des Schwarzwalds, und ein Teil der Gegend liegt sogar im Nationalpark Schwarzwald. Wandermöglichkeiten der unterschiedlichsten Art also erwarten den Naturfreund. Schön ist es, dass sich in der Ortenau Wandermöglichkeiten über das ganze Jahr bieten. Während man im Winter eher in den tieferen Lagen wandern kann, zieht man sich an heißen Sommertagen gerne in den hoch gelegenen und schattigen Schwarzwald zurück. Insbesondere im Herbst sind Wanderungen durch die leuchtende Farbenpracht des Weinlaubs in den Ausläufern des Schwarzwaldes ein bleibendes Erlebnis.

Dieter Buck

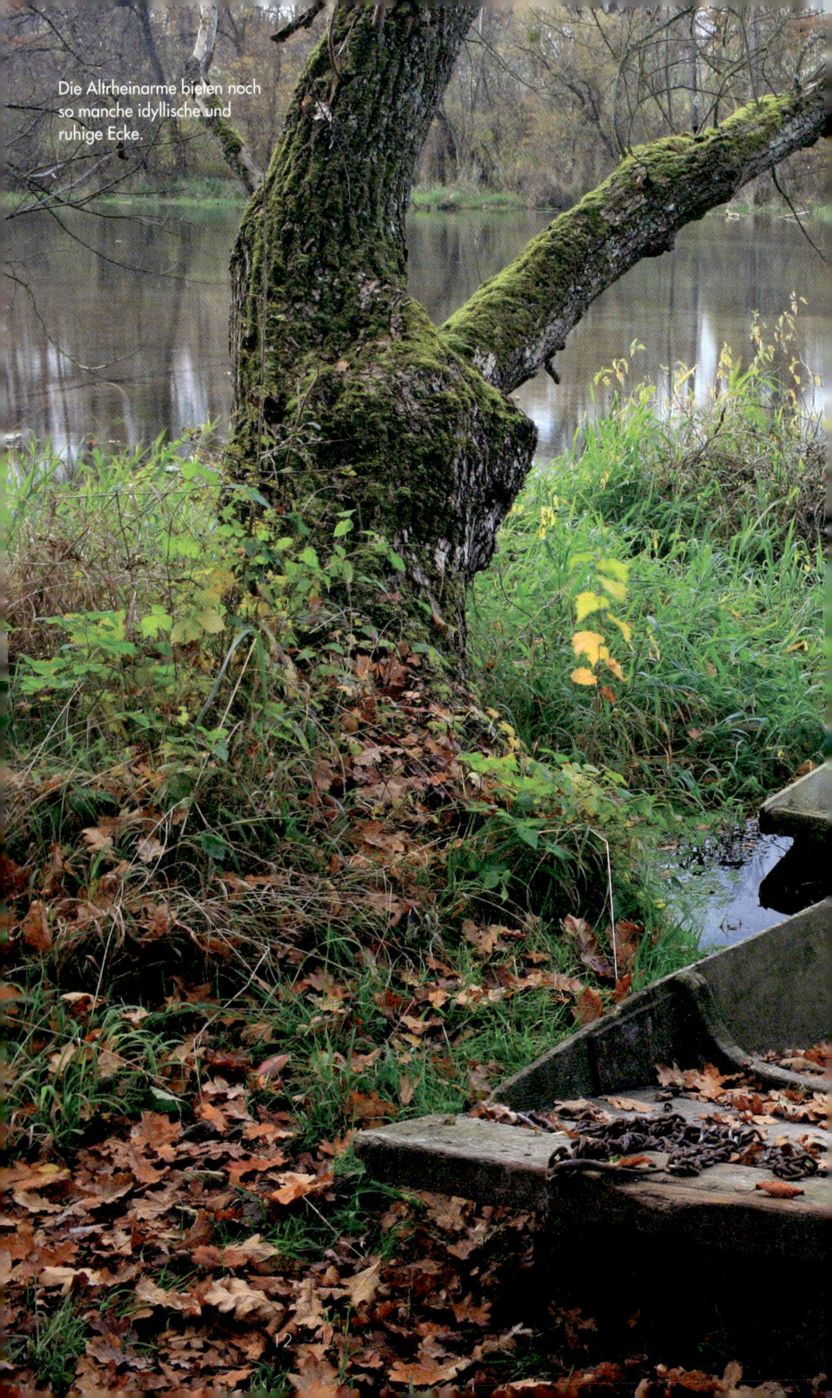

Die Altrheinarme bieten noch so manche idyllische und ruhige Ecke.

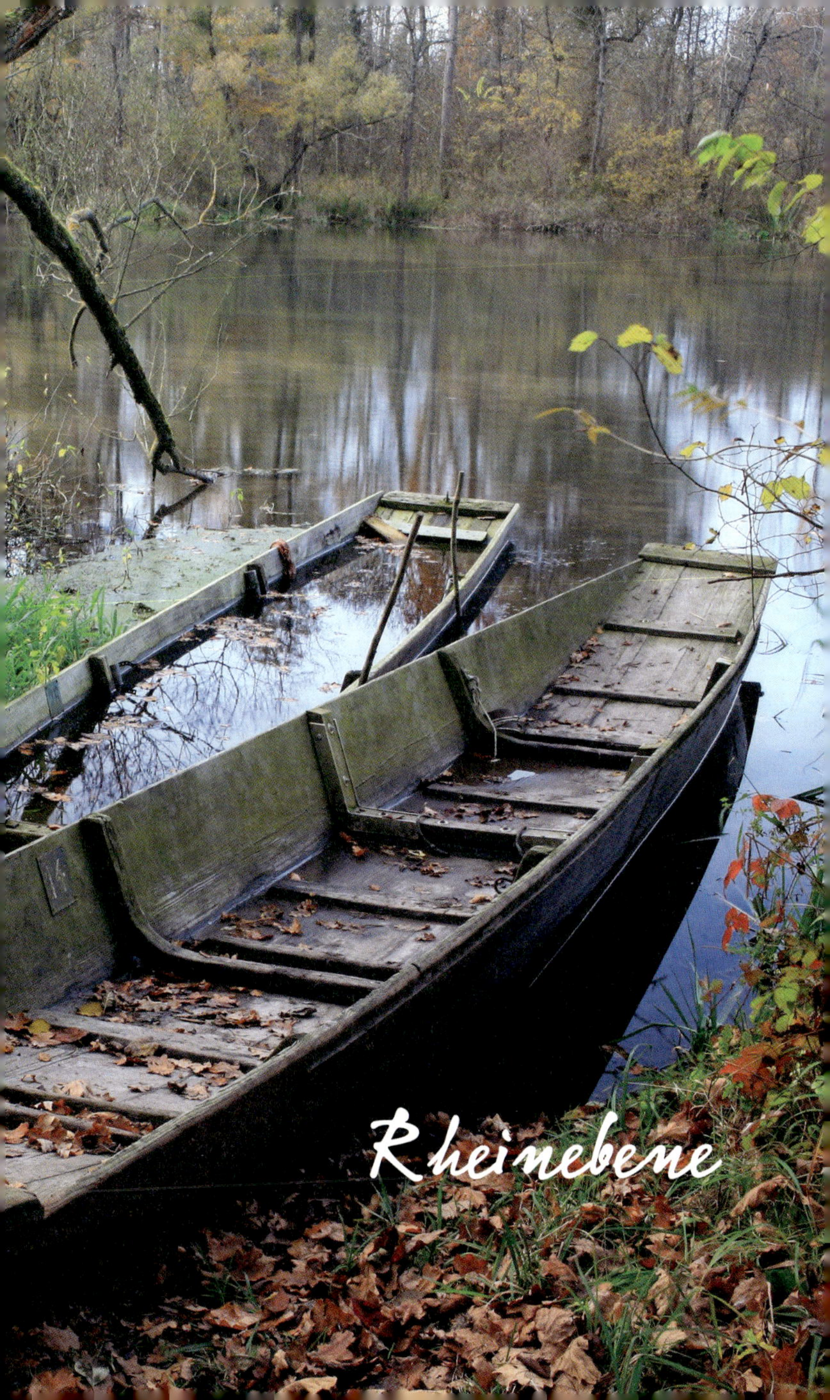
Rheinebene

1 Durch die Auwälder bei Rheinau

Gemütlich durch die Wildnis

mittel | 10,3 km | 10 Hm | 2.30 Std.

Tourencharakter: Die Wanderung verläuft auf festen Wegen.

Tourenverlauf: Schiffswerft – Junge Gründe – Lochmühle – Diersheim – Damm – Schiffswerft

Ausgangspunkt: Freistett, Schiffswerft, GPS-Koordinaten: 48.677361, 7.912820; ein alternativer Ausgangsort wäre Diersheim, wo man auch startet, wenn man mit dem Bus anreist.

Anfahrt ab Offenburg: Bus & Bahn: Bus bis Diersheim, Haltestelle Kirche; Auto: A5 bis Ausfahrt Achern, dann L87 über Freistett

Einkehr: Diersheim

Karte: Wanderkarte W233 Offenburg, 1:25 000, Landesamt für Geoinformation und Landentwicklung Baden-Württemberg (LGL) in Zusammenarbeit mit dem Schwarzwaldverein e. V.

Information:
www.rheinau.de

Wir wandern durch die schönen Auwälder bei Rheinau mit ihrer fast urwaldartigen, alles überwuchernden Natur. Dabei kommen wir an einigen idyllischen Gewässern vorbei, ansonsten führt unser Weg durch Baumwiesen und Felder.

Wir starten bei der **Schiffswerft**, wo man parken kann. Von dort überqueren wir erst den Kanal, dann gehen wir auf der Straße kurz nach Süden, zweigen aber gleich links ab in Richtung »Junge Gründe«. Am nächsten Querweg biegen wir rechts ab ❶. Rechts

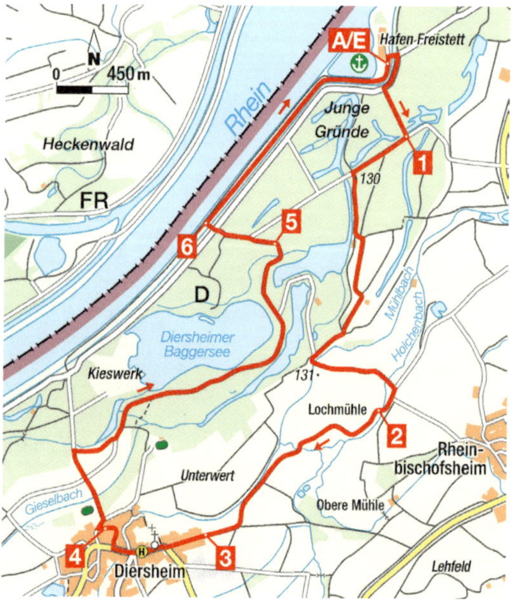

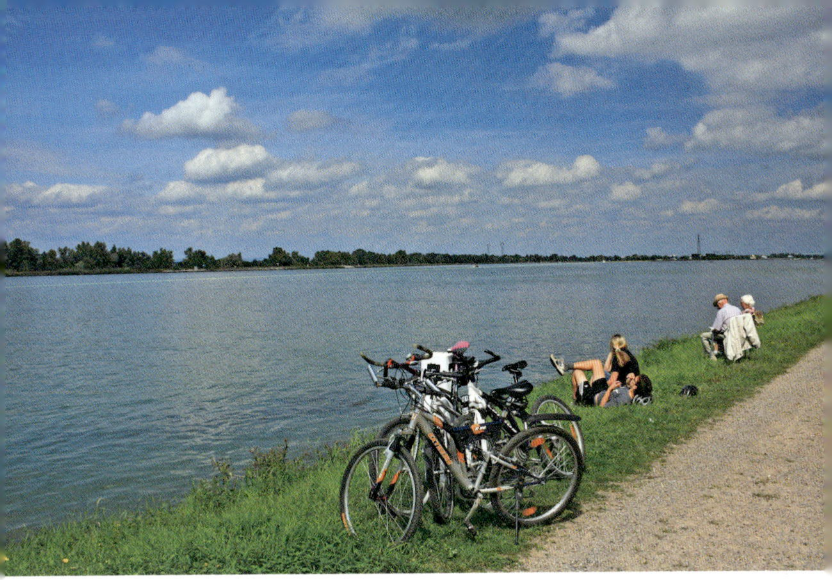

Bei einer Rast am Rhein kann man gemütlich auf vorbeifahrende Schiffe warten.

des Weges befindet sich ein verstecktes Gewässer. Wir wandern bis zu einer Kreuzung, hinter der ein weiteres, größeres Gewässer liegt, zu dem wir vom Wehr aus einen schönen Blick haben. An der Kreuzung halten wir uns links in den Groschenwasserweg und folgen ihm bis zu einer Hütte, an der wir den etwas weiter links verlaufenden Weg durch die Baumwiesen nehmen. Er mündet in einen weiteren Weg; wir halten uns rechts und kommen zum Damm, dem wir nach rechts folgen.

Bald gehen wir nach links über eine Brücke, danach halten wir uns an einer Verzweigung rechts. Nach dem Bach nehmen wir weiter den rechten Weg, kommen an der **Lochmühle** 2 vorbei und wandern durch die Felder nach **Diersheim** 3. Wir spazieren in

Altes Gehöft am Wegrand

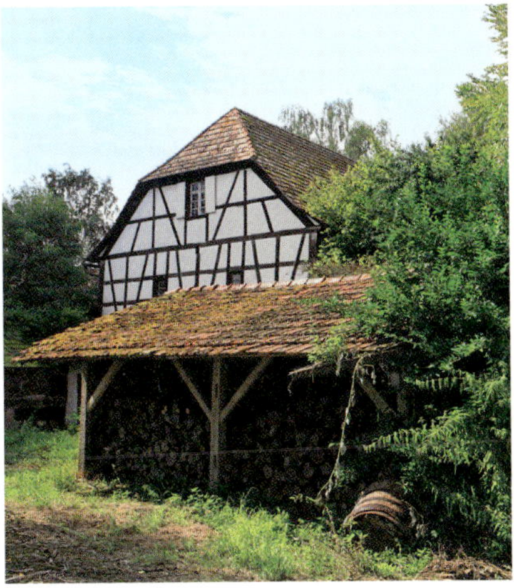

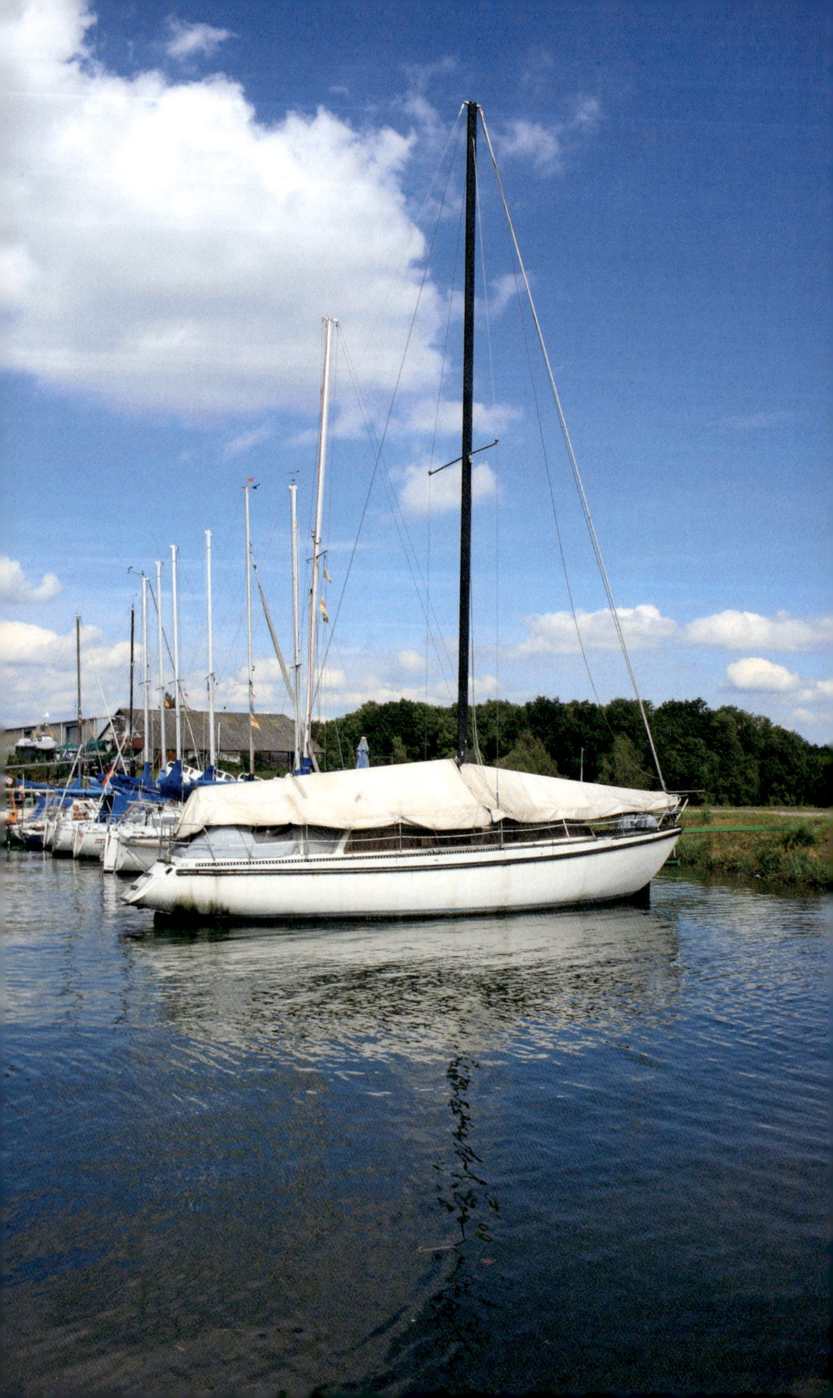

den Ort hinein, an der Kirche vorbei und biegen nach dem Bach rechts ab in die Straße Grüneck. Sie zieht nach links und bringt uns vor den **Sportplatz** 4. Hier halten wir uns rechts, dann gleich links in Richtung »Rhein«. Am Waldrand biegen wir mit dem Wanderzeichen schwarzes Dreieck rechts ab. Nun geht es wieder durch herrlichen Auwald; dort sollten wir beachten, wie die üppig wuchernden Schling- und Kletterpflanzen im Begriff sind, alles zu überwachsen.

Wir folgen immer diesem Weg, am Schluss zieht er nach links 5 und wir können uns an den Radwegschildern nach »Kehl« orientieren. Schließlich stoßen wir auf dem **Rheindamm** 6. Wir steigen empor und spazieren parallel zum Rhein zurück zur Schiffswerft.

Linke Seite: Ein Hafen mit Segelbooten ist immer eine willkommene Abwechslung.

Auch die Gewässer im Hinterland bieten schöne Szenen.

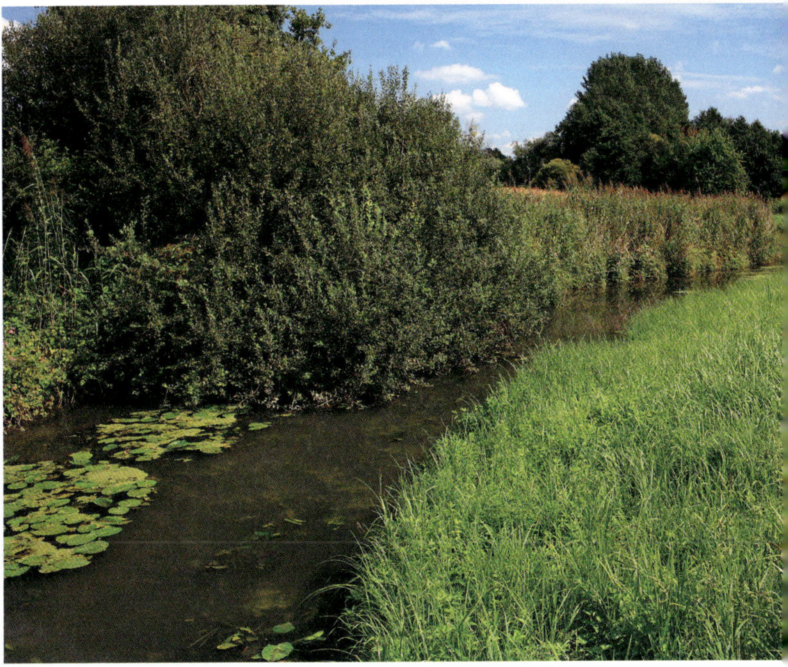

2 Hinauf in die Schwarzwaldvorberge

Wein und Wald

mittel | 11,5 km | 90 Hm | 3 Std.

Tourencharakter: Wir wandern auf festen Wegen.

Tourenverlauf: Ottersweier – Lauf – Kloster Erlenbad – Lindenhaus – Ottersweier

Ausgangspunkt: Ottersweier, Kreuzung Hauptstraße, Bachstraße, Laufer Straße, GPS-Koordinaten: 48.668434, 8.110221

Anfahrt ab Offenburg: Bus & Bahn: Bus bis Haltestelle Ottersweier Kirche; Auto: B3 bis Ottersweier

Einkehr: Ottersweier, Lauf

Karte: Wanderkarte W234 Achern, 1:25 000, Landesamt für Geoinformation und Landentwicklung Baden-Württemberg (LGL) in Zusammenarbeit mit dem Schwarzwaldverein e. V.

Information: www.ottersweier.de

Wir wandern bei dieser Tour durch Baumwiesen, wobei wir immer wieder einen schönen Blick auf den Schwarzwald haben. Da die Wanderung nicht allzu lang ist, kann man anschließend noch den Historischen Rundweg mit seinen 21 Stationen folgen lassen.

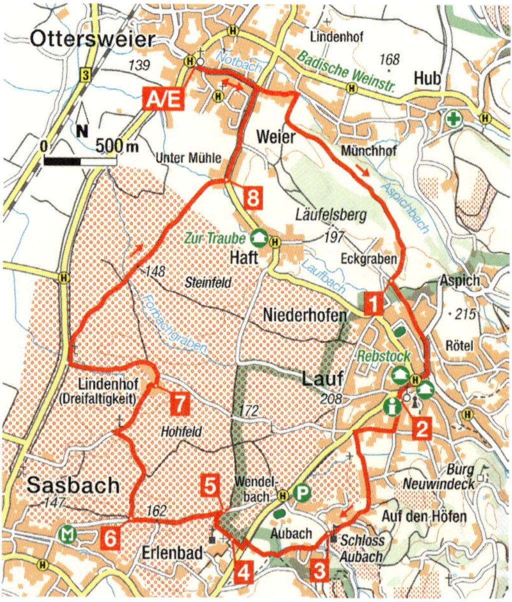

Wir beginnen im **Zentrum am Kreisverkehr** und wandern in der Laufer Straße an der Kirche vorbei. Hinter ihr sehen wir das Wanderschild Ottersweier (135 m). Bei einer Lore, die im Rahmen des Historischen Rundgangs an die Ziegelei erinnert, dem gegenüberliegenden Eiskeller und einem Flurkreuz überqueren wir eine Straße. Dahinter geht es in der Straße Im Weier weiter. Wo sie links den Bach überquert, biegen wir rechts ab in den Eckgraben. Er knickt nach kurzem Anstieg links ab.

Am nächsten Querweg halten wir uns links (1) und wandern nach **Lauf**. Es geht durch die ersten Häuser hindurch bis zum Schild Lauf Dorfbrunnen (200 m). Hier orientieren wir uns rechts und wandern, vorbei am Dorfbrunnen, zur **Kirche** (2). Nach ihr spazieren wir

Das Ensemble um die Kirche in Ottersweier ist sehenswert.

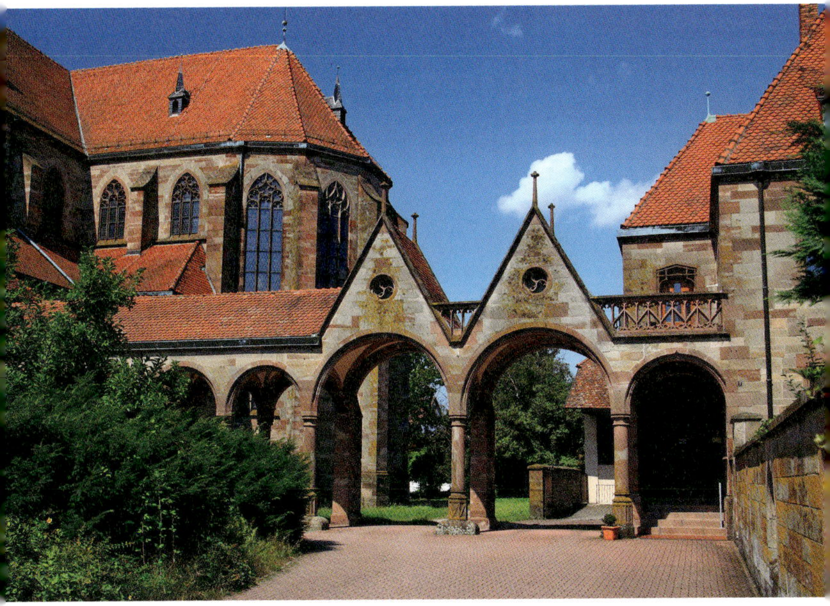

durch die Kirchstraße bis zur querenden Steinstraße; diese bringt uns nach rechts hinab zur Landstraße.

Dort gehen wir links am Friedhof in der Friedhofstraße weiter, später in der Höfner Straße. Sie knickt rechts ab und bringt uns zu einer Kreuzung, an der links Schloss Aubach steht. Hier gehen wir am Schild **Schloss Aubach** (198 m) 3 geradeaus weiter. Gleich darauf an dem kleinen Teich und am Schild Aubach (190 m) biegen wir rechts ab in den Erlenweg. Am Ende der Straße geht es auf einem schmalen Naturweg am Bach entlang bis zum Schild Engert (169 m); nun zweigen wir rechts ab in Richtung »Kloster Erlenbad«.

Wir spazieren kurz durch eine Baumallee, dann geht es rechts ab und vorbei an einem Haus bis zur Landstraße. Etwas nach links versetzt wandern wir auf ihrer anderen Seite mit der gelben Raute am **Kloster Erlenbad** 4 vorbei. Danach geht es im Zickzack auf einem Naturweg durch die Baumwiesen bis zu einem querenden Asphaltweg und dem Schild **Beim Kloster Erlenbad** (173 m). Hier orientieren wir uns links 5.

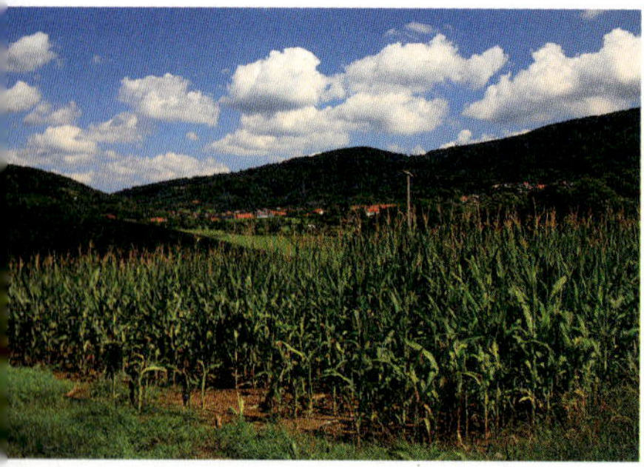

Blick über die Felder zur Schwarzwaldlandschaft

Rechte Seite: Bemerkenswerte Baumallee

Am Schild **Zehntfrei** (182 m) 6 biegen wir rechts ab in Richtung »Lindenhaus«. An einem querenden Weg halten wir uns rechts und kommen nach **Lindenhof** 7. Der Weg zieht nach rechts durch die Ansiedlung hindurch, beim letzten Haus biegen wir links ab. Der Feldweg bringt uns zu einem querenden Asphaltweg (K5308). Wir halten uns rechts, dann zweigen wir gleich darauf wieder rechts ab und wandern nach **Haft** 8. Dort biegen wir links ab und kommen zur Laufer Straße, die wir noch vom Anfang her kennen. Nach links bringt sie uns zurück zum Zentrum. Nun können wir, wenn wir wollen, den Historischen Rundgang ganz oder teilweise abwandern.

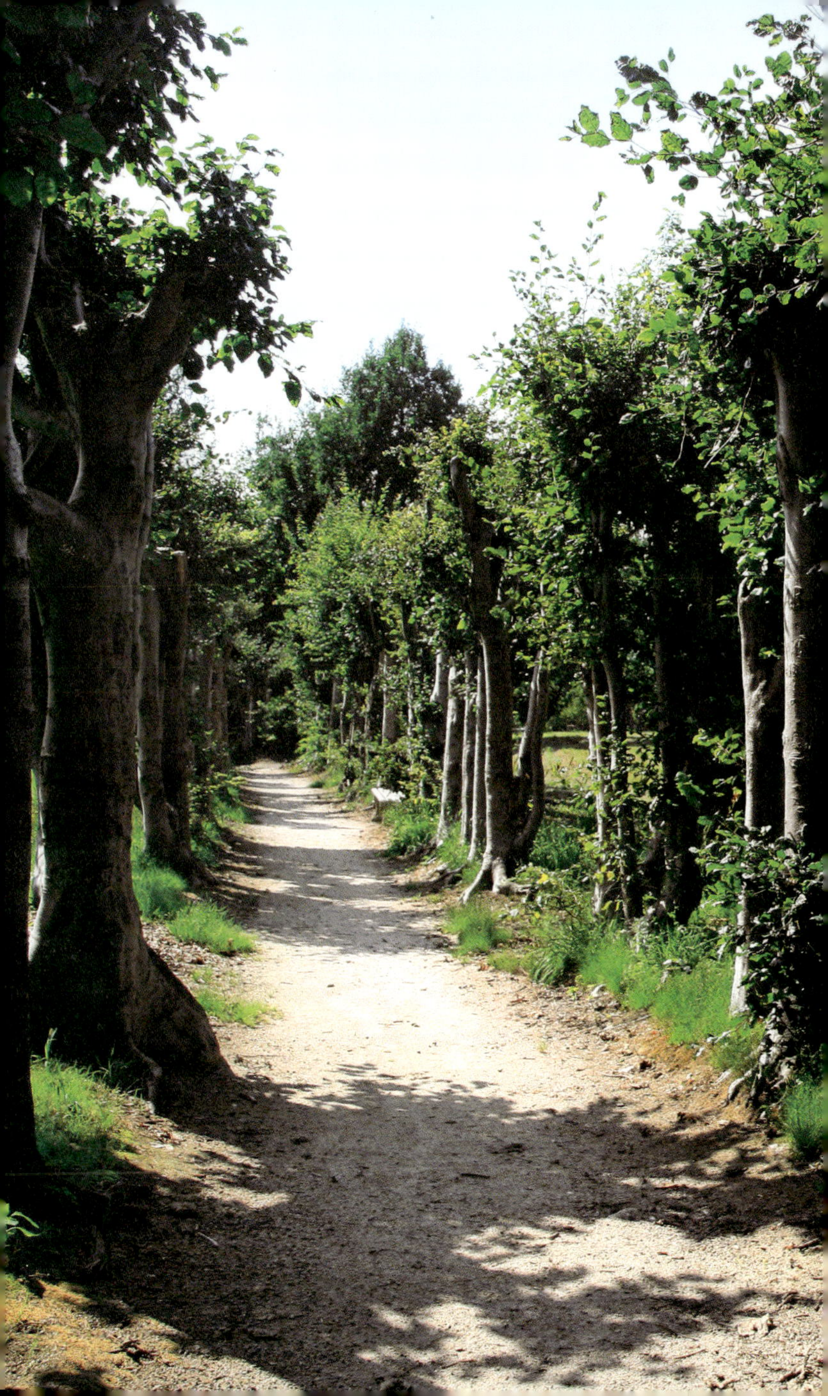

3 Schwarzwaldblick zwischen Streuobstwiesen

Im Frühjahr ein Blütenparadies

mittel | 8,4 km | 30 Hm | 2.15 Std.

Tourencharakter: Wir wandern auf festen Wegen, ein Stück auch unbefestigt.

Tourenverlauf: Renchen – Ulm – Park – Renchen

Ausgangspunkt: Renchen, Kreuzung Hauptstraße/Poststraße, Renchtalstraße, GPS-Koordinaten: 48.587932, 8.013480

Anfahrt ab Offenburg: Bus & Bahn: Bus bis Renchen, Haltestelle Schule; Auto: B3 bis Renchen

Einkehr: Renchen

Karte: Wanderkarte W234 Achern, 1:25 000, Landesamt für Geoinformation und Landentwicklung Baden-Württemberg (LGL) in Zusammenarbeit mit dem Schwarzwaldverein e. V.

Information: www.renchen.de

Diese kurze Tour am Schwarzwaldrand ist interessant und abwechslungsreich. Sie führt mit schönem Blick auf die Wälder durch Streuobstwiesen, Felder und Wiesen. Besonders schön ist sie im Frühjahr, wenn hier unzählbar viele Obstbäume blühen.

Wir spazieren auf der Durchgangsstraße (Hauptstraße/B3) nach Norden, bis nach der **Grimmelshausenhalle** und der **evangelischen Kirche** rechts die Kappelstraße abgeht 1. Ihr folgen wir mit der gelben Raute nach rechts aus dem Ort hinaus. Mit Auf und Ab kommen wir zum Wanderzeichen **Kappeler Weg** (172 m) 2, hier biegen wir rechts ab in Richtung »Ulm«.
Gleich darauf an der Verzweigung nehmen wir den rechten Weg, der uns nach **Ulm** 3 bringt. Dort halten wir uns an der Querstraße rechts, dann gleich wieder

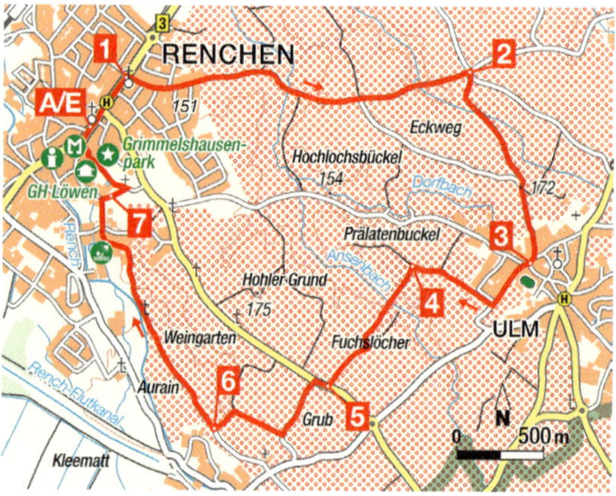

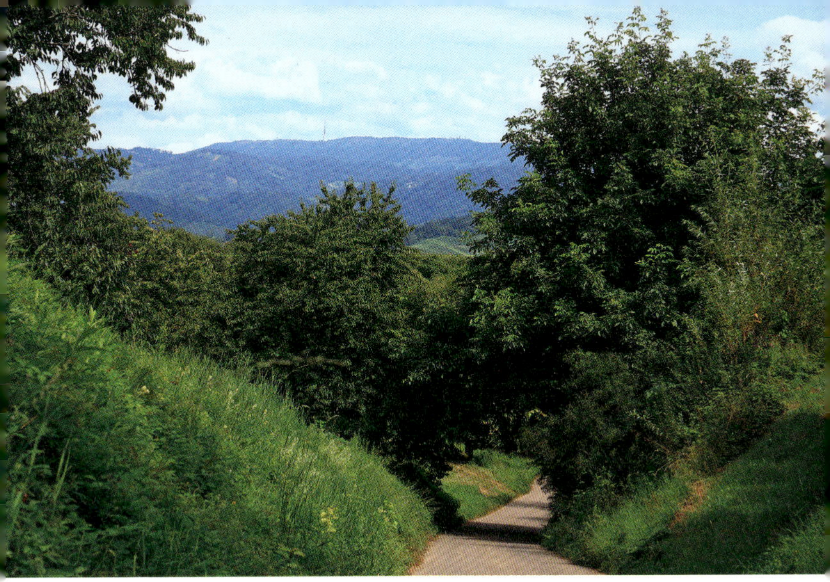

links in die Säbelstraße. Wir wandern an der Ulenberghalle vorbei aus dem Ort hinaus. Nach dem letzten Haus biegen wir mit den Wanderzeichen rechts ab und folgen dem Weg in die Streuobstwiesen, bis wir nach links verwiesen werden ④. Nun geht es, bald unbefestigt, hinab zum **Ansenbach**, danach etwas nach links auf einem Wiesenweg weiter zur Landstraße **L89** ⑤.

Auch im Vorland des Schwarzwalds ist die Landschaft abwechslungsreich gegliedert.

Renchen

Besuchenswert in Renchen ist das Simplicissimushaus, das dem Dichter Johann Jakob Christoph von Grimmelshausen gewidmet ist. Die Ausstellung ist außergewöhnlich interessant gestaltet. Gegenüber steht die historische Gaststätte Zum Bären. Die Bronzestatue »Der Jäger von Soest« auf dem Platz davor wurde 1977 von Giacomo Manzù errichtet. Sehenswert ist weiter der Stadtpark, der an der Stelle eines Schlosses steht, das in der Neujahrsnacht 1640/41 von den Schweden niedergebrannt und vermutlich 1689 von den Franzosen vollends zerstört wurde. Die Hl.-Kreuz-Kirche wurde 1816/1817 von Ernst Öhl nach Plänen von Friedrich Weinbrenner im Stil des Klassizismus errichtet. In der nördlichen Seitenkapelle steht eine Hl. Helena von etwa 1710/1720, die südliche ist mit einer Maria Immaculata von etwa 1760 geschmückt.

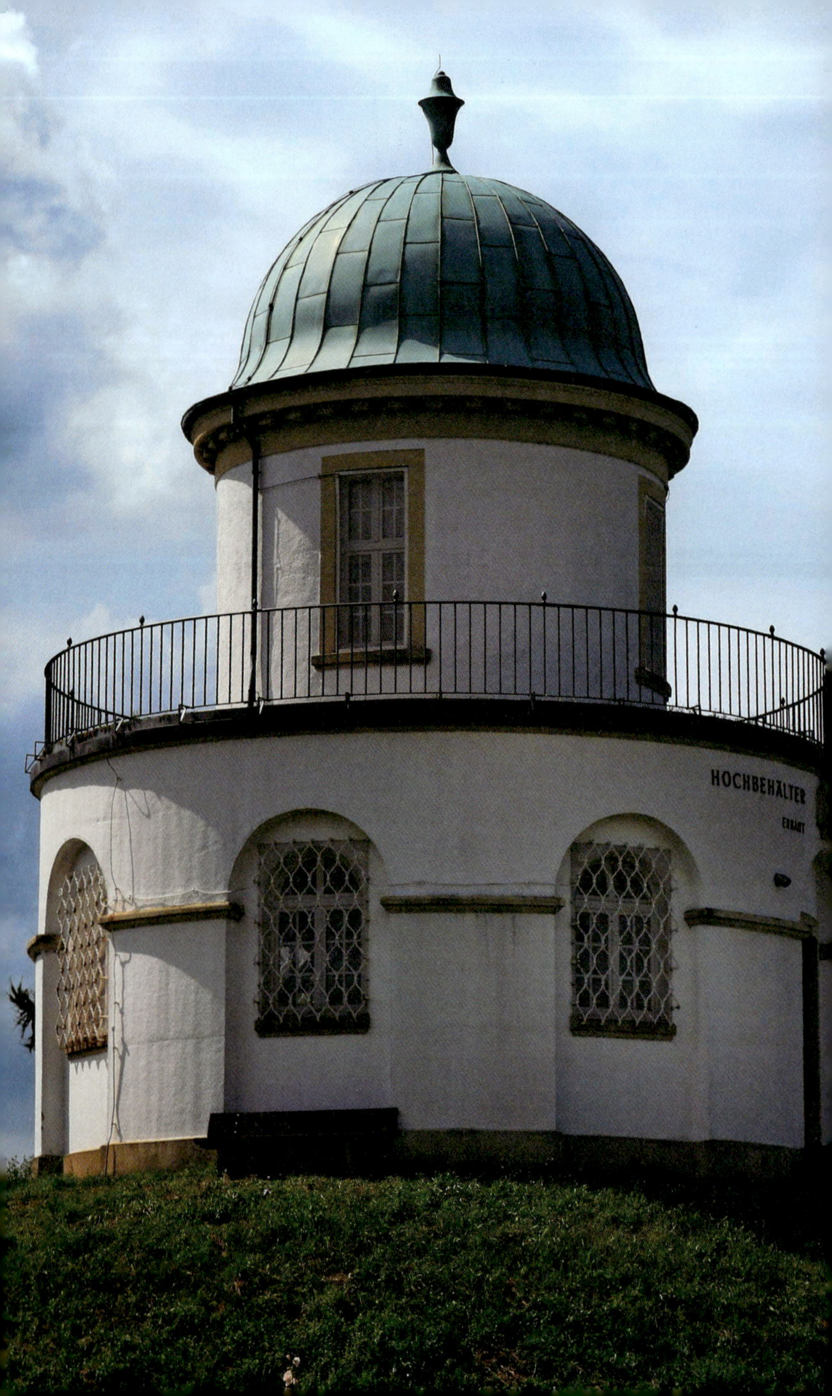
HOCHBEHÄLTER
ERBAUT

Hier biegen wir erst rechts, dann gleich wieder links ab. Bald knickt der markierte Weg rechts ab, etwas später links und wir kommen hinauf zum Schild **Am Auenrain** (180 m). Jetzt halten wir uns rechts 6. An einem Bauernhof zieht der Weg nach links, dann wieder nach rechts. Nun wieder am Rand von Renchen

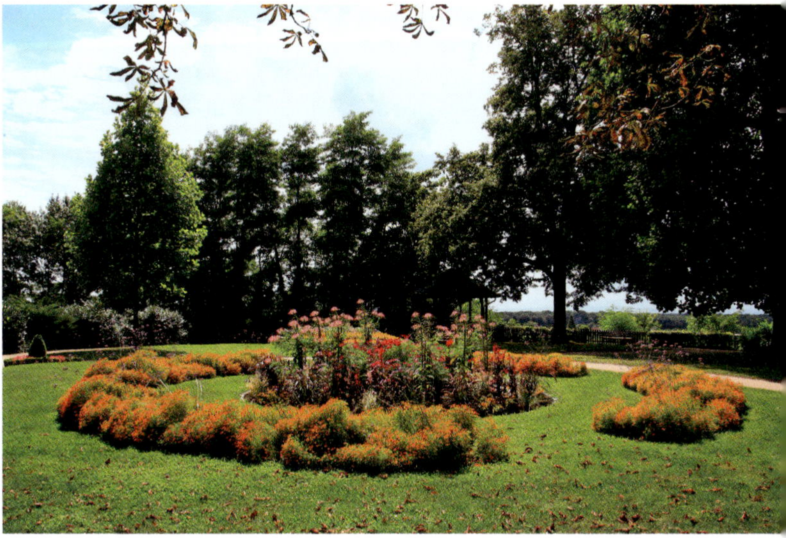

folgen wir anschließend der gelben Raute auf Stufen nach rechts hinauf (Stadtgraben). Am Friedhof biegen wir links ab, gleich danach sehen wir den **Hochbehälter** 7 von 1915, der mit seiner Rundkuppel einen fast barocken Eindruck erweckt.

Kurz nach ihm liegt links der schön angelegte Stadtpark, von dem aus wir einen Blick auf den Ort haben. Rechts an ihm vorbei gehen wir auf Stufen wieder hinab ins Ortszentrum. Ausklingen lassen können wir den Tag im Sommer im Freibad oder im Stadtpark mit seinem prächtigen Blumenschmuck.

Vom Stadtpark aus hat man einen prächtigen Blick auf den Ort.

Linke Seite: Der Wasserbehälter erweckt einen fast barocken Eindruck, stammt aber von 1915.

4 Durch das Hanauerland

Flache Wiesen- und Felder-Tour

mittel 14,2 km | 10 Hm | 3.30 Std.

Tourencharakter: Wir wandern auf festen Wegen, ein kurzes Stück unbefestigt.

Tourenverlauf: Kork – Legelshurst – Odelshofen – Kork

Ausgangspunkt: Kork, Bahnhof, Gottlieb-Fecht-Straße 53, GPS-Koordinaten: 48.569845, 7.875131

Anfahrt ab Offenburg: Bus & Bahn: Bahn nach Kork; Auto: B33, dann B28, schließlich die L90 nach Kork

Einkehr: Kork

Karte: Wanderkarte W233 Offenburg, 1:25 000, Landesamt für Geoinformation und Landentwicklung Baden-Württemberg (LGL) in Zusammenarbeit mit dem Schwarzwaldverein e. V.

Information: www.kehl.de

Das Hanauerland ist von der Landwirtschaft bestimmt. Ab und zu haben wir über die Wiesen, Felder und Streuobstwiesen einen schönen Blick zu den Schwarzwaldhöhen. Sehenswert ist vor allem der Ausgangsort Kork, in dem wir einige bemerkenswerte Fachwerkhäuser finden.

Wir starten am **Bahnhof**. Von ihm aus wandern wir hinter der Bahnlinie nach rechts und folgen dem gleich links abknickenden Weg. Er bringt uns an zwei idyllischen, schmalen Weihern vorbei, die parallel zum Weg verlaufen. Nach ihnen kommen wir in den Wald, wo wir bald auf einen **querenden Weg** treffen. Wir biegen links ab ❶ und wandern, nun mit

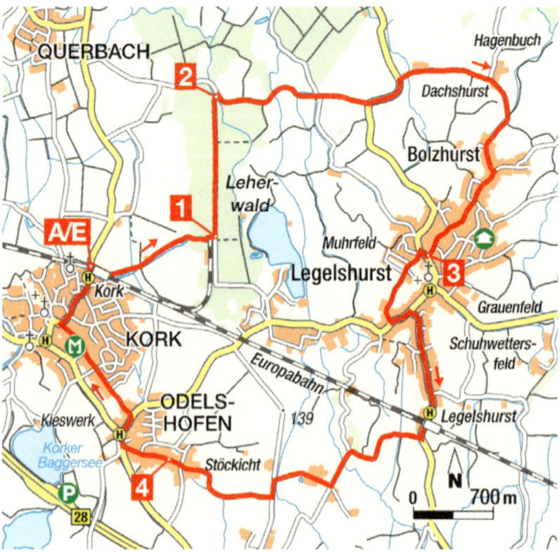

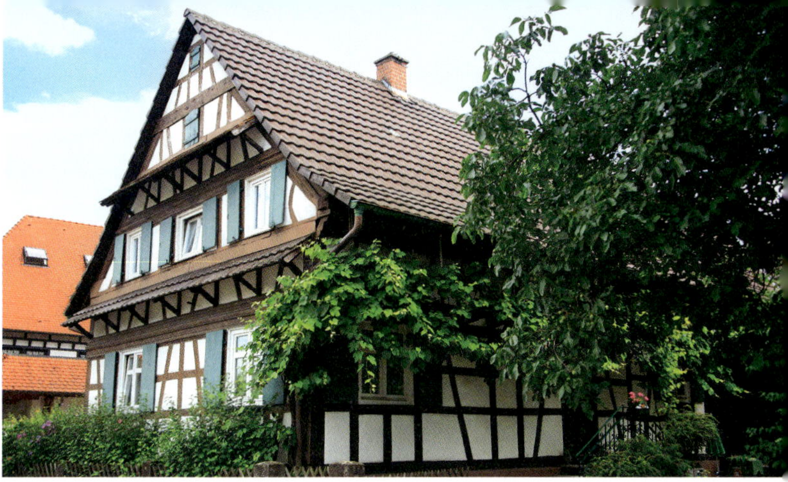

Das Fachwerkhaus zeigt eine für die Gegend typische Form.

dem Zeichen blaue Raute, nach Norden bis zu einem **Querweg** ❷. Hier halten wir uns rechts und gehen erst am Waldrand entlang, dann durch die Felder und mit herrlichem Schwarzwaldblick bis zu einer Kreuzung. Wer will, kann die Tour etwas abkürzen, indem er hier rechts abbiegt und nach **Legelshurst** wandert. Ansonsten behalten wir an der Kreuzung unsere

Kork

Der Name Kork taucht bereits 778 als »corkhe« auf, dabei wird auch von einem Freihof mit sieben Bühlbauernhöfen gesprochen. Das aus dem 18. Jahrhundert stammende Fachwerkensemble von Kork steht unter Denkmalschutz. Das Langhaus und der Turm der evangelischen Kirche wurden 1731 bis 1733 erbaut, während der gotische Chor vom mittelalterlichen Vorgängerbau erhalten ist. Sie war die Mutterkirche des oberen Hanauerlandes und hat vielleicht schon zu Beginn des 8. Jahrhunderts bestanden. Über dem Südportal befindet sich das Wappen der Herren von Hanau-Lichtenberg. Die wertvolle Orgel wurde 1778 vom Silbermann-Schüler Georg Stein aus Durlach gebaut. Das sogenannte Korker Schloss ist ein zweistöckiges Gebäude im Stil eines barocken Landhauses. Es wurde 1728 bis 1732 von den Hanau-Lichtenbergern als Amtshaus erbaut, aber auch als Jagdschloss genutzt. Danach wurde erst eine Trikotagenfabrik eingerichtet, dann kaufte es 1892 der Landesverein für Innere Mission, der eine Heilanstalt für Epilepsie darin einrichtete. Später wurde es an einen Fabrikanten vermietet, der es in die heutige barocke Form umbauen ließ, ab 1929 gelangte es wieder an die Korker Anstalten. Heute gehört es zum Epilepsiezentrum.

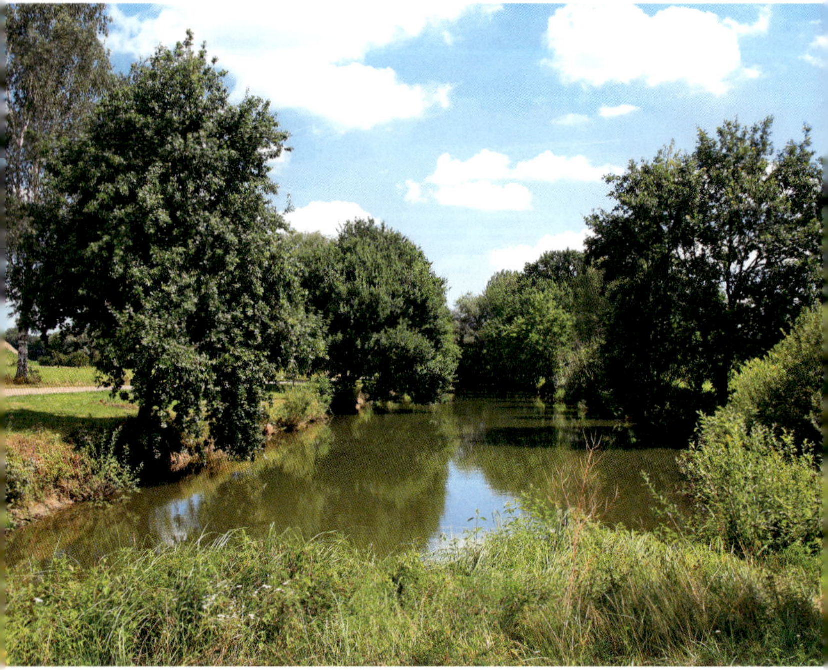

Seeidylle im Hanauerland

Rechte Seite: Vom Flachland aus hat man auch die Schwarzwaldhöhen im Blickfeld.

Richtung bei. Bald stoßen wir auf die Landstraße, der wir in Gehrichtung folgen. Nach einer Linkskurve biegen wir rechts ab. Wir kommen am Birkenhof, dann am Erlenhof vorbei und erreichen die ersten Häuser von Legelshurst. Hier spazieren wir bis zur querenden Bolzhurststraße und folgen ihr nach rechts bis zur Durchgangsstraße. Nun halten wir uns rechts in die Messingstraße, dann links in die **Zedernstraße** 3; in diese biegen auch diejenigen Wanderer ein, die die Abkürzung genommen haben.

Wir wandern rechts am Friedhof vorbei, kommen wieder zu Häusern und treffen danach auf die Landstraße. Ihr folgen wir kurz nach rechts, biegen aber kurz darauf links ab in den Kastanienweg. Auf ihm verlassen wir den Ort, nun schlängelt sich der Weg durch die Felder; wir überqueren die Bahnlinie und gehen danach durch ein Wäldchen. Nach ihm halten wir uns an der Verzweigung rechts in Richtung »Odelshofen«. Es geht an einem Hof vorbei zu einem querenden Weg, hier biegen wir erst links, gleich darauf rechts ab und wandern nach **Odelshofen** 4.

Parallel zum Kanal spazieren wir durch den Ort mit den vielen Fachwerkhäusern bis zur Landstraße, wo wir eine Bushaltestelle sehen. Wir orientieren uns rechts und gleich nach dem Rathaus noch einmal in die Legelshurster Straße. Ihr folgen wir bis zur links abgehenden Adelsbühnstraße. Sie bringt uns zurück nach Kork. Unterwegs kommen wir am Handwerksmuseum/Deutschen Epilepsiemuseum vorbei.

Hanauerland

Das Hanauerland liegt beiderseits des Rheins auf französischer und deutscher Seite, auf dieser zwischen Kehl und Lichtenau. Es war einst Teil der alemannischen Grafschaft Mortenau (Ortenau). Das ganze Gebiet gehörte ab dem 13. Jahrhundert dem Ministerialengeschlecht der Herren von Lichtenberg aus dem Unterelsass. Der Name geht auf eine Heirat des Grafen Philipp I. des Älteren von Hanau mit Anna von Lichtenberg 1458 zurück, die unter anderem die auf badischer Seite liegenden Gebiete erbte. Nachdem der letzte Graf von Hanau 1736 starb, gelangte die Grafschaft an das Haus Hessen-Darmstadt. Durch den Reichsdeputationshauptschluss 1803 fiel das rechtsrheinische Land an Baden. Da das Gebiet sich für französische Truppen bestens zum Einmarsch auf die deutsche Rheinseite eignete, hatte es oft unter Kriegswirren und Zerstörungen zu leiden.

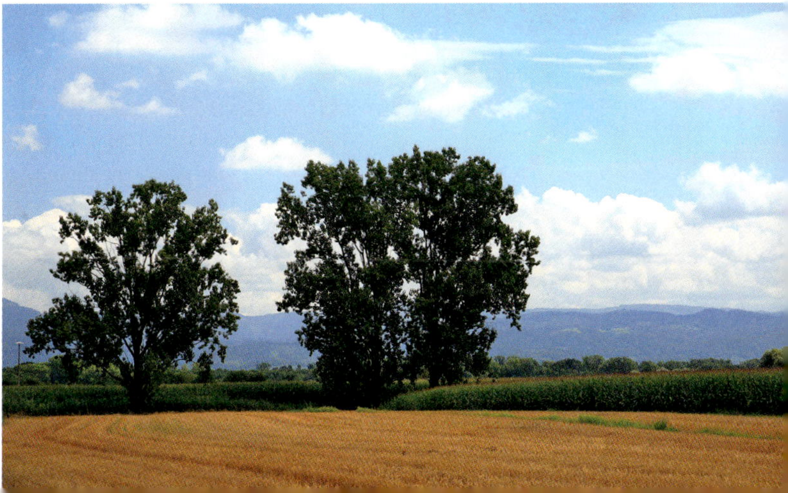

5 Viel Wasser in der Rheinebene

Zwischen Altrhein und Baumwiesen

schwer 15,4 km | 10 Hm | 3.45 Std.

Tourencharakter: Wir wandern auf festen Wegen.

Tourenverlauf: Goldscheuer – Altrhein – Rhein – Segelhafen – Eckartsweier – Kittersburger Mühle – Goldscheuer

Ausgangspunkt: Goldscheuer, Im Wörth, GPS-Koordinaten: 48.512624, 7.818815

Anfahrt ab Offenburg: Bus & Bahn: Bahn bis Kehl, Bus bis Goldscheuer, Haltestelle Einkaufszentrum; Auto: L99, B33a und L98, dann rechts ab in die Eschauer Allee

Einkehr: Goldscheuer, Kittersburger Mühle

Karte: Wanderkarte W233 Offenburg, 1:25 000, Landesamt für Geoinformation und Landentwicklung Baden-Württemberg (LGL) in Zusammenarbeit mit dem Schwarzwaldverein e. V.

Information: www.kehl.de

Viel Wasser erleben wir bei dieser Tour. Zuerst warten die idyllischen Altrheinarme mit ihrer urwaldartigen Vegetation, dann wandern wir kurz entlang des Rheins, später kommen wir noch an mehreren Weihern vorbei.

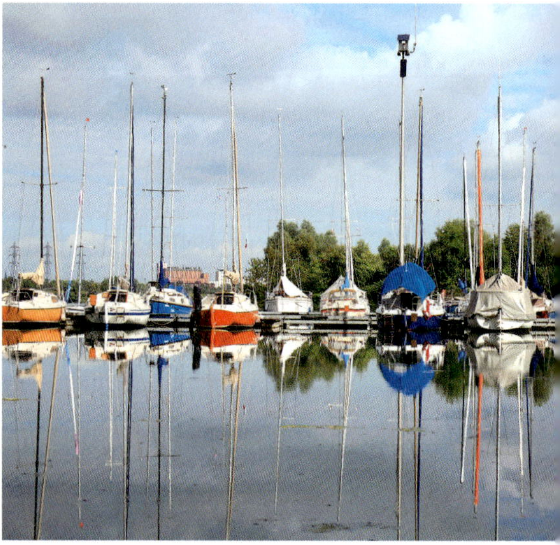

Wir gehen in Goldscheuer an das **nördliche Ortsende**, wo wir links in die Straße Im Wörth einbiegen; hier findet man auch Parkmöglichkeiten. Links liegen das Bad und ein See. Wir wandern durch Kleingärten nach Westen und halten uns am Damm halblinks. Hier finden wir einen letzten Parkplatz, dann überqueren wir einen Altrheinarm. Dahinter liegt rechts eine Spielwiese.

Wir folgen immer dem Weg, der schließlich nach rechts zieht und als Wanderzeichen »Kehl« und die blauen Wellen des Rheinauenweges anzeigt. Auf ihm wandern wir zum **Rhein** 1. Etwas später erreichen wir den Segelhafen. Hier zweigen wir rechts ab, überqueren den Kanal und halten uns dahinter links. Kurz darauf knickt unser Weg rechts ab und bringt uns zum Damm. Auf oder rechts neben ihm wandern wir nach links weiter. Rechts sehen wir bald ein Wäldchen; hier folgen wir dem Weg, der in dieses hineinzieht und uns zu

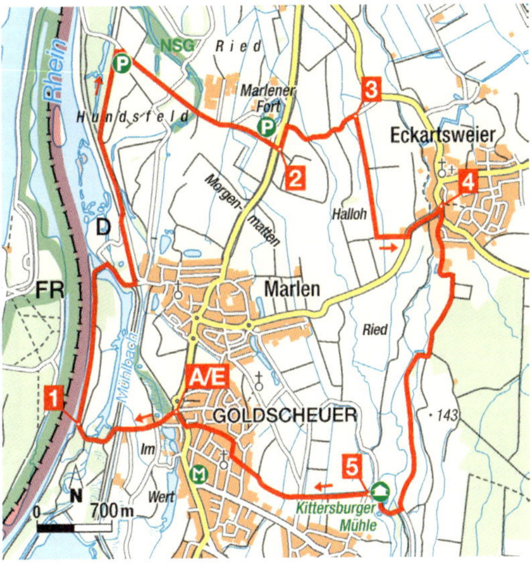

Linke Seite: Hafenidylle am Rhein

einem Parkplatz bringt. Nach ihm biegen wir rechts ab und wandern bis zur **L75/Kehler Straße** 2. Etwas nach links versetzt, nehmen wir den auf der anderen Seite weiterführenden Weg und folgen ihm nach Osten. Nach kurzer Zeit biegen wir im rechten Winkel rechts ab in den nach rechts führenden breiten **Schotterweg** 3.

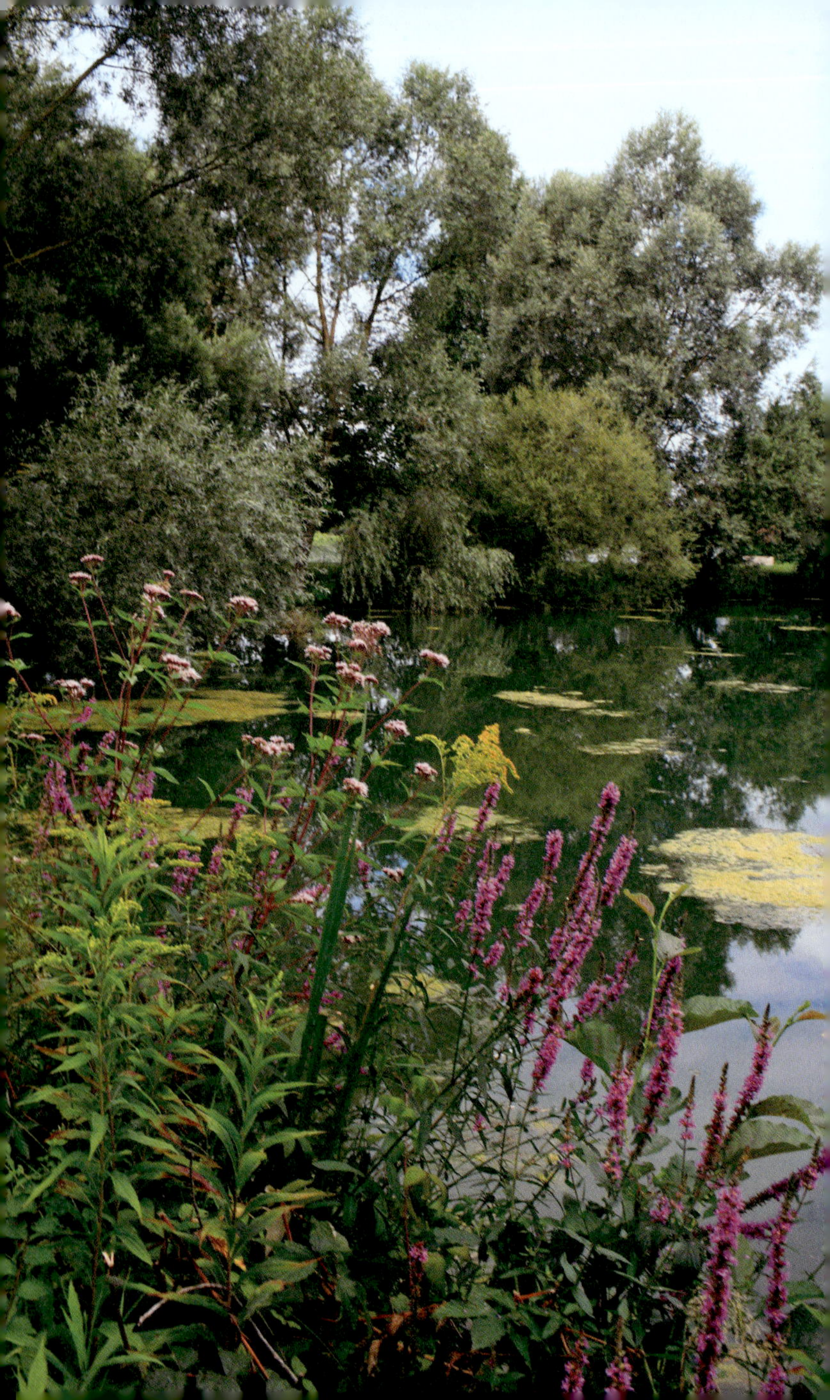

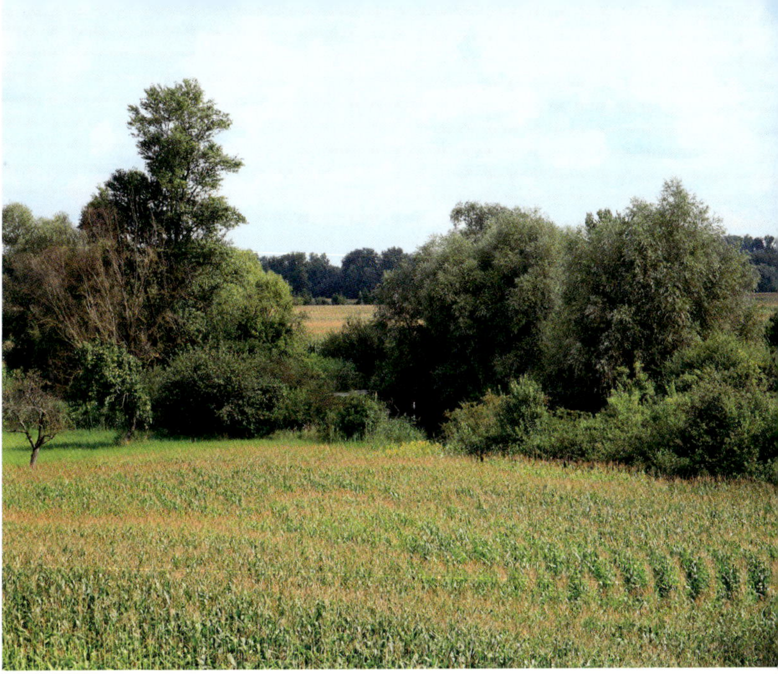

Bei den querenden Überlandleitungen biegen wir links ab und kommen zur Landstraße, auf der wir nach links nach **Eckartsweier** ❹ wandern. Hier orientieren wir uns an der vorfahrtsberechtigten Straße rechts, gleich danach halten wir uns wieder rechts in die Hohnhurster Straße. Wir wandern aus dem Ort hinaus zu den Sportplätzen, wo wir rechts einen idyllischen Fischweiher sehen. Der Weg knickt links, dann gleich rechts ab.

Wir wandern entlang der munter mäandernden Schutter, bis wir nach rechts zur Kittersburger Mühle verwiesen werden. Wir passieren ein Industriedenkmal – ein Wehr von 1864 –, sehen noch einen Weiher und erreichen die **Kittersburger Mühle** ❺. Hier biegen wir links ab und wandern zurück nach Goldscheuer. Dort orientieren wir uns rechts in die Goethestraße, kurz darauf links in die Lichtenbergstraße und sind bald wieder zurück am See.

Die Landschaft ist abwechslungsreich strukturiert.

Linke Seite: Immer wieder trifft man in der Gegend auf Seen.

6 Zwischen Ichenheim und Altenheim

Altrhein und Schwarzwaldblick

schwer 16,1 km | 10 Hm | 4 Std.

Tourencharakter: Wir wandern auf festen Wegen und Pfaden. In Überschwemmungszeiten ist der Abschnitt in den Rheinauen nicht begehbar.

Tourenverlauf: Ichenheim – Altrhein – Badesee – Altenheim – Ichenheim

Ausgangspunkt: Neuried-Ichenheim, Rheinstraße, GPS-Koordinaten: 48.439417, 7.773503

Anfahrt ab Offenburg: Bus & Bahn: Bus bis Altenheim Haltestelle Kirchstraße; Auto: L99 über Dundenheim nach Ichenheim, dann in der Rheinstraße nach Westen, wir können entweder in Ichenheim parken oder kurz vor dem Rhein an den Altrheinarmen, die links oder rechts der Straße liegen.

Einkehr: Ichenheim, Altenheim

Karte: Wanderkarte W233 Offenburg, 1:25 000, Landesamt für Geoinformation und Landentwicklung Baden-Württemberg (LGL) in Zusammenarbeit mit dem Schwarzwaldverein e. V.

Information: www.neuried.net

Die Wanderung führt anfangs entlang idyllischer Altrheinarme und Überschwemmungsflächen, auf dem Rückweg durch die Felder mit Schwarzwaldblick. Es gibt Bademöglichkeiten und immer wieder sieht man zum Wasser oder kommt an einem Wehr vorbei.

Wir starten an den **Altrheinarmen**. Rechts des nördlich der Straße liegenden Gewässers gehen wir auf dem festen Weg nach Norden. Kurz danach können wir einen Abstecher nach links zum Wasser machen. Bald stoßen wir auf den mit Wellenlinien markierten Rheinauenweg, dem wir nun eine Weile folgen.

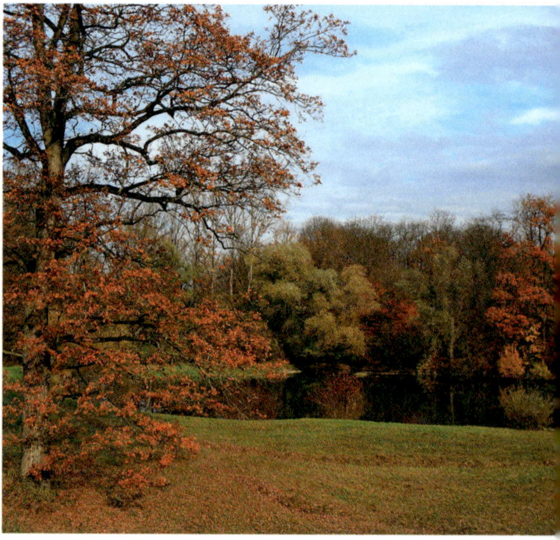

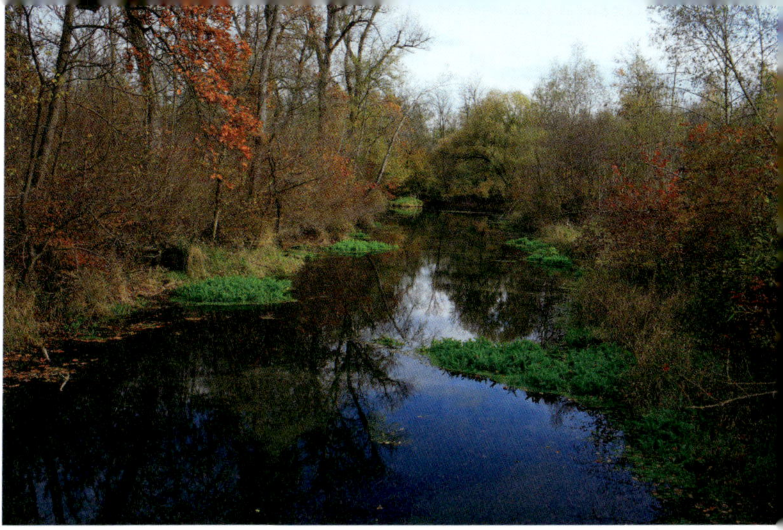

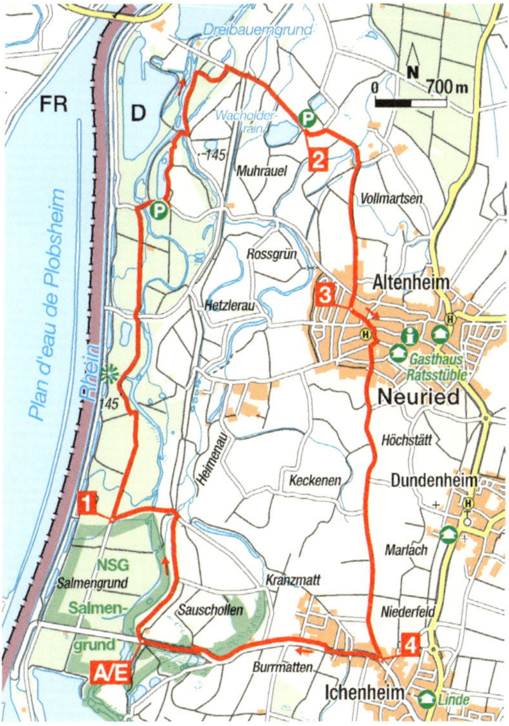

Am Altrhein

Linke Seite: Im Herbst zaubern die bunten Blätter ein faszinierendes Bild in die Landschaft.

Er knickt bald links ab und wir gehen nach Westen, bis wir wieder nach rechts verwiesen werden ❶. Nach einiger Zeit überqueren wir einen **Damm**, danach stoßen wir auf einen festen Weg. Wir biegen rechts ab, nach dem Baggersee Fohlengarten wandern wir vor den Parkplätzen nach links. Später treffen wir auf den Rheinauenweg. Nach links bringt er uns zum Waldrand. Wir gehen auf dem Säleköpfleweg nach links, weiter am Wasser entlang. Schließlich zieht der Weg nach rechts und bringt uns zu einem Sträßchen. Diesem folgen wir nach rechts.

Wir überqueren den Damm und wandern immer geradeaus. Rechts liegt bald ein **Badesee** ❷, danach zieht das Sträßchen nach links. Gleich danach biegen wir rechts ab. An der Verzweigung am Anglerheim Altenheim halten wir uns rechts und spazieren nach **Neuried-Altenheim** ❸. Dort geht es erst geradeaus in den Ort hinein, dann biegen wir links ab in die Friedrichstraße. An der Kirchstraße halten wir uns rechts, an einem Verkehrsdreieck noch einmal. An der nächsten Verzweigung nehmen wir die links abgehende Schlossergasse, die uns aus dem Ort hinausbringt.

Nun wandern wir durch die Felder nach Ichenheim, wo wir nach den ersten Häusern auf die **Rheinstraße** treffen ❹, die nach rechts zum Rhein führt. Wer dort geparkt hat, geht nach rechts zurück. Südlich der Straße liegt ein weiterer Badeplatz.

Ichenheims Pfarrkirche

Die katholische Pfarrkirche St. Nikolaus in Ichenheim wurde 1816 bis 1819 nach Plänen von Johann Voss erbaut. Sie besitzt große Altarblätter im Stil des Klassizismus. Diese wurden 1820 von Marie Ellenrieder gemalt, die damit als erste Frau in Deutschland den Auftrag zur Ausschmückung einer katholischen Kirche erhielt.

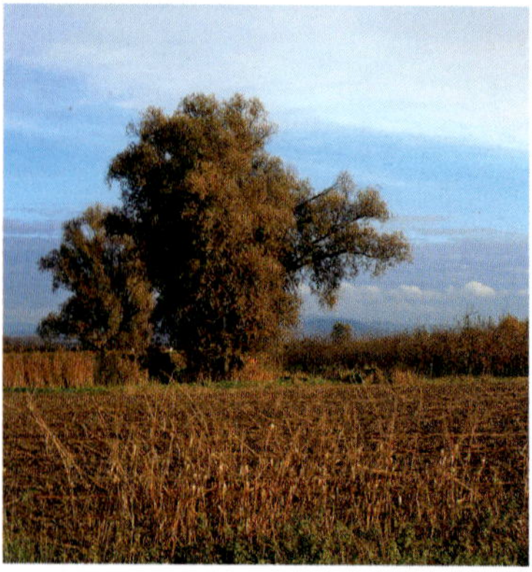

Mächtige Einzelbäume unterbrechen die flache Landschaft in den Rheinauen.

Rechte Seite: Stellenweise verläuft der Weg zwischen Hecken.

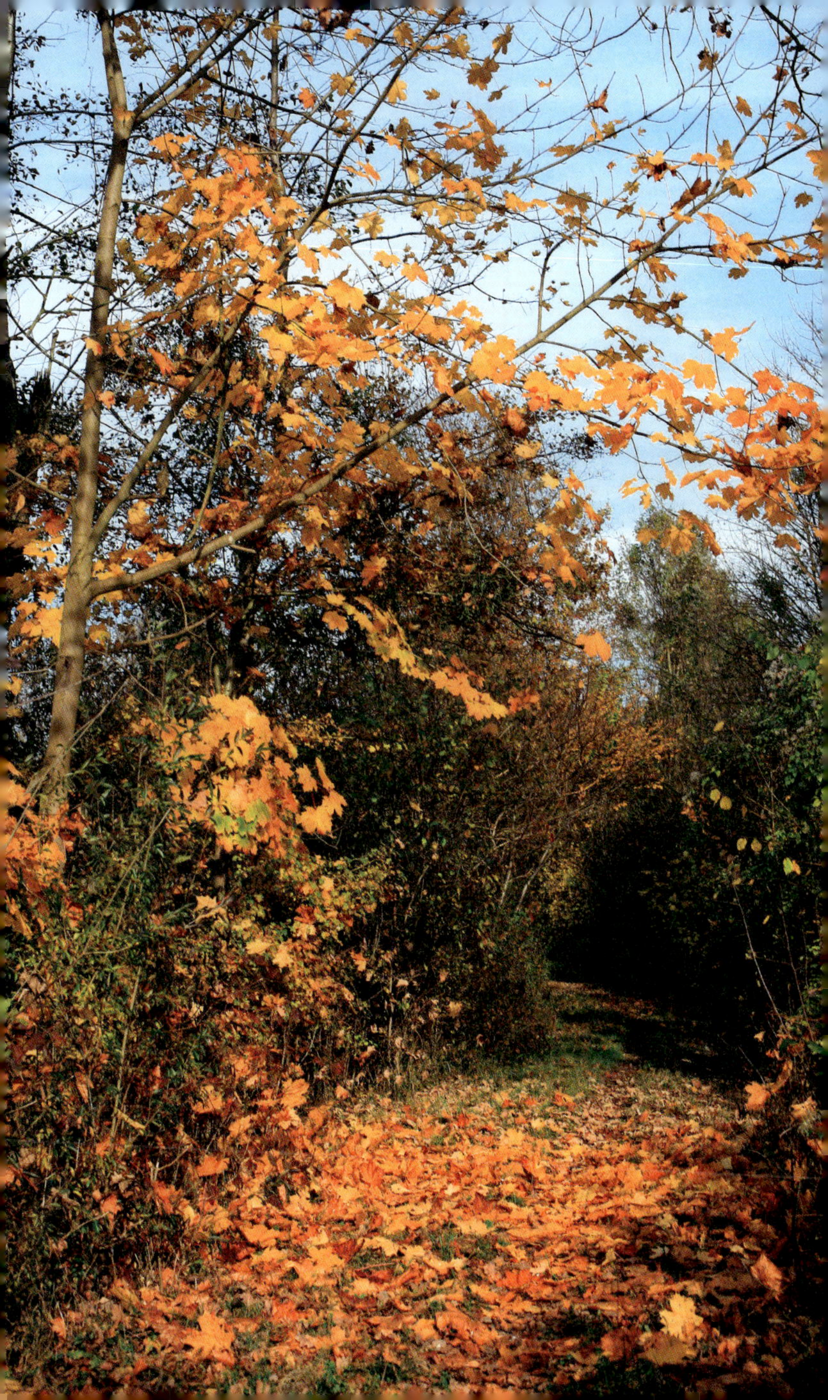

7 Von Nonnenweier nach Schwanau

Durch die Rheinauen und Felder

leicht | 10,4 km | 10 Hm | 2.30 Std.

Tourenverlauf: Nonnenweier Sportplatz/ Wanderparkplatz – Rheinauen – Seen – durch die Felder – Nonnenweier – Parkplatz

Ausgangspunkt: Schwanau-Nonnenweier, Wanderparkplatz Elzsteig Nonnenweier, Neue Rheinstraße/L100, GPS-Koordinaten: 48.349067, 7.744336

Anfahrt ab Offenburg: Bus & Bahn: Bahn bis Lahr, weiter mit dem Bus nach Nonnenweier, Haltestelle Rathaus; Auto: A5 bis Ausfahrt Lahr, dann L75 und über Allmannsweier nach Nonnenweier. Dort in der Neuen Rheinstraße zum Rhein. Vor dem Fluss liegt an der Rechtskurve zum Sportplatz ein großer Parkplatz.

Einkehr: Schwanau

Karte: Wanderkarte W239 Lahr/Schwarzwald, 1:25000, Landesamt für Geoinformation und Landentwicklung Baden-Württemberg (LGL) in Zusammenarbeit mit dem Schwarzwaldverein e. V.

Information: www.schwanau.de

Der erste Teil dieser Wanderung führt uns durch die idyllischen Rheinauen. Besonders schön sind die Seen, die sich zu einer ausgiebigen Rast anbieten. Danach wandern wir durch die Felder wieder zurück.

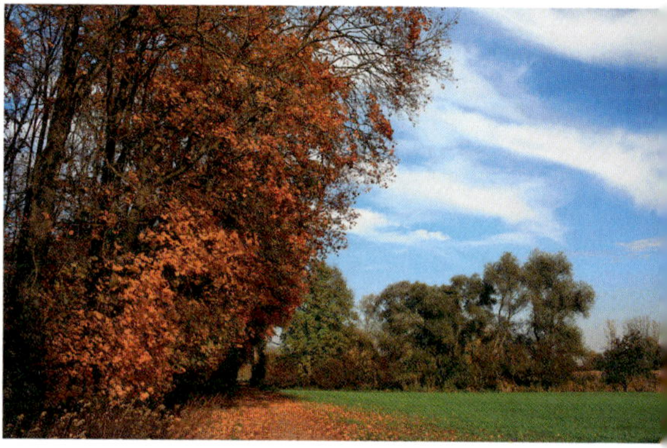

Vom **Parkplatz** aus gehen wir ein kurzes Stück vom Rhein weg und biegen nach dem Wasserlauf mit dem Wellenzeichen des Rheinaueweges links ab. Man kann auch in Nonnenweier starten, dann spaziert man vom Ort aus hierher. Nun wandern wir auf dem unbefestigten Weg durch die urwaldartig wuchernde Natur der Rheinauen. Wir überqueren kurz danach den Wasserlauf und zweigen rechts ab. Bald stoßen wir auf einen befestigten Weg, in den wir links einschwenken. Er knickt nach einiger Zeit links ab und bringt uns zu mehreren **Seen** 1. Nach ihnen halten wir uns rechts. An einem Querweg biegen wir rechts, an der folgenden Kreuzung links ab und wandern auf dem

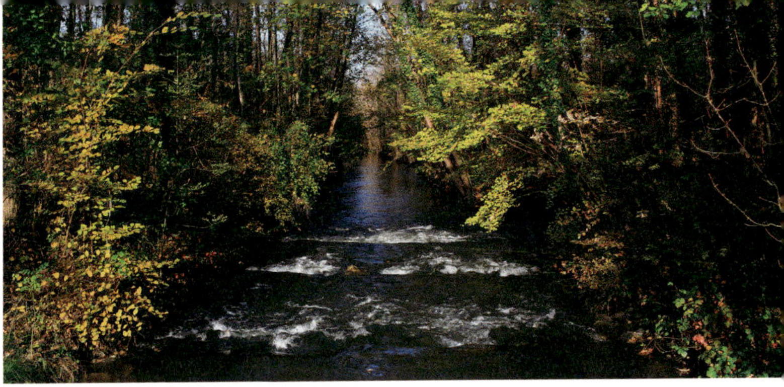

Rheinauenweg zum **Schutter-Entlastungskanal** 2. Nach ihm halten wir uns rechts, folgen aber kurz darauf dem Waldrand nach links 3 und spazieren am Waldrand entlang.

Merkmal eines Kanals ist, dass er geradlinig verläuft.

Linke Seite: Herbst in den Rheinauen

Danach nehmen wir den nächsten rechts abgehenden Weg 4. Er zieht an einem Weiher erst nach links, dann nach rechts. Anschließend führt er ein Stück geradeaus nach Süden und knickt links ab. Am nächsten Querweg gehen wir nach rechts weiter. Der Weg beschreibt einen großen Bogen und bringt uns bis vor die **Straße** 5, hier biegen wir rechts ab. Immer diesem Weg nach Süden folgend, überqueren wir vor **Nonnenweier** den Schutter-Entlastungskanal und kommen danach in den Ort.

An der Durchgangsstraße biegen wir rechts ab 6 und spazieren entlang der Straße zurück zum Ausgangspunkt.

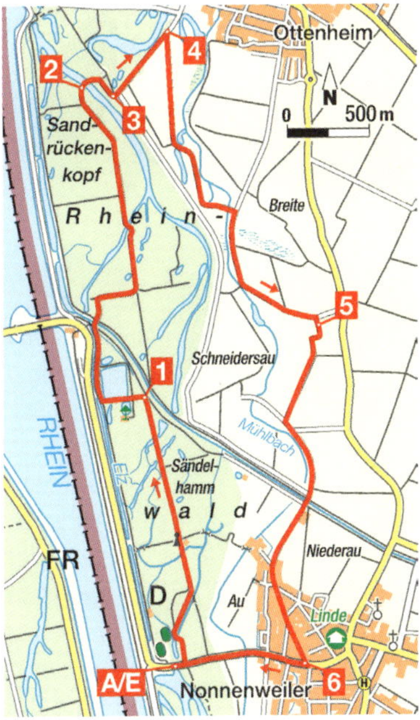

Tourencharakter

Wir wandern ausschließlich auf festen Wegen und Pfaden.

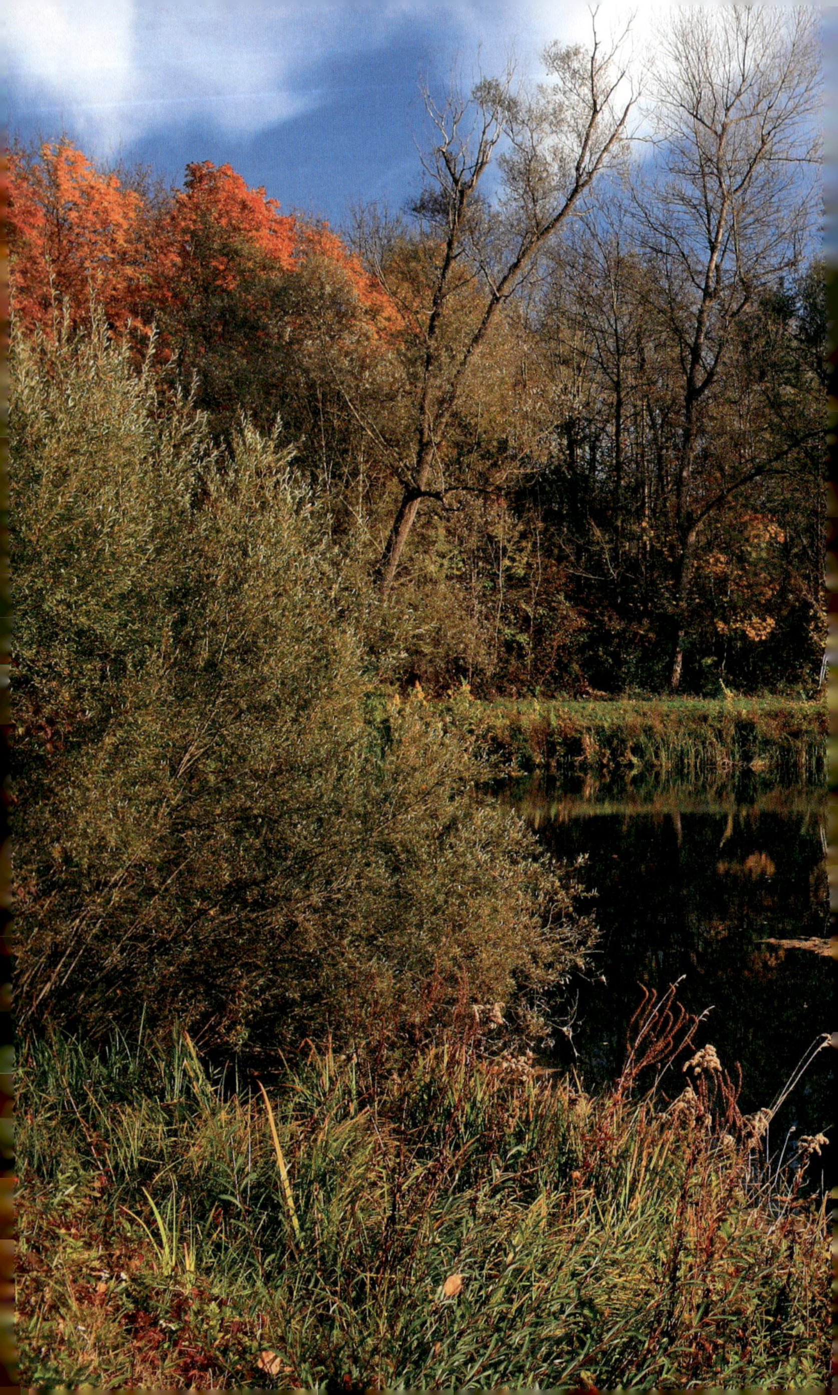

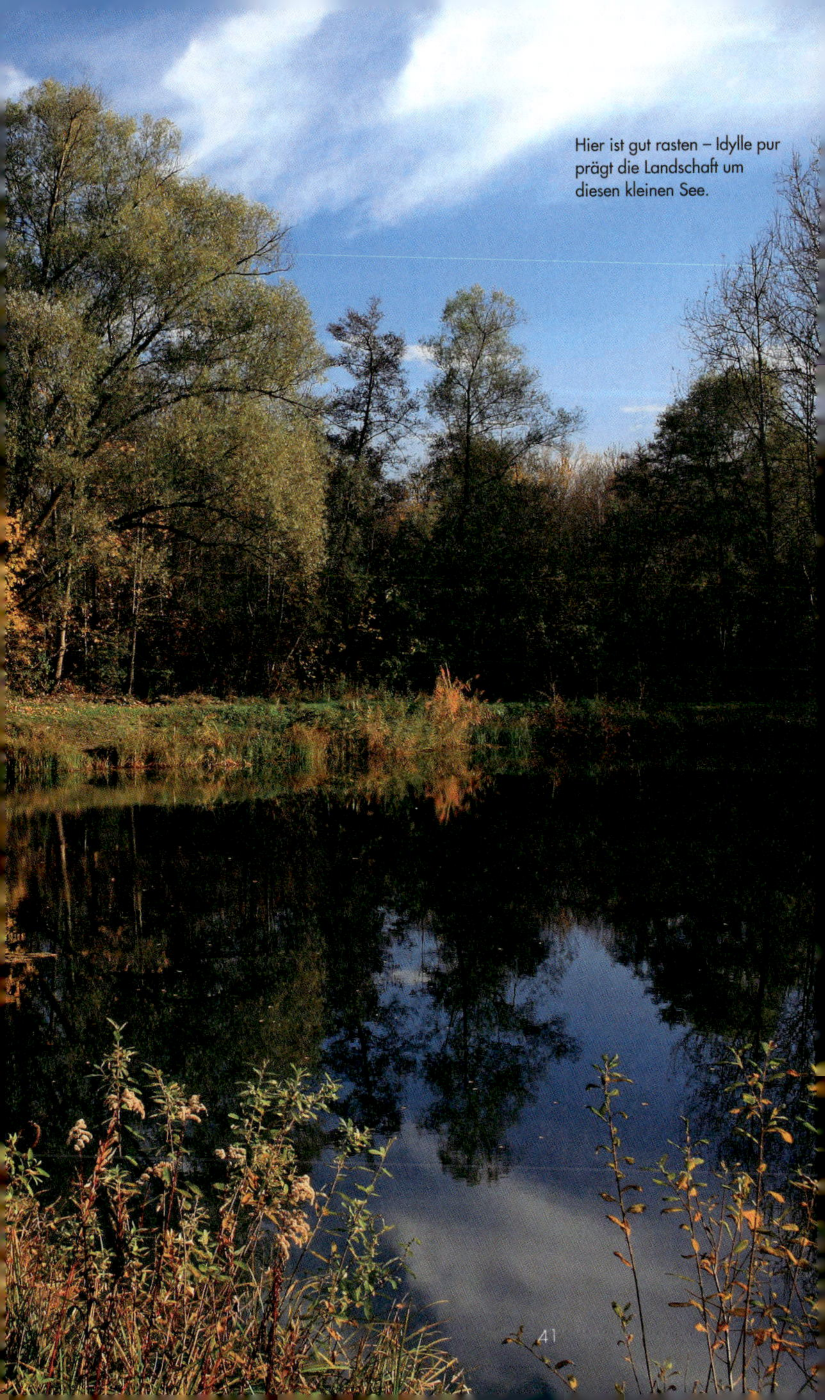

Hier ist gut rasten – Idylle pur prägt die Landschaft um diesen kleinen See.

8 Von Lahr in die Weinberge

Um den Schutterlindenberg

leicht | 8,4 km | 150 Hm | 2.15 Std.

Tourencharakter: Wir wandern auf festen Wegen.

Tourenverlauf: Lahr – Burgheim – Lahrer Kreuz – Schutterlindenberg – Lahr

Ausgangspunkt: Lahr, Parkplatz am Stadtpark, Am Stadtpark, GPS-Koordinaten: 48.341089, 7.857665

Anfahrt ab Offenburg: Bus & Bahn: Bahn nach Lahr; Auto: A5 bis Ausfahrt Lahr, dann kurz B415, dann abzweigen in die Dr. Georg-Schaeffler-Straße; wer den Tag im Terrassenbad abschließen will, parkt am besten dort und spaziert dann hinab zur Durchgangsstraße. Hier hält man sich links und kommt bald zum Stadtpark.

Einkehr: Lahr

Karte: Wanderkarte W239 Lahr/Schwarzwald, 1:25 000, Landesamt für Geoinformation und Landentwicklung Baden-Württemberg (LGL) in Zusammenarbeit mit dem Schwarzwaldverein e. V.

Information: www.lahr.de

Die Wanderung führt um den »Hausberg« von Lahr herum, wobei wir uns zwischen Feldern, Streuobstwiesen und Weinbergen bewegen und immer wieder einen schönen Blick über die Landschaft haben. Zudem kann man sich das schöne Lahrer Zentrum ansehen.

Vom Parkplatz gehen wir im **Park** oder in der Kaiserstraße nach Osten zur Jammstraße. Ihr folgen wir nach links bis zur **Bergstraße**, dort halten wir uns rechts ❶. Sie geht in die Turmstraße über und bald halten wir uns links in die **Obertorstraße** ❷. Auf ihr verlassen wir den Ort. Unterwegs sollten wir die prächtigen alten Villen beachten. An der querenden Schutterlindenbergstraße mit dem Wanderschild Lahr Burgweg (231 m) wandern wir geradeaus weiter, kurz danach geht es wieder bergab.
Nach den letzten Häusern am Schild Am Rufel (229 m) spazieren wir geradeaus hinab und stoßen bald auf

Schutterlindenberg

Der Schutterlindenberg hat für Lahr eine große Bedeutung, diente er doch als Versammlungsort für religiöse und politische Feste, so beispielsweise anlässlich der Völkerschlacht bei Leipzig (1813) oder des badischen Verfassungsfests (1843). Von ihm aus sieht man nicht nur auf die Stadt, sondern über die Rheinebene auch ins Elsass, beispielsweise zum Turm des Straßburger Münsters.

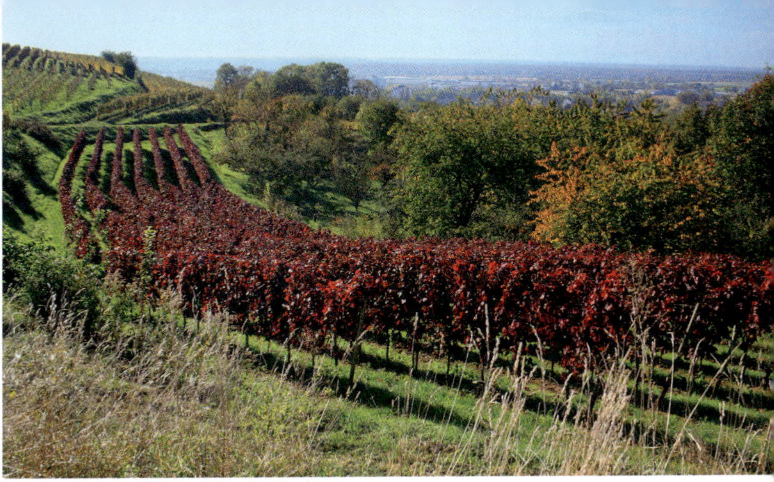

Auch Weinlaub ist nicht immer grün.

das **Lahrer Kreuz** (210 m) **3**. Hier biegen wir links ab in Richtung »Lierbachhöfe«. Der Weg fällt, wir kommen an einem links liegenden Haus vorbei und biegen am nächsten rechts ab. Bald stoßen wir auf die **B3** **4**. Hier halten wir uns links. Wo die Straße nach Hugsweier rechts abzweigt, nehmen wir den nach links aufwärts führenden Karl-Schweickhardt-Weg. Ihm folgen wir durch die Weinberge, wobei wir einen schönen Blick auf die Rheinebene haben.

Wo das Sträßchen eine u-förmige Kurve nach links beschreibt, wandern wir geradeaus weiter. Etwas später macht unser Weg einen Linksbogen und bringt

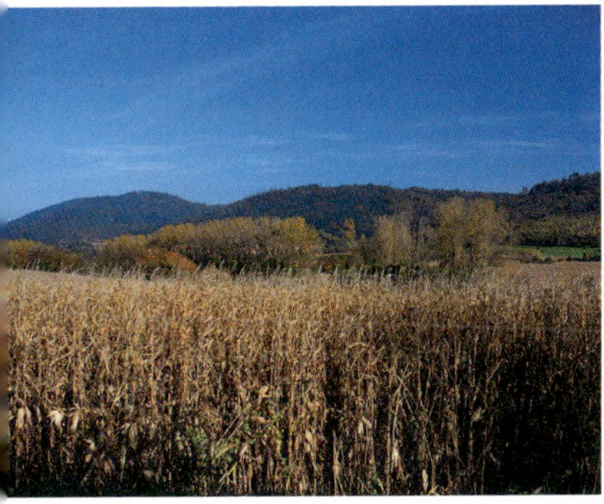

Hinter den Feldern der Rheinebene erheben sich die Berge des Schwarzwalds.

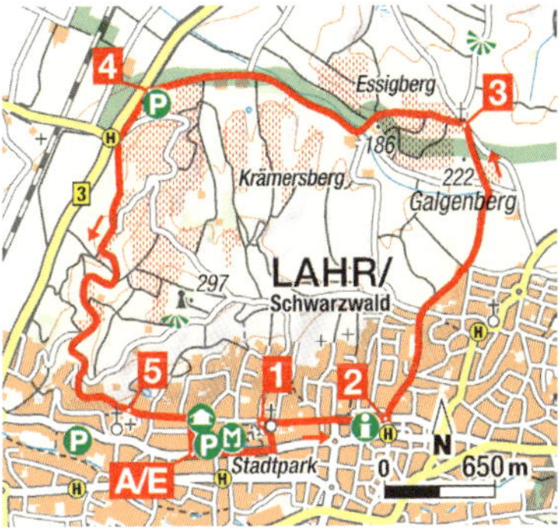

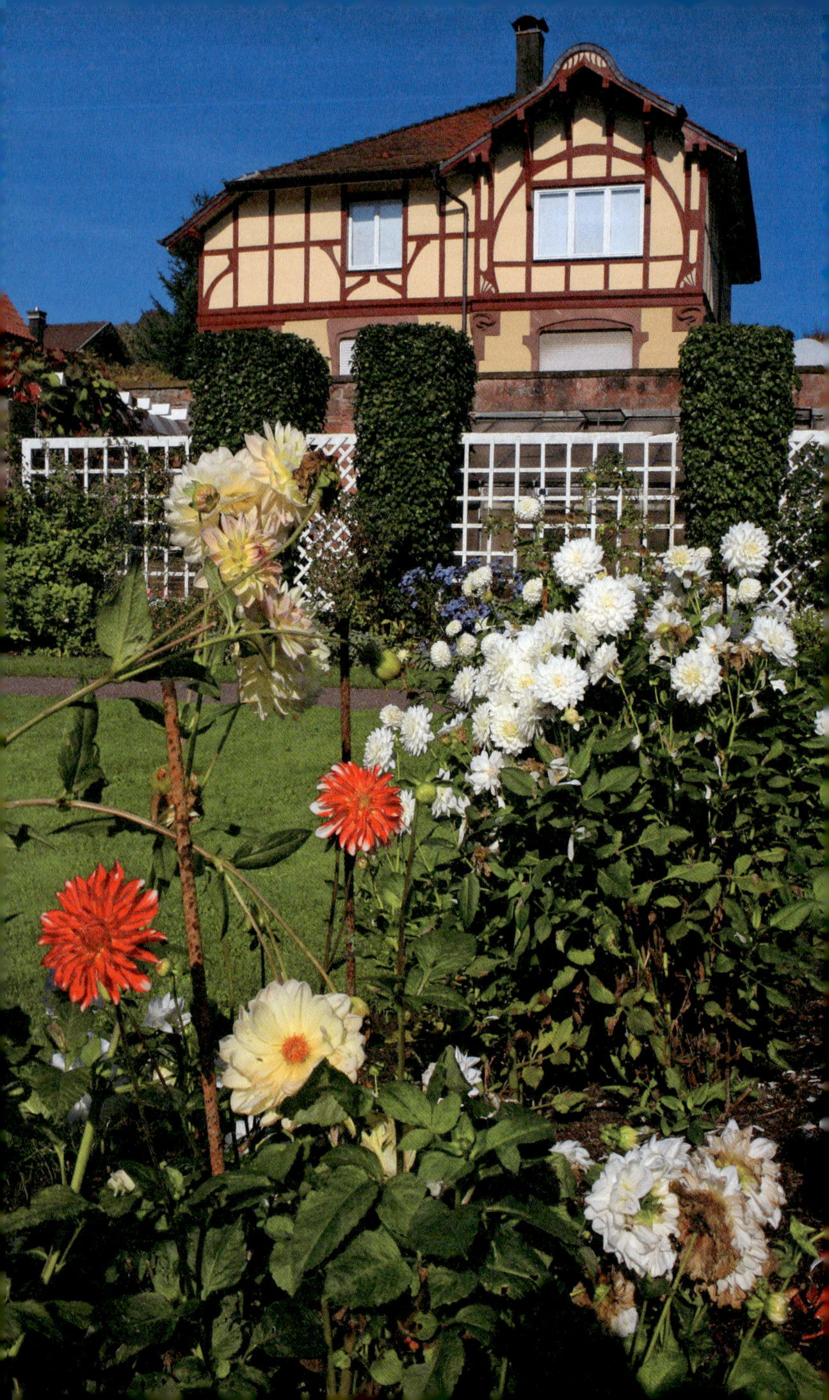

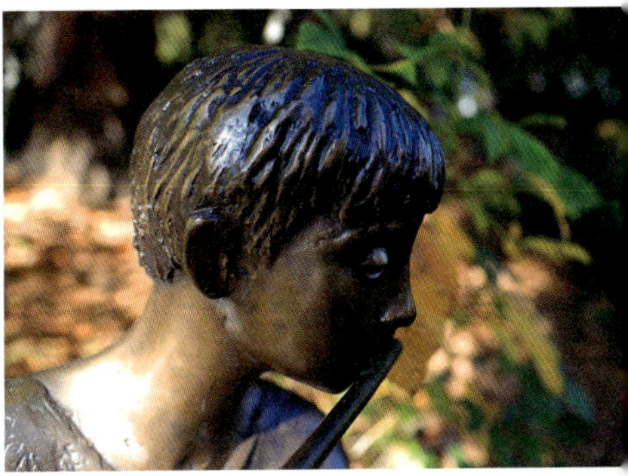

Im Stadtpark kann man auch Kunstwerke bewundern.

Linke Seite: Prächtigen Blumenschmuck findet man im Stadtpark.

uns zum Wanderschild Engetal (210 m). Hier wandern wir geradeaus weiter in Richtung »Terrassenbad«. Am Schild Dinglinger Haus (210 m) zweigen wir rechts ab. Durch das Wohngebiet kommen wir hinab zum **Terrassenbad** **5**. Rechts davon liegen Kirche und Friedhof. Wir folgen der Bergstraße, bis wir rechts in die Straße Am Stadtpark abbiegen können, die uns zurück zum Ausgangspunkt bringt. Wer es noch nicht gemacht hat, besichtigt nun den Stadtpark und lässt den Wandertag dort ausklingen.

Lahrer Stadtpark

Der 4,5 Hektar große Lahrer Stadtpark geht auf den privaten Garten des Bürgers Christian Wilhelm Jamm zurück, der auf Kuba zu großem Reichtum gekommen war. Er kam später nach Lahr zurück und ließ 1859 bis 1861 die schlossähnliche Villa erbauen. Nach seinem Tod 1875 vermachte er der Lahrer Bürgergemeinde ein großes Vermögen, darunter unter anderem die Villa und den Park.

Das Herzstück des seither erweiterten Parks ist der 1985 entstandene Rosengarten, der durch Buchsbaumhecken geometrisch gegliedert und mit über 250 Rosensorten – die älteste Rose stammt von 1835! – bestückt ist. Weiter findet man zahlreiche prächtige alte Bäume wie die über hundertjährige Libanonzeder, Schwarznuss, Geweih- und Amberbaum, Urweltmammutbaum, Tulpenbaum und Ginkgo, weiter Wasserflächen, Rhododendronanlagen, im englischen Stil angelegte Staudenbeete, eine herrliche Hortensienanlage und Tiergehege.

Die Jamm-Villa inmitten des Parks dient zu Ausstellungszwecken, dazu gibt es zwei Pavillons, eine Grotte und eine Orangerie. Zum mediterranen Eindruck tragen die vielen Palmen, die Mittelmeerterrasse und der Kakteengarten bei.

Im Oktober und November jeden Jahres findet die **Chrysanthema** statt. Dabei kann man in der historischen Innenstadt an Tausenden von Chrysanthemen vorbeispazieren, die zu großartigen Kunstwerken, faszinierenden Blumenbeeten, Blumenwagen und als Häuserschmuck drapiert sind. Zudem gibt es ein reichhaltiges Programm.

9 Im Dreieck Ringsheim, Ettenheim und Herbolzheim

Auf und ab im Hügelland

mittel 10,6 km 200 Hm 3 Std.

Tourencharakter: Wir wandern auf festen Wegen.

Tourenverlauf: Ringsheim – Ettenheim – Aussichtsturm Heuberg – Deponie – Ringsheim

Ausgangspunkt: Ringsheim, Hauptstraße 1, GPS-Koordinaten: 48.245970, 7.781472

Anfahrt ab Offenburg: Bus & Bahn: Bahn nach Ringsheim; Auto: A5 bis Ausfahrt Rust, dann nach Osten nach Ringsheim

Einkehr: Ringsheim, Ettenheim

Karte: Wanderkarte W246 Breisach am Rhein, 1:25 000, Landesamt für Geoinformation und Landentwicklung Baden-Württemberg (LGL) in Zusammenarbeit mit dem Schwarzwaldverein e. V.

Information: www.ettenheim.de

Bei dieser Wanderung geht es ständig auf und ab, denn die abwechslungsreiche Landschaft ist außergewöhnlich stark bewegt. Wir besuchen Ettenheim mit seinen prächtigen Bauten und steigen danach hoch zum Aussichtsturm auf dem Heuberg.

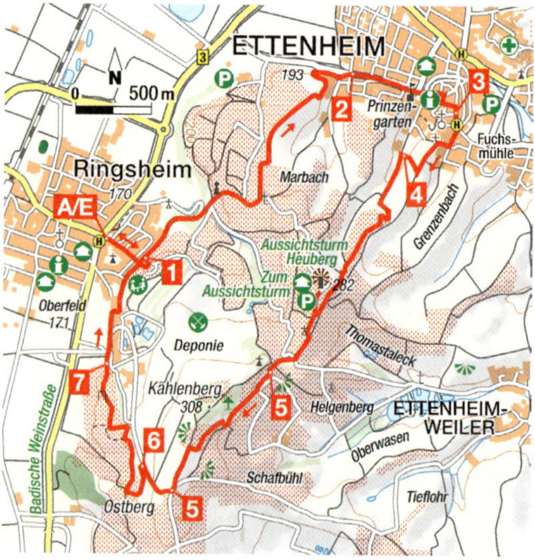

Wir starten an der **Kreuzung Hauptstraße/Alte Bundesstraße** und folgen der Straße In der Limbach auf der anderen Straßenseite. Gleich danach zweigen wir rechts ab in die Hochzielstraße. Wir folgen ihr bis zum **Spielplatz Kahlenberg**, nach dem wir nach links zur Erzstraße gehen. Dort biegen wir rechts ab ❶ und wandern mit dem Wanderzeichen gelbe Raute nach

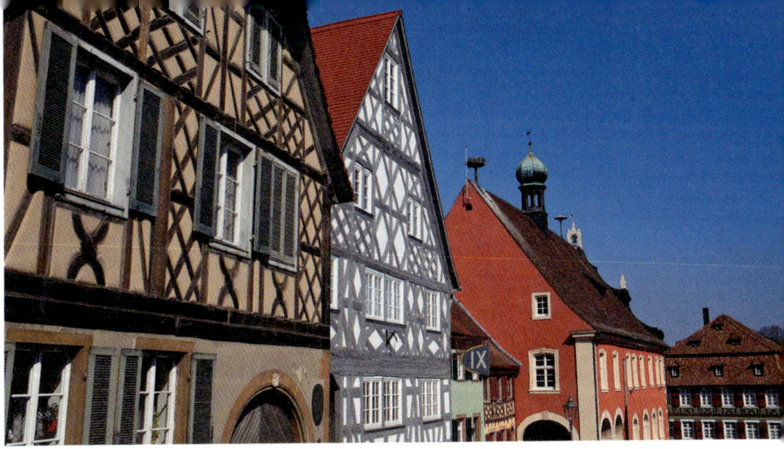

Norden. Nun sollten wir zurückblicken auf den Ort mit seiner 1785 im Stil des Spätbarock erbauten Kirche St. Johannes Baptist und die Rheinebene, dahinter sieht man den Kaiserstuhl und die Vogesen mit der Hohkönigsburg.

Fachwerkpracht in Ettenheim

Ab jetzt stoßen wir immer wieder auf Lehrpfadschilder. Etwas später kommen wir an einem schönen Grillplatz mit einer Hütte vorbei, dann zum Wanderschild **Limbach** (200 m). Danach wandern wir rechts an dem Gedenkstein zur Flurbereinigung und dem Bergbau vorbei in Richtung »Ettenheim«. Das Sträßchen zieht nach rechts und bringt uns zu einem weißen Flurkreuz und dem Schild Rötelberg (238 m). Wir folgen dem Wanderzeichen und nach ein paar scharfen Kurven, am Schluss nach rechts, kommen wir in die Straße Hähnlebrunnen. Dort biegen wir links ab, später kurz links zur **K5348/Freiburger Straße** 2. Hier sehen wir einen alten steinernen Brunnenstock und ein Flurkreuz von 1796.

Die Kirche in Ettenheim ist ein mächtiges Bauwerk.

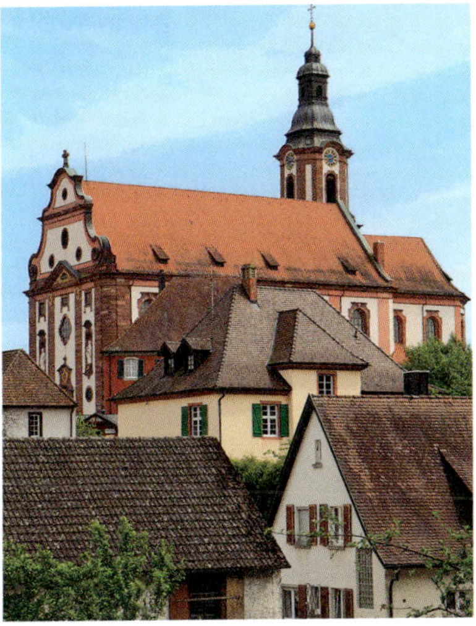

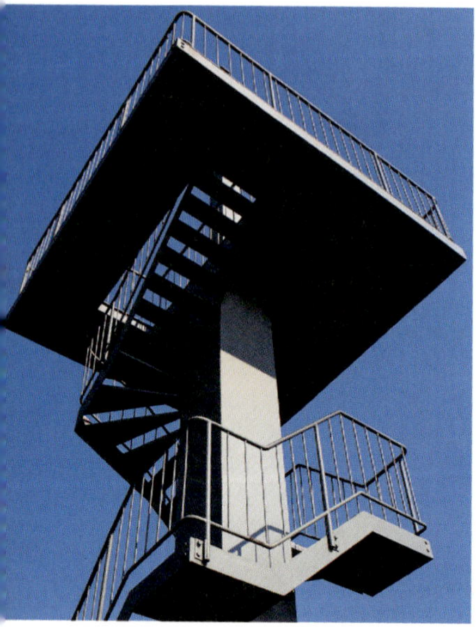

Der Aussichtsturm auf dem Heuberg bietet einen umfassenden Blick auf die Umgebung.

Nun spazieren wir ins Zentrum von Ettenheim. Erst kommen wir am Prinzengarten vorbei, dann gehen wir geradeaus hinein in die Altstadt, wo die Straße in die Thomasstraße übergeht. Hier biegen wir rechts, dann gleich links in die Ettikostraße ab und folgen ihr bis zur querenden **Friedrichstraße** 3. Auf ihr wandern wir nach rechts, verlassen das Zentrum und biegen nach einem prächtigen Stadttor, nun wieder mit der gelben Raute, rechts ab in die Neumannstraße. Bald zweigen wir rechts in die Kahlenberggasse ein. Sie knickt vor dem Friedhof nach links ab. Vorher erst sollten wir aber hinauf zum Friedhof steigen; hier hat man nicht nur einen schönen Blick auf die Kirche, beeindruckend sind auch die prächtigen Bäume. Danach folgen wir weiter der Kahlenberggasse, dann

Hohlweg Kahlenberggasse

Der Hohlweg Kahlenberggasse ist mit rund zwei Kilometern einer der längsten Hohlwege in Deutschland. Solche Hohlwege entstanden in der Vorbergzone im weichen Lössboden. Durch das Befahren mit Fuhrwerken wurde der Boden aufgerieben und gelockert, sodass Regengüsse das weiche und lose Material wegschwemmen konnten. Heute sind nicht mehr viele Hohlwege erhalten, da sie bis zu ihrer Unterschutzstellung aufgefüllt oder befestigt wurden. In Hohlwegen findet man verschiedene Kleinklima- und Vegetationszonen. So herrscht in den oberen Randbereichen Trockenheit; sie gehen auf der der Sonne zugeneigten Seite in oft senkrechte und kahle Lösswände über. Hier findet man Brutröhren von Grabwespen und Wildbienen. Unten bildet sich eventuell Humus, sodass dort oft eine waldartige Vegetation wächst, in der man Schmetterlinge wie das Waldbrettspiel oder den Mauerfuchs finden kann.

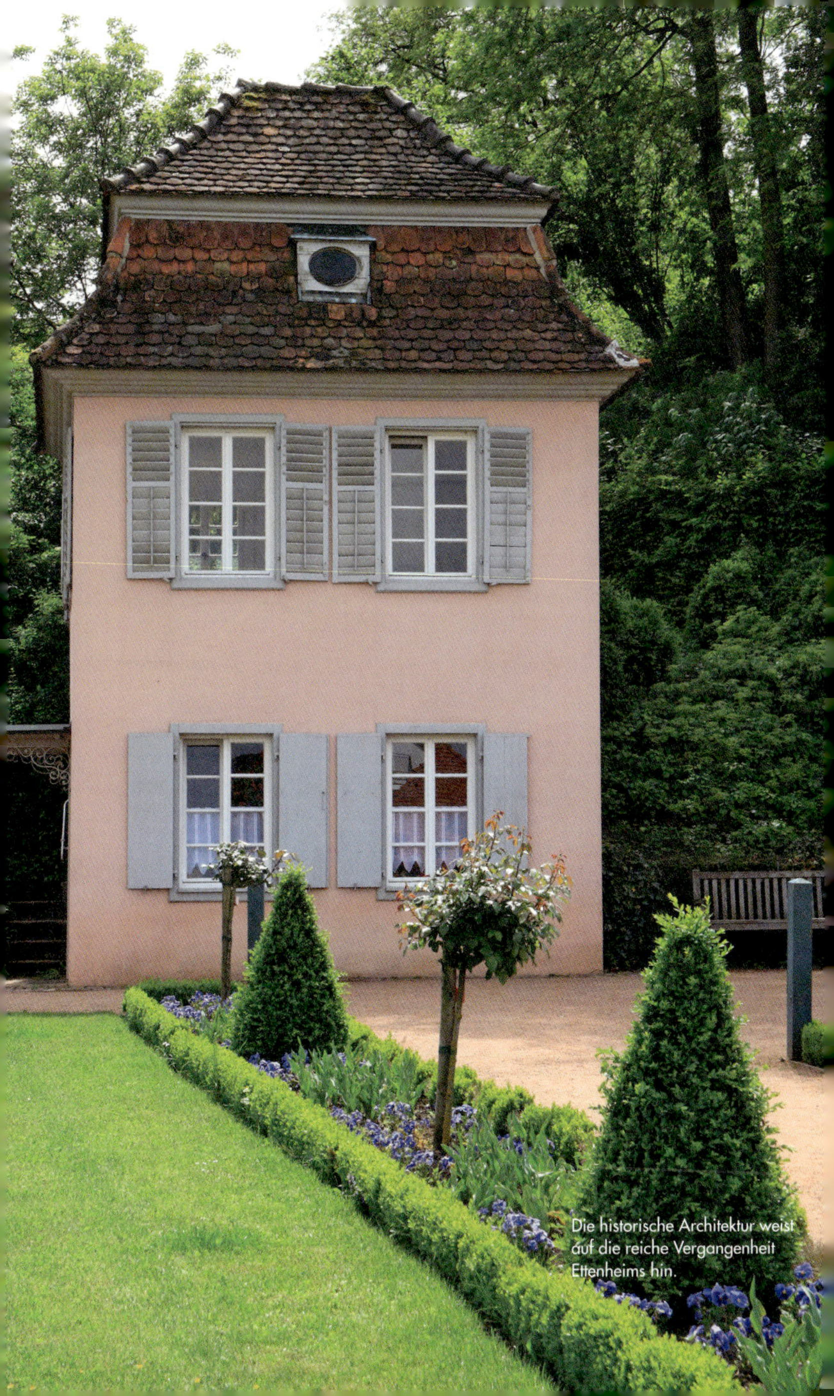

Die historische Architektur weist auf die reiche Vergangenheit Ettenheims hin.

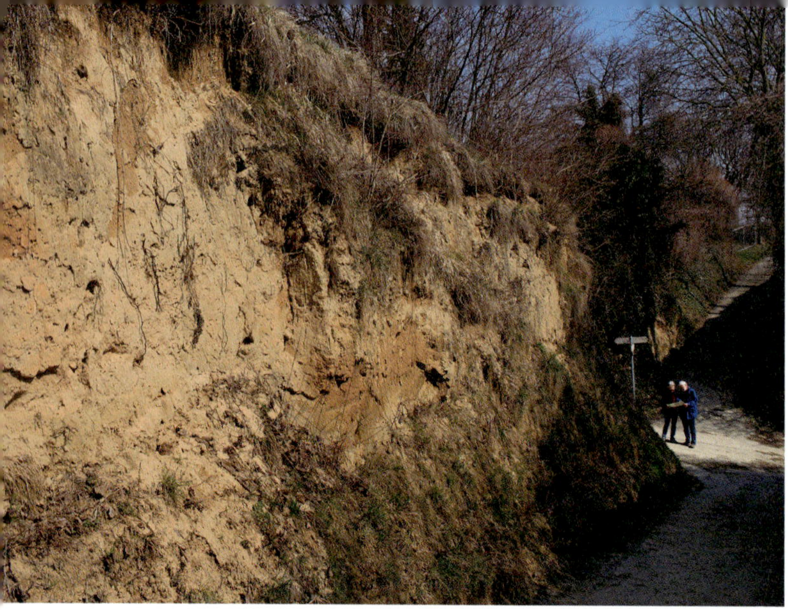

Typischer Hohlweg im Löss

geht es nach rechts und wir kommen zur Straße Im Pfaffenbach.

Nun wandern wir eine ganze Weile nach Süden und schließlich vorbei an einem Weingut. Durch einen typischen Hohlweg im Löss kommen wir zum Schild Heuberg Hohlgasse (266 m). Wir gehen noch geradeaus weiter in Richtung »Aussichtsturm«. Nach ein paar Minuten werden wir am Schild Heuberg nach rechts zum **Aussichtsturm** (282 m) 4 verwiesen. Hier kann man auch einkehren.

Wir wandern durch eine interessant strukturierte Landschaft.

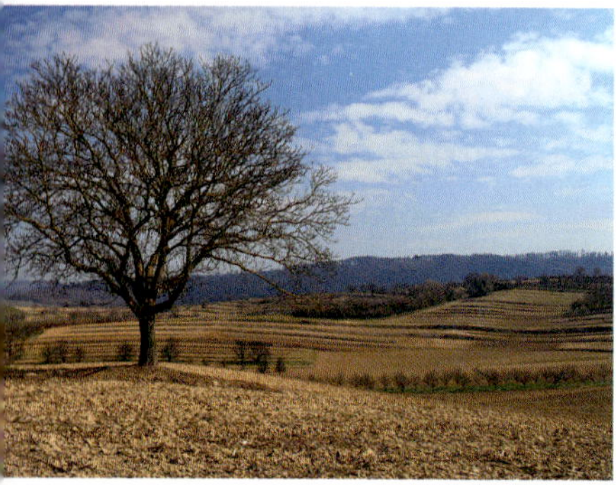

Zurück am Schild Heuberg geht es mit dem Zeichen des Breisgauer Weinwegs und vorbei an den Schildern Kahlenberg und Eselspfad bis zum Schild Ostberg. Dort biegen wir mit der gelben Raute, der wir von jetzt an wieder folgen, rechts ab 5 in die Bergwerkstraße und kommen zu

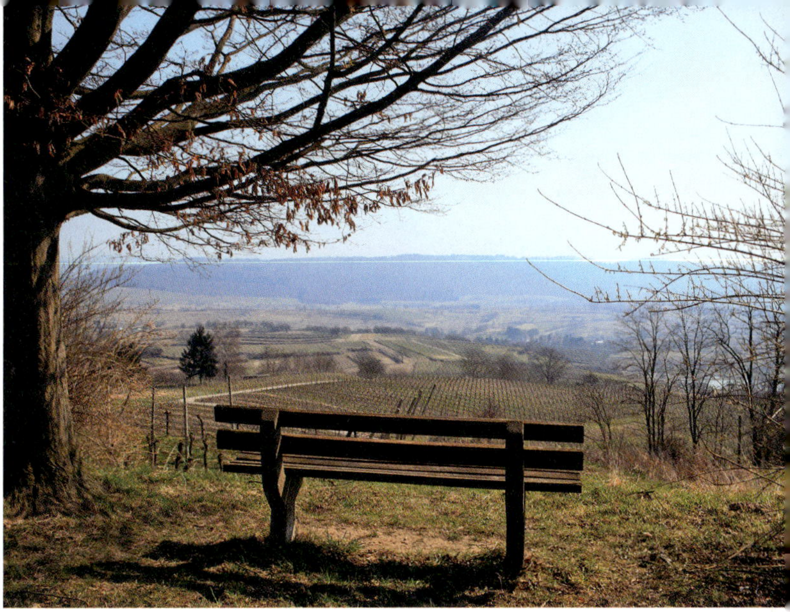

Blick vom Friedhof zum Schwarzwald

einem kleinen **See** 6. Vor ihm halten wir uns links, dann zweimal rechts. Wir folgen dem Zeichen mit einigen Knicken immer nach Norden und über den Kahlenberg. Nach einem Rechtsknick erreichen wir die **Erzstraße** 7, auf der es in nördlicher Richtung weitergeht.

Bald gelangen wir wieder zum **Spielplatz Kahlenberg** 1, wo es auf bekanntem Weg nach links zurück zum Ausgangspunkt geht.

Heuberg

Auf dem 282 Meter hohen Heuberg steht ein 12,5 Meter hoher Aussichtsturm aus Stahl. Man hat eine herrliche Sicht über das Rheintal bis zu den Vogesen und dem Straßburger Münster. Außerdem ist für Bewirtung gesorgt. Etwa 300 Meter entfernt liegt der Kahlenberg (308 m), der bereits im 17. Jahrhundert als Hexentanzplatz genannt wurde. Ab 1894 wurde er vom Schwarzwaldverein aufgeforstet und man errichtete 1897 einen Aussichtsturm mit Orientierungstafel. In kurzer Entfernung findet man die Kapelle Zur schmerzhaften Mutter Gottes, die um 1650/1660 erbaut wurde.

Schön ist es, wenn alte Schutzhütten die Weinberge gliedern.

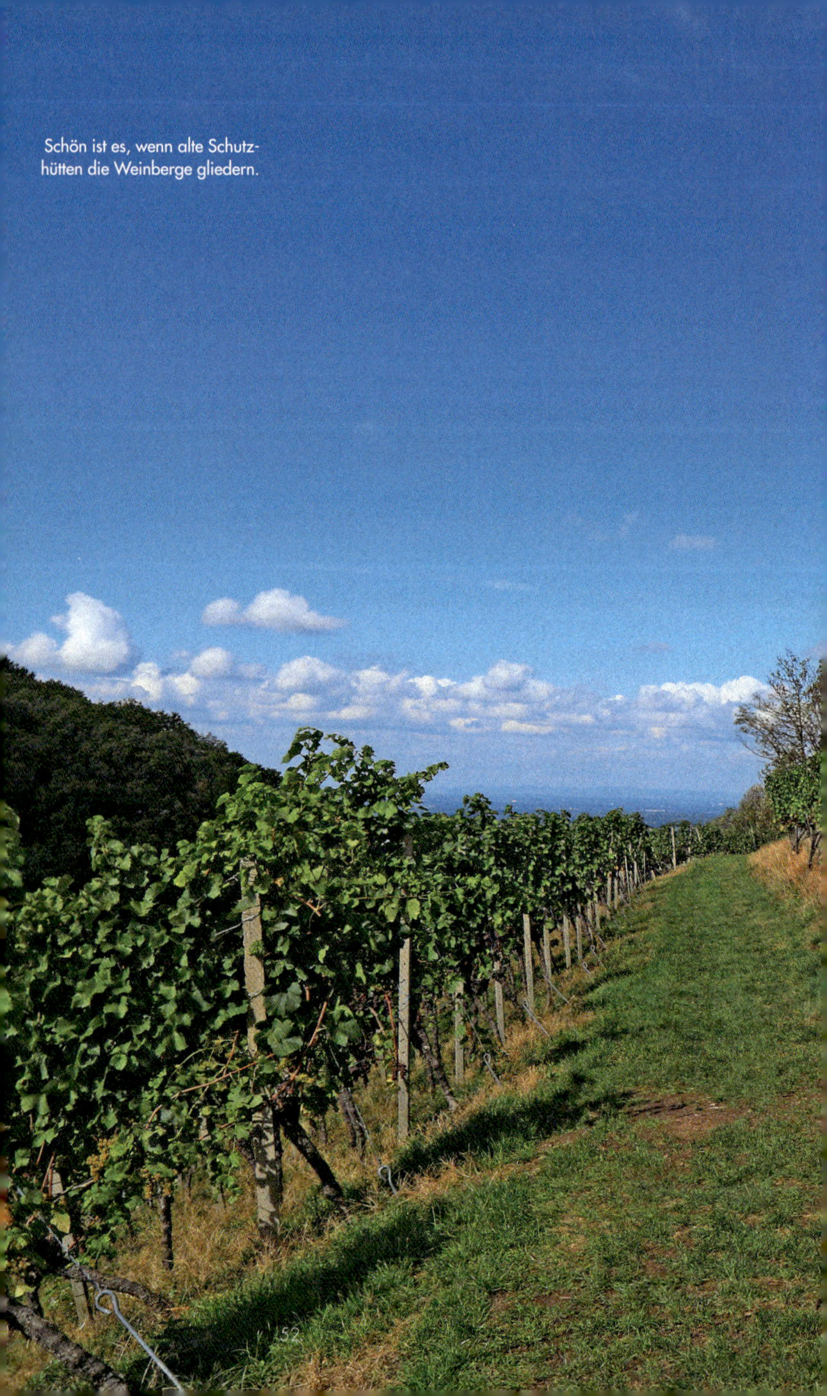

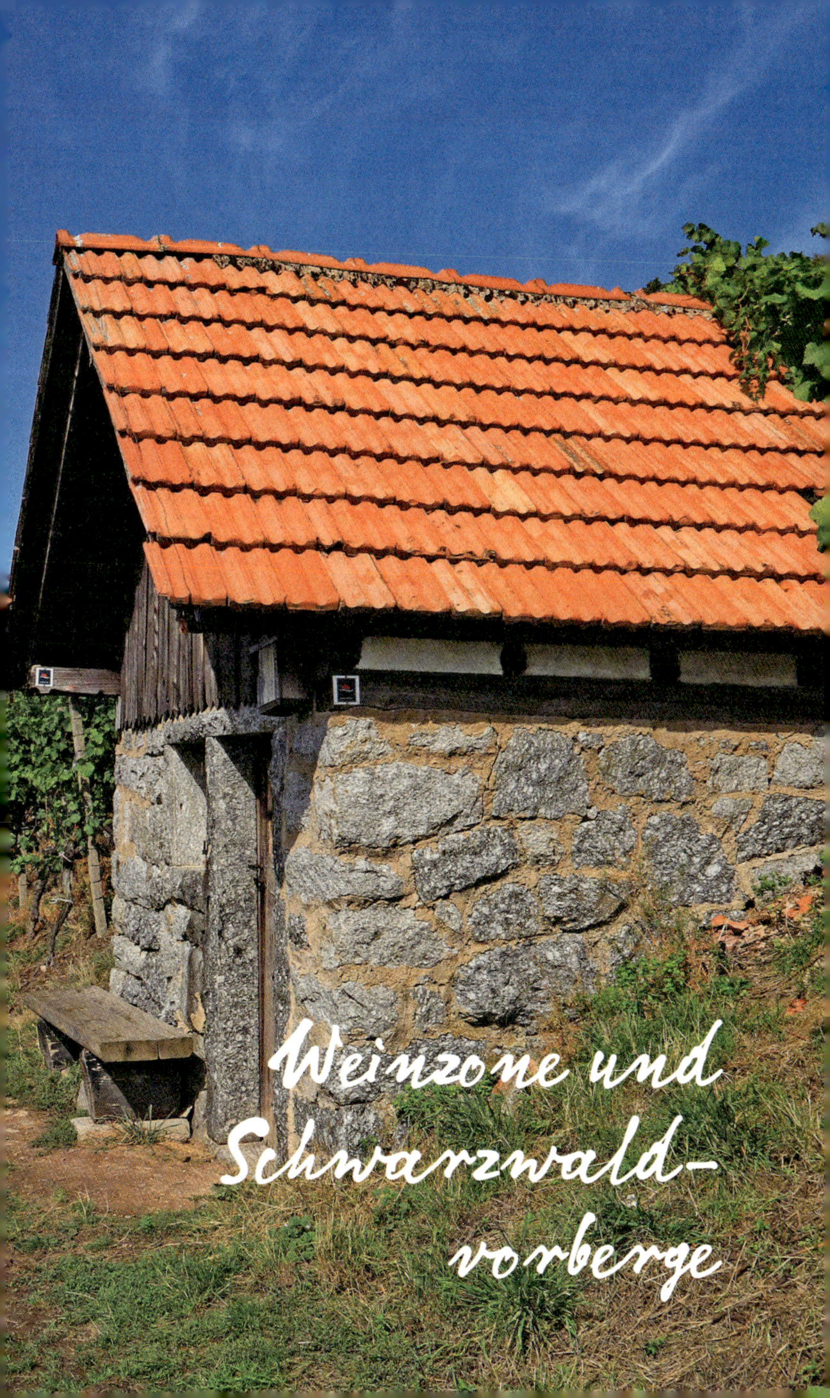
Weinzone und
Schwarzwald-
vorberge

10 Alde God Panoramarunde

Eine wilde Schlucht und eine alte Sage

mittel | 10 km | 330 Hm | 3.30 Std.

Tourencharakter: Wir wandern auf Pfaden und festen Forst- und Wirtschaftswegen.

Tourenverlauf: Sasbachwalden – Gaishölle – Kapelle – Straubenhöf-Mühle – Bildstock Alde God – Sasbachwalden

Ausgangspunkt: Sasbachwalden, Straße Murberg, GPS-Koordinaten: 48.618949, 8.135778; einen Alternativparkplatz findet man am Kurhaus, von dort führt ein bezeichneter Weg über das aussichtsreiche »Badisch Bänkl« durch die Weinberge zur Gaishölle.

Karte: Wanderkarte W234 Achern, 1:25 000, Landesamt für Geoinformation und Landentwicklung Baden-Württemberg (LGL) in Zusammenarbeit mit dem Schwarzwaldverein e. V.

Einkehr: Weingut Schelzberg, Sasbachwalden

Information: www.sasbachwalden.de

Die erste Attraktion durchwandern wir gleich zu Anfang: die Gaishöllwasserfälle. Danach kommen wir an einer alten Bauernmühle vorbei. Die Tour führt durch Waldstücke, am schönsten sind aber die Partien durch die Baumwiesen und Weinberge, über die man einen herrlichen Ausblick in die Runde und ins Rheintal hat.

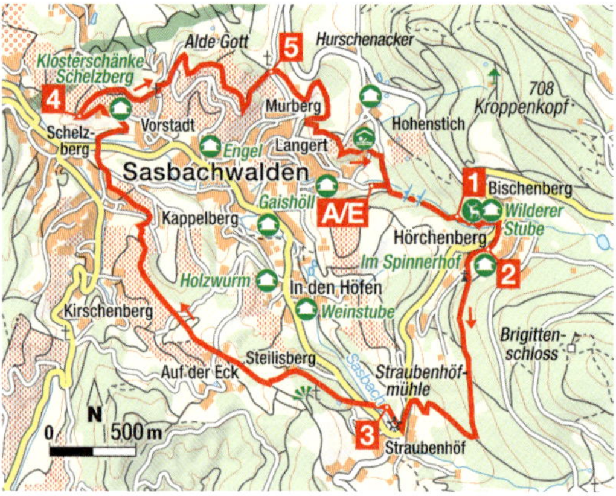

Einen öffentlichen Parkplatz finden wir am Ortsende von Sasbachwalden in der Straße Murberg. Von dort gehen wir kurz geradeaus in den Wald, zweigen am Schild Gaishölle Einstieg (340 m) rechts ab und sind nun in der **Gaishölle** ❶.

Immer parallel zum Bach mit seinen Wasserfällen und Brücken steigen wir aufwärts, vorbei an den Schildern Gaishölle unten (350 m), wo man vom Kurhaus kommend eintrifft, und Gaishölle Mitte (435 m)

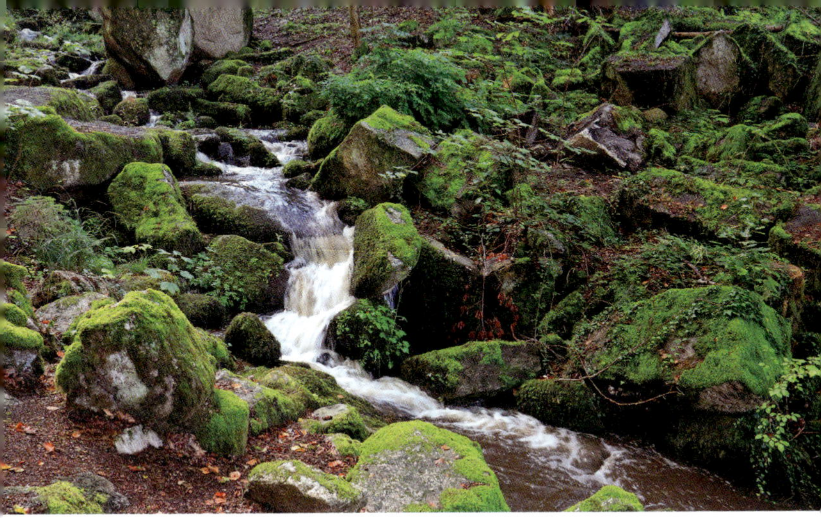

Das Wasser rauscht mächtig durch die Gaishölle.

zum Schild Gaishölle oben (493 m). Dort halten wir uns auf der Straße kurz rechts und zweigen gleich danach links ab.

An der Verzweigung hinter der querenden Straße folgen wir der Straße »Am Schloßberg Haus Nr. 6, 8, 10«. An der nächsten Kreuzung halten wir uns links, gehen durch die Restaurantanlage hindurch und dann nach links versetzt hinauf zu der **Kapelle** 2. Links von ihr steigen wir auf einem Pfad hinauf zu einem Forstweg.

Auf ihm wandern wir eben, später etwas fallend, nach rechts weiter. Schließlich knickt der Pfad rechts ab und führt uns steil hinab zu einer Straße. Wir halten uns links. Kurz danach werden wir zu einem rechts parallel der Straße verlaufenden Pfad verwiesen, der uns zur **Straubenhof-Mühle** 3 bringt.

An der Mühle knickt der Weg rechts ab und verläuft parallel zum Bach. Kurz danach gehen wir nach links über die Straße und steigen nach ihr hinauf zu einem Haus. Es geht an ihm vorbei zum nächsten Haus. Wir lassen es

Anfahrt ab Offenburg:

Bus & Bahn: Bahn und S-Bahn bis Achern, dann Bus bis Sasbachwalden Gaishölle; Auto: A5 bis Ausfahrt Achern, dann über diese Stadt nach Sasbachwalden

rechts liegen und kommen zu Baumwiesen. Jetzt haben wir den ersten prächtigen Ausblick dieser Tour.

Bei der Skulptur eines Pärchens auf einer Bank biegen wir rechts ab, auch an der Verzweigung gleich darauf halten wir uns rechts. Der Weg fällt etwas und bringt uns zu einem Asphaltweg. Wir folgen ihm nach rechts, gehen an einem Hof vorbei und dort, wo nach dem Hof das Sträßchen nach rechts zieht, geradeaus weiter in die Weinberge hinein.

Nach etwas Bergab entlang der Weinberge knickt der Weg rechts ab, zieht nach links und führt dann rechts hinab zu einem Asphaltweg. Wir überqueren ihn und wandern geradeaus weiter, später in einer Art Hohlweg zu einem überdachten Vesperplatz.

Weiter spazieren wir durch die Weinberge, dann durch ein Waldstück bergab zu einer Straße. Hinter ihr fällt er noch etwas, dann zieht unser Weg nach links durch Weinberge zum Weingut Königsrain. Nach diesem folgen wir dem Sträßchen kurz nach links, werden aber gleich nach rechts verwiesen.

Gaishölle

Die Schlucht der Gaishölle ist 600 Meter lang und überwindet einen Höhenunterschied von 150 Metern. Der Bach stürzt in unzähligen kleinen Kaskaden zu Tal. In seinem Bett sehen wir rund fünf Meter hohe Granitblöcke, die mit dicken Moospolstern oder Farnen bewachsen sind. Sie weisen die typische Form der »Wollsackverwitterung« auf, denn sie sehen wie gestapelte Wollsäcke aus. Die Steine wurden vor den Eiszeiten geformt, als ein extrem feucht-warmes Klima herrschte. Damals drang Wasser in die Klüfte des Granits ein und löste durch chemische Prozesse den Gesteinsverband auf, sodass nur die »Kerne« der Felspartien übrig blieben. Da die großen Flächen stärker angegriffen wurden, entstanden die rundlichen Formen. Die Wasserfälle wurden bereits früh erschlossen. So schrieb das Großherzogliche Bezirksamt Achern 1880 an Straßenmeister Frey: »Zur Verschönerung der Gegend und Hebung des Fremdenbesuches wird beabsichtigt, einen bequemen Fußpfad zur sogenannten Gaishöhle bei Sasbachwalden herzustellen und die bereits vorhandenen Waßerfälle soweit ohne große Kosten möglich beßer hervortreten zu laßen.«

Vorbei am Tennisplatz kommen wir zur Talstraße, danach geht es geradeaus, dann mit einem Rechts-links-Bogen zum Weingut Schelzberg. In diesem Hof biegen wir links ab und wandern etwas durch Weinberge, bis wir scharf nach rechts verwiesen werden. Es geht kurz hinauf, dann sind wir am **Rastplatz Münsterblick** 4.

Danach fällt der Weg ein wenig und bringt uns zu einer querenden Asphaltstraße beim Schild Schlierhöfel (245 m) und einem Bildstock. Wir halten uns links, gleich wieder rechts und wandern erneut bergauf. Kurz danach werden wir nach rechts verwiesen. Bald erreichen wir beim Schild Alde God Bildstöckel (301 m) eine Terrasse mit Tisch und Bänken und dem **Bildstock Alde God** 5.

Kleine Hofmühlen findet man öfters im Schwarzwald.

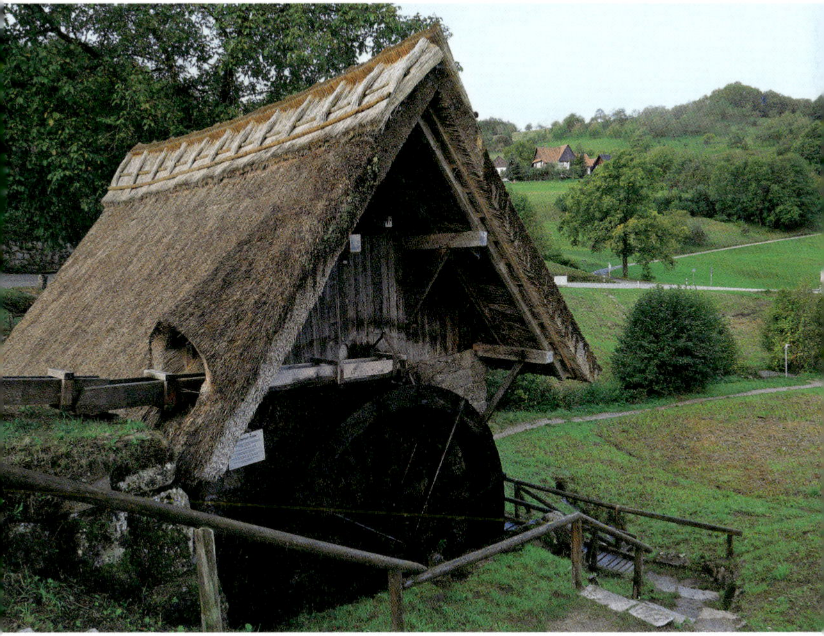

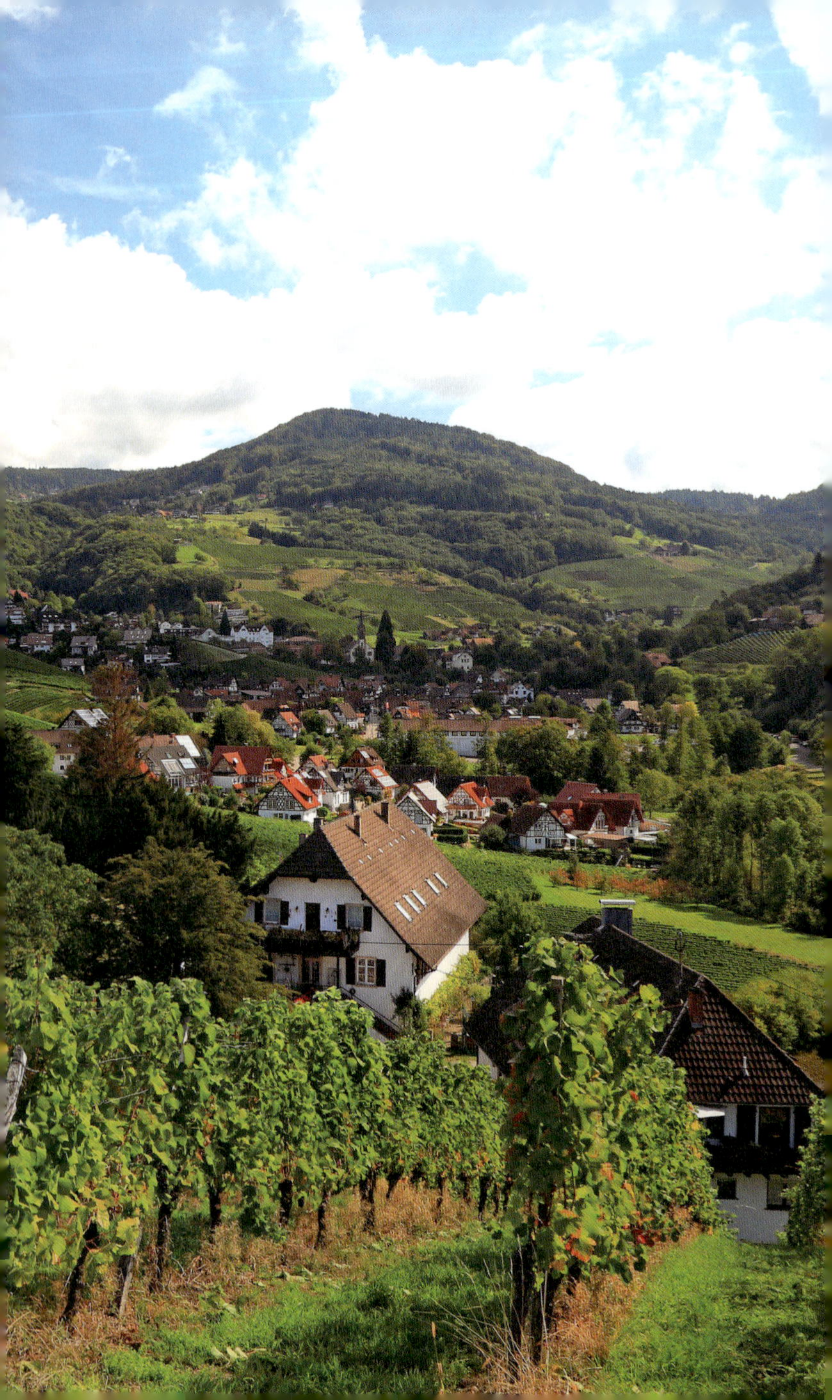

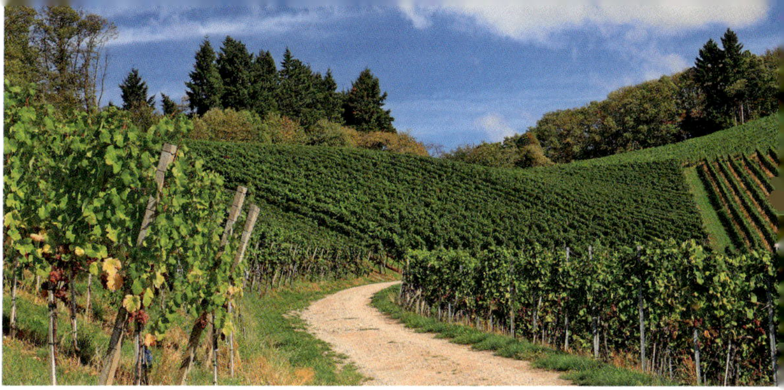

Hier gehen wir geradeaus auf einem Wiesenweg zum Waldrand und weiter auf einem Pfad in den Wald. Kurz darauf kommen wir nach rechts wieder in die Weinberge. Bald geht es scharf nach links wieder in den Wald, bergab und in einem Mix aus Waldstücken und Baumwiesen bis zu einem Waldrand, wo nach links anfangs eine Treppe hinaufführt. Nach etwas Bergauf knickt der Weg rechts ab, gleich danach geht es links weiter. Nun steigt es an und wir kommen am Aussichtspunkt Obere Langert vorbei.

Nach weiterem kurzem Anstieg treffen wir auf ein Sträßchen. Hier gehen wir nach rechts bergab. Wir orientieren uns an den Wanderzeichen und kommen mit Auf und Ab und einigen Windungen zu einem Sträßchen. Nach rechts gelangen wir hinab zum Ausgangspunkt.

Ausgedehnte Weinberge charakterisieren die Landschaft.

Linke Seite: Blick über die Weinberglandschaft zum Schwarzwald

Alde God

Vom Bildstock Alde God wird folgende Sage erzählt: Auch die Gegend um Sasbachwalden war nach dem Dreißigjährigen Krieg ausgestorben. Es lebte hier aber noch ein junger Mann, der sich einsam fühlte. So zog er umher, um eine Gefährtin zu suchen. Schließlich traf er auf einem Hügel ein junges Mädchen, das ihn zu dem Ruf »Der alte Gott lebt noch!« inspirierte. Die beiden fanden Gefallen aneinander, heirateten und ließen sich in der Gegend nieder. An der Stelle, wo sie sich zum ersten Mal erblickten, ließen sie einen Bildstock mit der Inschrift »Der Alde Gott lebt noch« aufstellen.

11 Zwischen Oberachern und Kappelrodeck

Durch die Weinberge

mittel | 11,4 km | 170 Hm | 3.10 Std.

Tourencharakter: Wir wandern auf festen Wegen, ein kurzes Stück auf unbefestigten Waldwegen.

Tourenverlauf: Kappelrodeck – Oberachern – Sandweg – Bernhardshöf – Kappelrodeck

Ausgangspunkt: Kappelrodeck, Bahnhof, GPS-Koordinaten: 48.593313, 8.115759

Anfahrt ab Offenburg: Bus & Bahn: Bahn bis Kappelrodeck; Auto: A5 bis Ausfahrt Achern, dann L87 nach Kappelrodeck

Einkehr: Kappelrodeck

Karte: Wanderkarte W234 Achern, 1:25 000, Landesamt für Geoinformation und Landentwicklung Baden-Württemberg (LGL) in Zusammenarbeit mit dem Schwarzwaldverein e. V.

Information: www.kappelrodeck.de

Wir wandern durch Weinberge, die im Herbst in allen Farben zu glühen scheinen. Dabei haben wir oft einen prächtigen Blick ins Tal. Teilweise geht es auch durch Baumwiesen, die insbesondere zur Zeit der Frühjahrsblüte ein herrliches Bild abgeben.

Wir starten beim Bahnhof, hier finden unter der Straßenbrücke auch Autofahrer einen Parkplatz. Dann wandern wir in die westliche Richtung und nehmen unterhalb der Brücke die nach rechts ziehende Binzigstraße in Richtung »Bernhardshöf«. Wir gehen

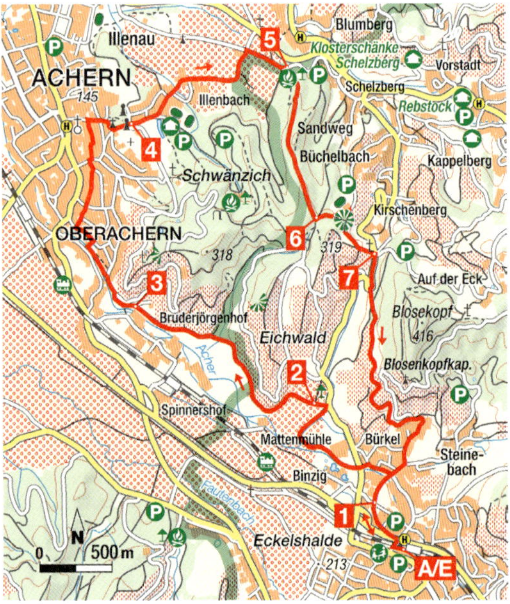

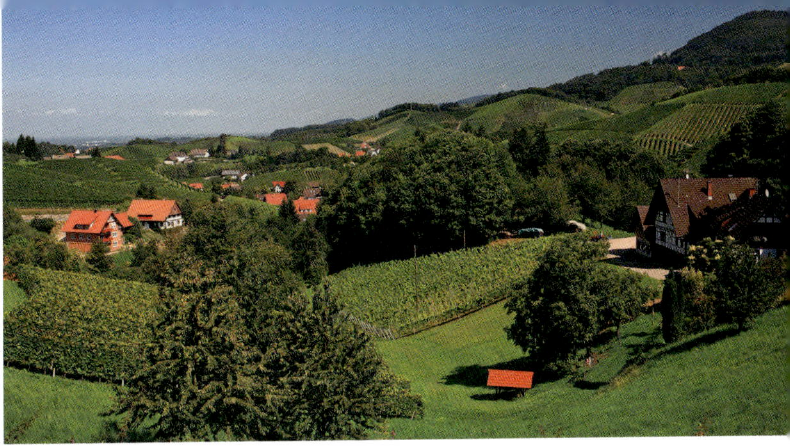

Hinter den Weinbergen zieht es hoch zum Schwarzwald.

erst durch das Gewerbegebiet zum Schild **Bronnmatt** (205 m) **1**, wo wir mit dem Zeichen gelbe Raute in Richtung »Ballenhütte« geradeaus weiterwandern. Gleich nach dem Bach halten wir uns links und spazieren bis zur Landstraße. Auf ihrer anderen Seite wandern wir entlang des Fabrikgebäudes nach rechts weiter.
Wir überqueren einen Bach, orientieren uns rechts und dann gleich links zum Schild **Ballenhütte** (198 m) **2**. Nun geht es in vielen Windungen am Fuß der Weinberge entlang. Nachdem der Weg leicht nach rechts gezogen und etwas angestiegen ist, werden wir nach links verwiesen. Es geht hinab zum Bach, an dem wir jetzt entlangwandern. Man sollte einen Blick auf ihn werfen, teilweise liegen riesige Felsbrocken in seinem Bett.

Antoniuskapelle

Die Antoniuskapelle wurde 1763/1764 zu Ehren des Hl. Antonius von Padua erbaut. Sie ist die einzige Wallfahrtskapelle des Acherntales und beliebt als Hochzeitskapelle. Über dem Tabernakel steht eine kleine vergoldete Antoniusfigur; sie soll der Sage nach von Schweinen im nahen Eichelgarten gefunden worden sein. Zu Ehren des Heiligen wurde dann von den Hirten um 1700 die erste Kapelle erbaut. Auf dem daneben liegenden Waldfriedhof sind einige Grabmale bedeutender Bürger erhalten. Außerdem sieht man ein (vermutliches) Sühnekreuz in Form eines Radscheibenkreuzes. Die Kreuzigungsgruppe ist von 1797.

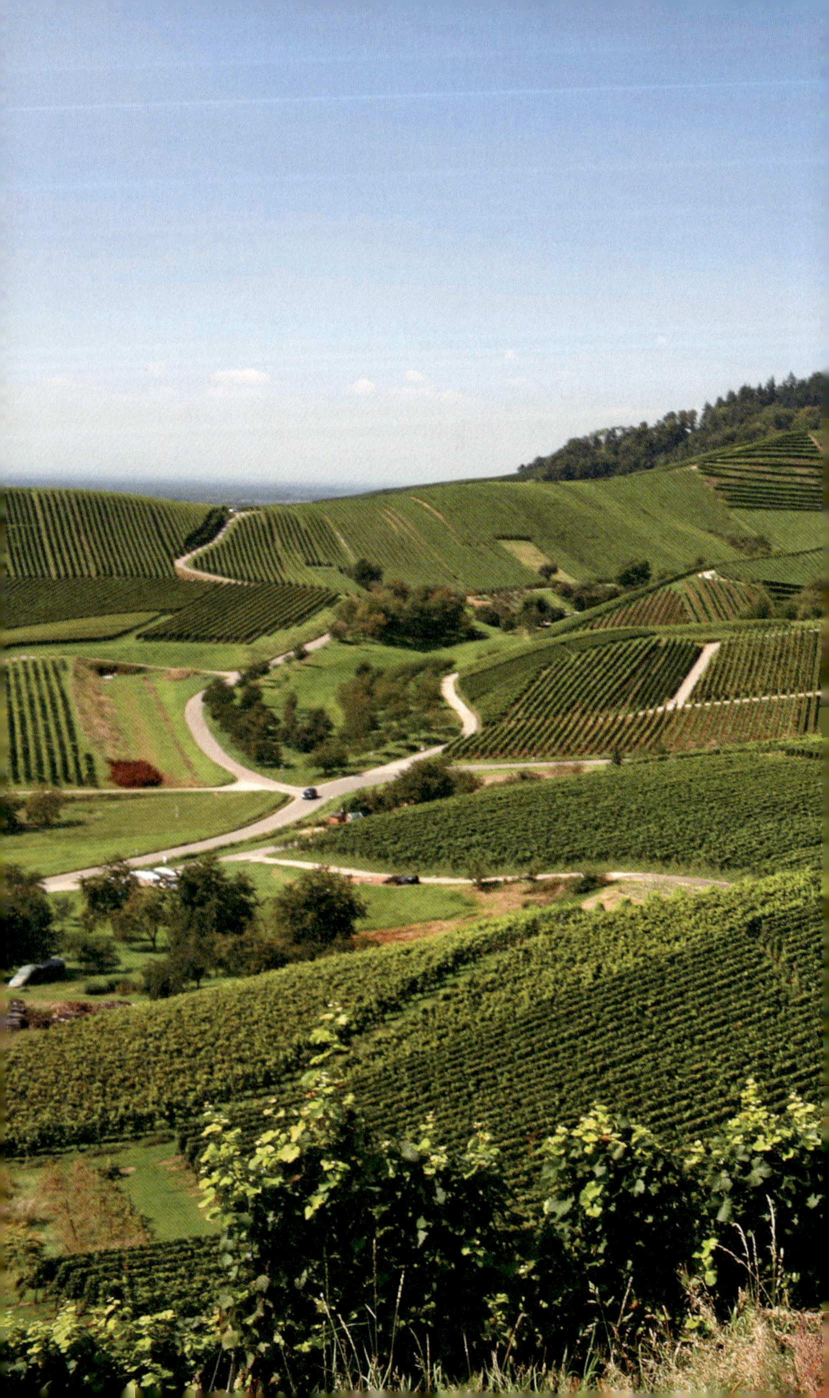

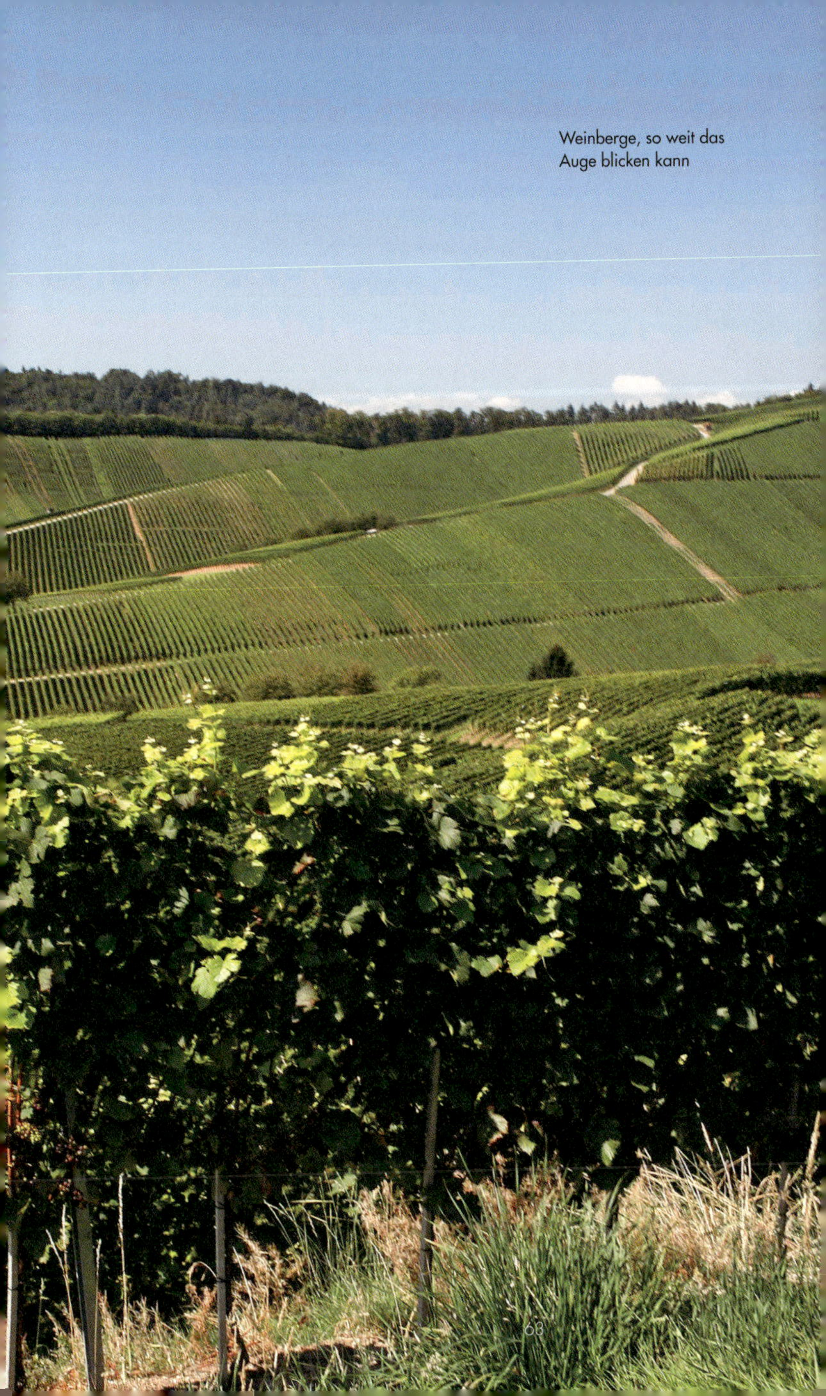

Weinberge, so weit das Auge blicken kann

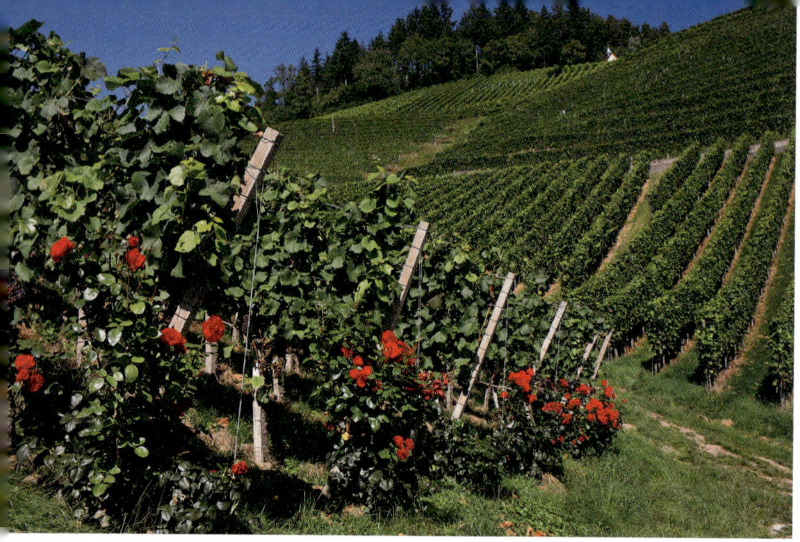

Rosen werden gerne an die Weinstöcke gepflanzt, was immer ein schönes Bild abgibt.

An den Schildern **Bienensteig** (172 m) 3 und Kienunder (171 m) gehen wir geradeaus weiter. Bei den ersten Häusern biegen wir links ab und spazieren entlang des Baches zu einer gedeckten Holzbrücke (Feldbachbrücke, 167 m), wo unser Weg rechts abknickt. Wir überqueren einen weiteren Bach und wandern nach ihm nach links, bis nach dem links stehenden Haus Nr. 2 der mit der gelben Raute markierte Weg rechts abzweigt.

An einer Querstraße halten wir uns links zum Schild Schloss Gächel (162 m), hier geht es auf der anderen Straßenseite links von Haus Nr. 9 in der Straße Im Meierfeld weiter. Nach einem Platz mit einem Spielplatz und der Jahrtausendlinde wandern wir auf die Kirche zu. Nach ihr biegen wir an der Straße rechts ab und kommen zu einer Marienfigur. Sie wurde 1745 von einem Peter Beck gestiftet. Er machte wegen einer Sünde eine Sühnereise nach Rom und löste nach seiner Rückkehr mit der Stiftung der Figur ein Gelöbnis ein.

Nun steigen wir die Treppenstufen hinauf zur Antoniuskapelle. Zwischen der Kapelle und dem Waldfriedhof gehen wir zum Schild **Antoniuskapelle** (183 m) 4 und dort geradeaus zum Waldsee. Am Schild Waldsee (174 m) biegen wir links ab in Richtung »Illenbach«. Am Schild Illenbach (191 m) halten wir uns rechts und kommen zum **Illenkreuz** (198 m) 5. Hier nehmen wir den schmalen Pfad, der hinter dem Kreuz in Richtung »Allmend« durch den Wald steil in die Höhe führt. Nun steigt es eine Weile an, später geht der Pfad in einen breiten Waldweg über. Wir wandern an Verzweigungen immer geradeaus weiter und kommen nach einem Bildstock von 1850 zum Schild **Allmend** (291 m) 6. Hier halten wir uns links in Richtung »Kappelrodeck«.

Ein breiter, relativ ebener Weg bringt uns zum Sportplatz, wo wir den Wald verlassen. Dort am Schild Sportplatz (297 m) biegen wir rechts ab. Nun geht es am Waldrand entlang und oberhalb der Weinberge aufwärts. Schließlich zweigen wir links ab und kommen zum Schild Eichwald (285 m). Hier wandern wir hinab zur Straße, wo wir am Schild **Knetschwasen** (265 m) 7 rechts abbiegen.

Wir folgen der Straße bis zu ihrer scharfen Kurve, dort biegen wir mit dem Schild des Ortenauer Weinpfades links ab. Am Waldrand nehmen wir an der Verzweigung den linken Weg. Es geht erst durch den Wald, dann mit prächtigem Talblick durch die Weinberge. Bei den ersten Häusern halten wir uns rechts und wandern steil bergab nach Bernhardshöf. Hier treffen wir auf den Bach, den wir vom Anfang her noch kennen. Geradeaus kommen wir zum Schild Bronnmatt und wandern auf bekanntem Weg zurück.

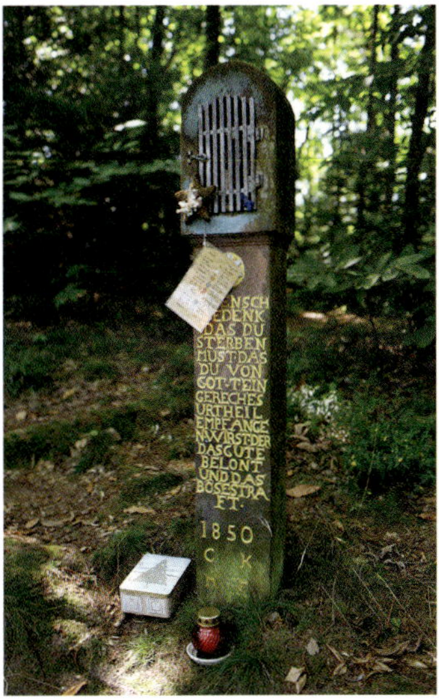

Mitten im Wald treffen wir auf diesen Bildstock.

12 Von der Schauenburg in die Weinberge

Weinberglandschaft und weite Sicht

mittel | 10,8 km | 370 Hm | 3.30 Std.

Tourencharakter: Wir wandern auf festen Wegen und Pfaden.

Tourenverlauf: Oberkirch – Schauenburg – Ringelbach – Tiergärtner Höhe – Wolfhag – Oberkirch

Ausgangspunkt: Oberkirch, Stadtgartenstraße, GPS-Koordinaten: 48.532717, 8.085165

Anfahrt ab Offenburg: Bus & Bahn: Bahn bis Oberkirch; Auto: B3 bis vor Appenweier, dann B28 bis Oberkirch

Einkehr: Burgwirtschaft, Oberkirch, Tiergarten, Wolfhag

Karte: Wanderkarte W234 Achern, 1:25 000, Landesamt für Geoinformation und Landentwicklung Baden-Württemberg (LGL) in Zusammenarbeit mit dem Schwarzwaldverein e. V.

Information: www.oberkirch.de

Die Schauenburg ist nicht nur eine beeindruckende Anlage mit reicher Geschichte, von ihr aus hat man auch einen prächtigen Ausblick auf den Ort und in die Rheinebene. Danach wandern wir erst durch den Wald, danach aussichtsreich durch die Weinberge.

Wir wandern in der Stadtgartenstraße, wo es Parkmöglichkeiten gibt, zum Stadtgarten (195 m) und folgen dem Weg mit der gelben Raute in Richtung »Schauenburg«. Es steigt immer an, nach dem Schild Bierkeller (215 m) in der Burgstraße. Nach den Häusern geht es vollends hinauf zur bereits sichtbaren **Ruine** (1); unterhalb von ihr finden wir weitere Parkmöglichkeiten.

Nach der Ruine stoßen wir auf das Wanderschild Schauenburg (375 m), hier folgen wir dem leicht abwärts führenden Weg am linken Hang entlang. Wanderzeichen sehen wir vorerst nicht, kommen aber an ein paar Wasserläufen vorbei. Wo an einer Verzweigung der rechte Weg leicht bergauf führt und dann nach rechts zieht, nehmen wir den linken eben weiterführenden Weg. Er bringt uns zum Kapuzinerbrunnen, wo der mit der gelben Raute markierte Weg einmündet, der von Gaisbach hochkommt. Nun folgen wir immer der gelben Raute.

Es steigt an bis zur **Fellhauerhütte** (425 m) (2). Hier nehmen wir etwas nach rechts versetzt den links der Hütte abwärts führenden breiten Weg. An seiner nächsten scharfen Linkskurve wandern wir mit der gelben Raute geradeaus weiter. Schließlich verlassen wir den Wald, der Rest der Wanderung führt uns

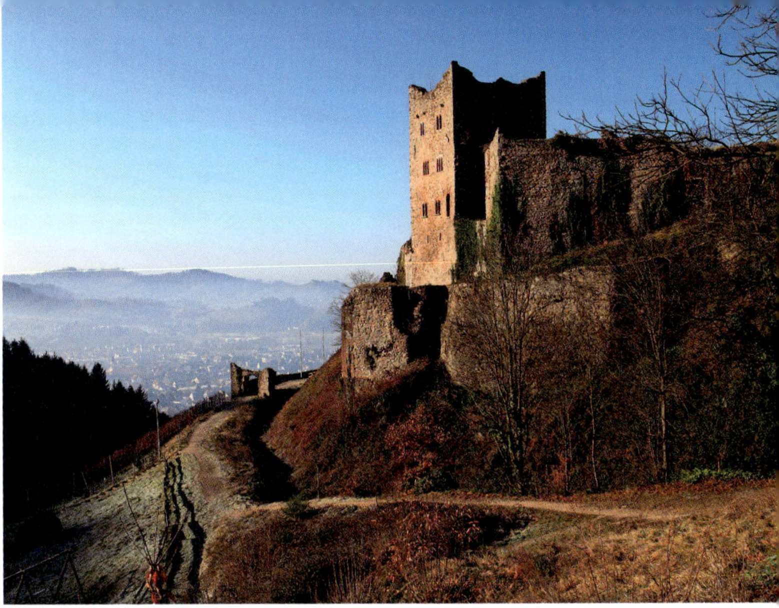

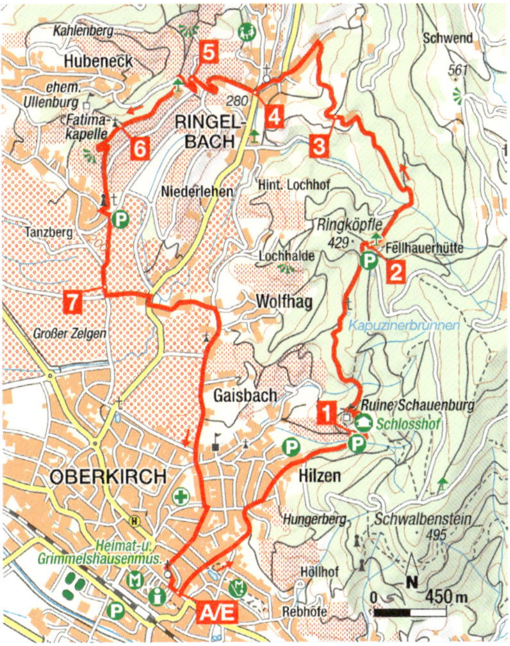

Die Schauenburg ist auch als Ruine ein beeindruckendes Bauwerk.

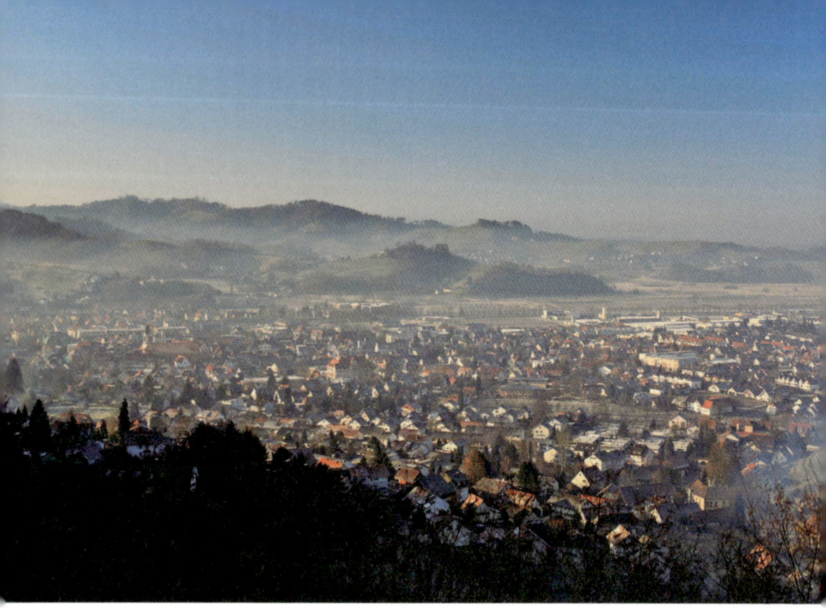

Morgennebel über der Rheinebene

Flurkreuz in den Weinbergen

durch Weinberge. Am Schild **Schelzberg** (335 m) (3) spazieren wir geradeaus weiter, hinab nach Ringelbach. Dort gehen wir abwärts. Wir kommen an der Kirche, danach an verschiedenen Gerätschaften zur Schnapsbrennerei, die in Art eines kleinen **Freilichtmuseums** unter einer Überdachung aufgestellt sind, vorbei (4). Etwas später biegen wir mit der gelben Raute rechts ab in den Rebbergweg.

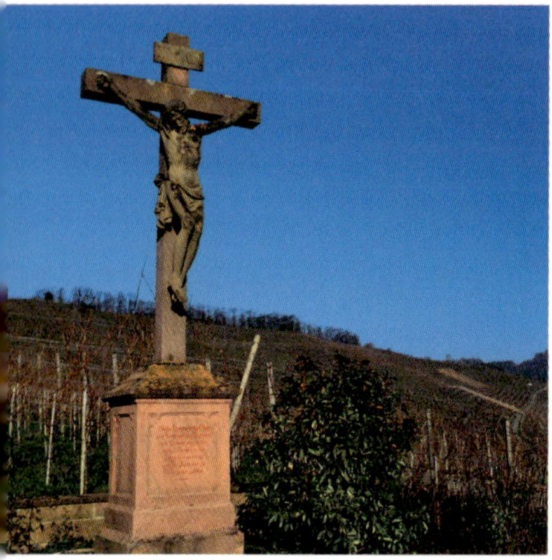

Auf ihm wandern wir hoch zur **Tiergärtner Höhe** (307 m) (5). Hier biegen wir links ab und wandern mit dem Zeichen des Ortenauer Weinpfads zur **Fatimakapelle** (302 m) (6). Dort geht es geradeaus hinunter in Richtung »Holzacker«. Wir kommen hinab zu einem großen Flurkreuz und einem Gedenkstein mit den Worten: »Dieser Rebberg wurde angelegt im Jahr 1841«; dahinter stehen bereits Wohnhäuser. Vor ihnen biegen wir mit dem Wanderzeichen links ab und kommen zu einer Verzweigung, wo die Springstraße rechts abgeht. Hier folgen wir dem unbefestigten Weg durch die Weinberge und Baumwiesen bis zu einer Straße, wo das Schild **Holzacker** (296 m) 7 steht. Wir wandern auf dem Sträßchen geradeaus weiter. An der nächsten Kreuzung biegen wir links ab in die Straße Niederlehen.

An der querenden Ringelbacher Straße biegen wir rechts, dann gleich links in die Straße Wolfhag ab. In der Ansiedlung Wolfhag treffen wir wieder auf das Wanderzeichen gelbe Raute. Ihm folgen wir nach rechts. Vorbei am Schild Sandacker (207 m) kommen wir zum Schild Gaisbach (204 m), das an einer Querstraße gegenüber von einem großen Flurkreuz steht. Hier halten wir uns rechts und wandern zurück nach Oberkirch.

Schauenburg

Die Schauenburg (397 m) wurde um 1050 von den Herzögen von Zähringen erbaut. Später diente sie als Wohnsitz für Uta von Eberstein, die sich Herzogin Uta von Schauenburg nannte und auch das Kloster Allerheiligen gründete. Nach ihrem Tod kam die Anlage an die Ebersteiner, nach deren Aussterben (um 1660) waren die Markgrafen von Baden Erben. Sie war eine Ganerbenburg, zeitweise wohnten sieben Familien hier und hatten ihre eigenen Häuser. Der tiefe Halsgraben zur Bergseite konnte sogar unter Wasser gesetzt werden. Die Anlage wird durch ein Torhaus betreten. Der äußere Zwinger war mit einer Zugbrücke mit dem oberen Zwinger verbunden. Die beiden Bastionen und das runde Bollwerk stammen aus dem Spätmittelalter. An die Schildmauer schließen sich zu beiden Seiten die Umfassungsmauern der Kernburg an. Sie bilden die Außenmauern der einzelnen Wohngebäude. An die restliche Schildmauer lehnt sich die Burgkapelle St. Ulrich an, zu der eine Spindeltreppe hinaufführte. An ihrem gotischen Eingang ist der Spruch »O sant ulrich bit got für uns« angebracht. In der Hofmitte liegt noch der runde Burgbrunnen. Erhalten sind zudem zwei der einst sechs Türme der Ganerbenfamilien, darunter der mächtige Vollmarsturm.

13 Durbacher Weinpanorama

Durch Weinberge zum Schloss

schwer | 16 km | 600 Hm | 5 Std.

Tourencharakter: Wir wandern auf Pfaden, Wirtschafts- und Waldwegen.

Tourenverlauf: Durbach – Plauelrainer Köpfle – Sankt Anton – Schloss Staufenberg – Brandstetter Kapelle – Bildeiche – Immersbach – Durbach

Ausgangspunkt: Durbach, Festplatz, Almstraße, GPS-Koordinaten: 48.494246, 8.011679

Anfahrt ab Offenburg: Bus & Bahn: Bus bis Durbach Rebstock; Auto: A5 bis Ausfahrt Appenweiher, dann B28 und B3 bis Windschläg, dort nach Osten bis Durbach

Einkehr: Schloss Staufenberg, Durbach

Karte: Wanderkarte W234 Achern, 1:25 000, Landesamt für Geoinformation und Landentwicklung Baden-Württemberg (LGL) in Zusammenarbeit mit dem Schwarzwaldverein e. V.

Information: www.durbach.de

Dass Durbach von Weinbergen umgeben ist, merkt man bei dieser Wanderung. Und über der Rebenlandschaft thront Schloss Staufenberg. Über mangelnde Aussicht kann man nicht klagen. Fast immer bieten sich herrliche Blicke über die Weinberge und über das Rheintal zu den Vogesen.

Vom **Parkplatz Festplatz** gehen wir zu dem am Südrand liegenden Gebäude und folgen hier dem Durbach. Vorbei am Schild Festplatz Durbach (202 m) kommen wir zum Schild Bühlmatte (197 m), wo wir rechts abbiegen. An der Straße beim Schild Am Bühl

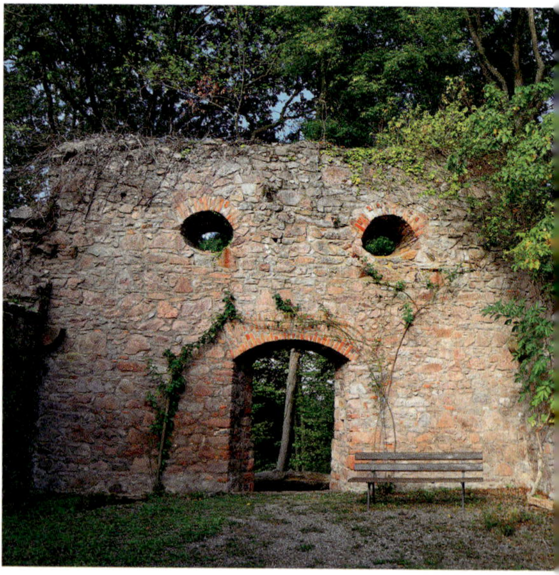

(203 m) halten wir uns rechts zum Schild Weingut Laible (204 m). Hier orientieren wir uns links, spazieren hinauf zu dem Anwesen und halten uns nach den Häusern rechts.
Gleich danach werden wir nach links verwiesen; jetzt wandern wir auf einem Grasweg durch die Weinberge. Wir überqueren einen breiten Weg und biegen am nächsten etwas höher links ab. Nach einem Rechtsknick geht es scharf rechts hinauf zum Sendemast mit dem Schild Beim Umsetzer (296 m). Nun biegen wir links ab und wandern zum Schild **Plauelrainer Köpfle** (280 m) ❶, wo wir nach dem Denkmal nach rechts verwiesen werden. Hier finden wir eine Aussichtsplattform und einen Schutzpavillon. Nun wandern wir mit herrlichem Blick über die Rheinebene zu den Vogesen am Hang entlang weiter. Dann geht es nach rechts in den Wald und vorbei am Schild

Linke Seite: In der Kirchenruine St. Anton

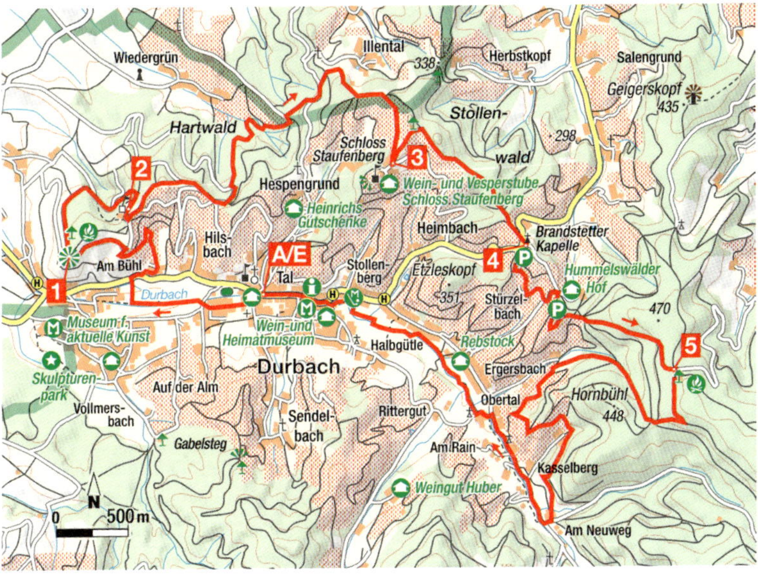

Vor Stöcken (249 m). Gleich danach an der Verzweigung nehmen wir den rechten aufwärtsführenden Weg, zweigen aber gleich links ab auf einen Pfad. Er bringt uns zur Kapellenruine **St. Anton** ❷. An der Ruine wandern wir links vorbei und halten uns am nächsten Weg rechts. Am Haus sehen wir das Schild St. Anton (280 m), hier geht es scharf links weiter. Gleich danach an der Verzweigung nehmen wir den linken, ansteigenden Weg, genauso an der nächsten Gabelung. Nach einem Rastplatz mit Tisch und Bänken fällt der Naturweg steil ab zu einem Schotterweg, dem wir in Gehrichtung folgen. Danach bringt uns ein Asphaltweg zu einem Sattel mit dem Schild Hilsbacher Höhe (275 m). Hier spazieren wir links in den Wald. Gleich danach an der Verzweigung wandern wir auf dem rechten oberen Weg weiter. An der nächsten Verzweigung gehen wir auf dem linken ebenen Weg weiter. Nach dem Wald wandern wir entlang der Weinberge zum Schild Wiedengrün (262 m). Hier müssen wir nach rechts in den Wald. Dem nächsten Querweg folgen wir nach links, zweigen aber gleich rechts ab auf einen ansteigenden Naturweg. Am Schild Illental Reben (299 m) gehen wir geradeaus weiter. Es steigt an zum Schild Kohlstettblick (341 m). Wir halten uns links und kommen zum Schild Illental (360 m), wo wir uns nach rechts wenden und zum Schild Schloss Staufenberg (365 m) gelangen. Rechts können wir zum **Schloss** ❸ spazieren, einkehren, die Aussicht genießen und die Anlage ansehen. Danach wandern wir an diesem Schild links weiter und folgen an der Verzweigung dem linken, ansteigenden Weg. Am Waldrand nehmen wir den

St. Anton

Die Kapelle St. Anton wurde 1455 erstmals als Bruderhaus erwähnt. Nach ihrer ersten Zerstörung 1524 im Bauernkrieg hat man sie wiederaufgebaut. Im Dreißigjährigen Krieg wurde sie 1632 von den Schweden zerstört, 1709 dann von französischen Truppen. Danach entstand die Kapelle neu. 1790 fand allerdings die letzte Messe statt, ab 1799 verfiel die Kapelle.

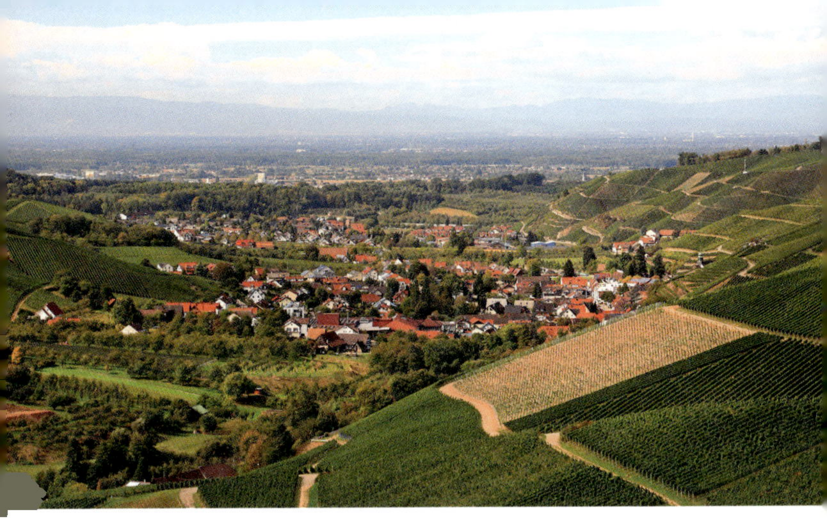

Blick über die Weinberge ins Rheintal

geradeaus weiterziehenden Weg. Er fällt und führt uns vorbei an den Schildern Ehemalige Stollenburg (382 m) und Am Klingelberg (358 m). Jetzt verschlägt es uns kurz steil bergab, dann knickt der Weg links ab in den Wald, wo wir das Schild Stollenwald-Hölzle (341 m) erreichen. Hier spazieren wir rechts weiter.

Nach dem Wald wandern wir zur **Brandstetter Kapelle** (319 m) 4. Nun steigt es wieder an. Gleich danach zweigen wir rechts ab und kommen zu einem Asphaltweg. Etwas nach rechts versetzt geht es

Durbach

Die katholische Pfarrkirche St. Heinrich in Durbach geht auf ein älteres Gotteshaus von 1620 zurück, wurde 1790 erneuert und 1922 umgebaut. Das im Nazarenerstil gehaltene Gemälde des Hochaltars mit dem Hl. Heinrich stammt von 1847, die barocke Kanzel von 1790. Im Chor findet man Grabsteine des Freiherrn Wilhelm Hermann von Orscelar († 1666). Sehenswert sind auch die Nebenaltäre von 1790. Auf dem Dach des Langhauses befindet sich ein achteckiger schindelverkleideter Dachreiter mit Zwiebelhaube.

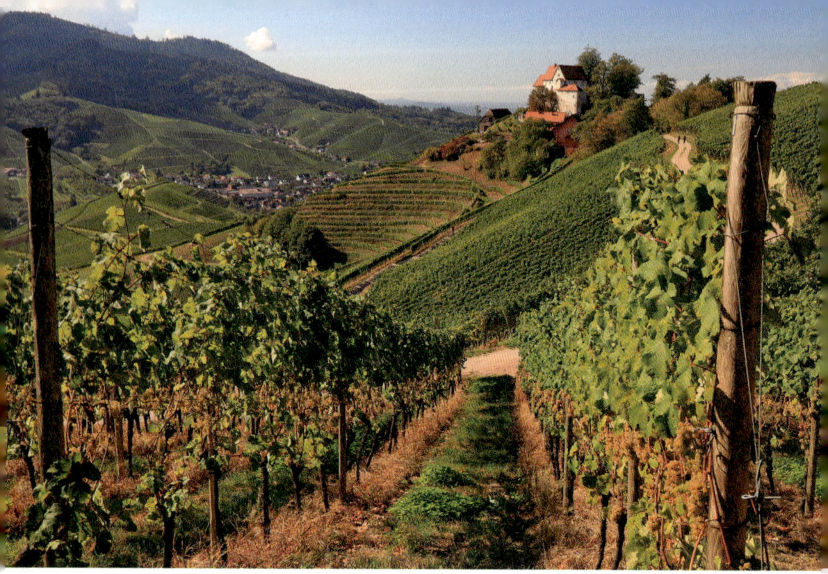

Schloss Staufenberg thront hoch über den Weinbergen.

links von ihm weiter. Der Weg zieht nach links und bringt uns zu einer Asphaltstraße, wo wir uns rechts zur Kreuzung mit dem Schild Stürzelbacher Höhe (325 m) orientieren.

Nun nehmen wir den zweiten Weg von rechts, der unbefestigt ansteigt bis zu einem querenden Weg. Hier halten wir uns links, wandern an einer Bank vorbei und kommen zu einem Flurkreuz. Wir spazieren nach links zum Schild Hummelswald (343 m), biegen rechts ab und wenden uns kurz darauf an der Dreierverzweigung nach links. Jetzt wandern wir auf einem Pfad hinauf zur **Bildeiche** (470 m) 5.

Wir biegen rechts ab. Gleich darauf am Schild Abzweig Mahlengrund (473 m) nehmen wir an der Verzweigung den rechten, abwärtsführenden Weg. Auch an der nächsten Gabelung halten wir uns rechts, der Weg knickt bald rechts ab und wir kommen zu einem querenden Forstweg. Hier müssen wir geradeaus weiter bis zum nächsten Forstweg. Ihm folgen wir nach links. Wo wir den Wald verlassen, gehen wir vor den Weinbergen nach rechts und wandern zwischen den Weinbergen über einen Bergkamm. Der Weg zieht nach links und wir spazieren in weiten Bögen durch die Weinberge bergab, danach kommen wir in den Wald. Nach einer Rechtskurve werden wir nach links verwiesen.

Die kleine Kapelle unterwegs zeugt von der Frömmigkeit der Leute.

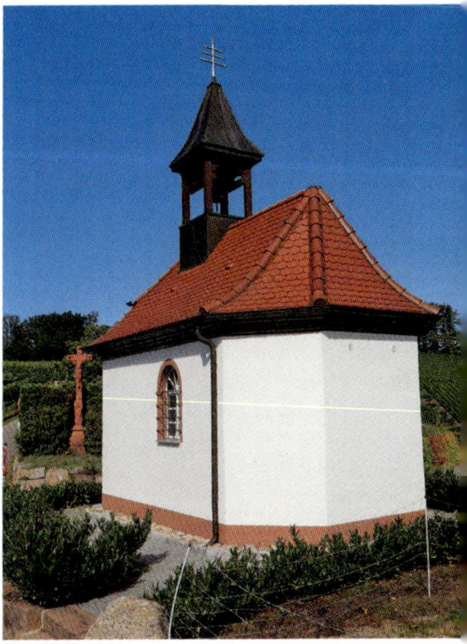

Bald sind wir im Durbachtal, wo wir bei einem Haus auf das Schild Beim Durbachtalweg (260 m) treffen. Hier biegen wir rechts ab zur Straße, an der das Schild Immersbach (255 m) steht. Wir orientieren uns rechts und wechseln gleich auf die linke Bachseite.

Nun wandern wir eben immer neben dem Bach weiter. In Obertal halten wir uns nach dem Sägewerk links zum Schild Obertal Sägewerk (240 m); dort führt der Weg rechts weiter. Es geht an den Schildern Rebstock (229 m) und Schwimmbad (218 m) vorbei, danach durchqueren wir Durbach. Nach der rechts liegenden Kirche kommen wir zum Ortsende, wo wir links in der Straße Auf der Alm zurück zum Parkplatz wandern.

Schloss Staufenberg

Der Name Schloss Staufenberg kommt von der Form des Berges (althochdeutsch: stouf = Becher ohne Fuß), denn er sieht aus wie ein umgedrehter Becher. Schon der Aufstieg vom Parkplatz aus, vorbei am stolzen Flankierungsturm, durch den großen Torbau und entlang des mit einem malerischen Stufengiebel geschmückten Kellerbaus, vermittelt einen guten Eindruck von mittelalterlicher Burgenbaukunst. Die Burg wurde vielleicht von Otto von Hohenstaufen, Bischof von Straßburg, im 11. Jahrhundert erbaut. Wegen Baufälligkeit hat man die romanischen Reste der Anlage ab 1832 im Stil der Neo-Romantik fast vollständig erneuert. Erhalten von den alten Teilen ist der nach Norden vorspringende Flankierungsturm (14. Jh.), zudem im Osten ein Bau mit einem sorgfältig gearbeiteten Renaissance-Eingangsportal.

14 Wandern am Schwarzwaldrand

Durch die Weinberge von Gengenbach

mittel | 8,8 km | 130 Hm | 2.30 Std.

Tourencharakter: Wir wandern überwiegend auf festen Wegen und Sträßchen, stellenweise aber auch auf Naturwegen.

Tourenverlauf: Gengenbach – Jakobskapelle – Portiunkulakapelle – Hüttersbacher Weg – Gengenbach

Ausgangspunkt: Gengenbach, Parkplatz 7, Kinzigtalhalle, im Zwickel Brückenhäuserstraße/Bramsbachstraße, GPS-Koordinaten: 48.397012, 8.021404; die anderen Parkplätze sind meist gebührenpflichtig.

Anfahrt ab Offenburg: Bus & Bahn: Bahn bis Gengenbach; Auto: A5 bis Ausfahrt Offenburg, dann B33a und B33 nach Gengenbach

Einkehr: Gengenbach

Karte: Wanderkarte W234 Achern, 1:25 000, Landesamt für Geoinformation und Landentwicklung Baden-Württemberg (LGL) in Zusammenarbeit mit dem Schwarzwaldverein e. V.

Information: www.gengenbach.info

Bei dieser Wanderung kommen wir zwar auch durch Waldstücke, aber hauptsächlich sehen wir die Schwarzwaldhöhen. Große Teile der Tour verlaufen in den Weinbergen, von denen man oft einen hervorragenden Blick nicht nur auf die bewaldeten Schwarzwaldhänge, sondern auch auf die Stadt und ins Kinzigtal hat.

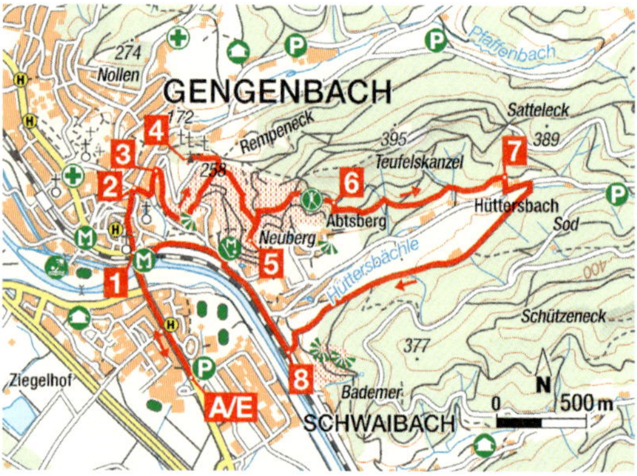

Wenn wir am kostenlosen **Parkplatz P7** starten, folgen wir der Brückenhäuserstraße in Richtung Zentrum. Bald durchqueren wir das mächtige **Kinzigtor** ❶ – vor ihm gibt es weitere, allerdings kostenpflichtige Parkmöglichkeiten. Dann spazieren wir durch das Zentrum, überqueren den Marktplatz vor dem Rathaus und werfen vielleicht einen Blick in die Nebengassen mit ihrer Fachwerkpracht. Auf der anderen Seite verlassen wir das Zentrum wieder durch einen Torturm und gehen noch geradeaus weiter.

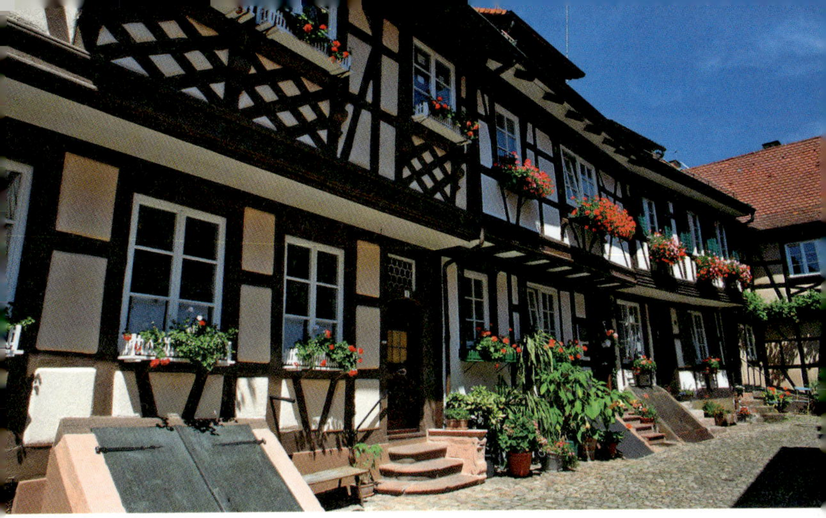

Kurz darauf biegen wir aber rechts ab in die **Schwedenstraße** 2. Ihr folgen wir kurz, dann zweigen wir an der Rechtskurve links ab und steigen die Treppe hinauf zur Otto-Ernst-Sutter-Straße. Ihr folgen wir nach links. Am Schild **Am Sozebuckel** (195 m) 3 biegen wir scharf rechts ab und wandern noch etwas an den Häusern entlang, dann kommen wir in die Weinberge. Wir wandern nun mit teils prächtiger Aussicht durch die Weinberge. Der Weg schlängelt sich eben dahin, es folgt Bank auf Bank, und aus der Stadt hört man geschäftiges Treiben und Stimmengewirr. Am Schild An der Stirn (200 m) gehen wir geradeaus weiter und kommen hinauf zum Schild Im Baumgarten (230 m). Hier zieht unser Weg nach rechts. Wer will, macht aber zuerst einen Abstecher zu der Kapelle, die sich schon lange links oben zeigt.

Im Fachwerkparadies Gengenbach

Man geht hierzu geradeaus weiter hinauf zur Eckkapelle (235 m). Hier hält man sich links und erreicht bald die **Jakobskapelle** 4. Sie sollte man nicht nur besichtigen, sondern man hat dort auch einen grandiosen Blick hinab nach Gengenbach, das direkt unter einem liegt, zu den Schwarzwaldbergen und ins Kinzigtal.

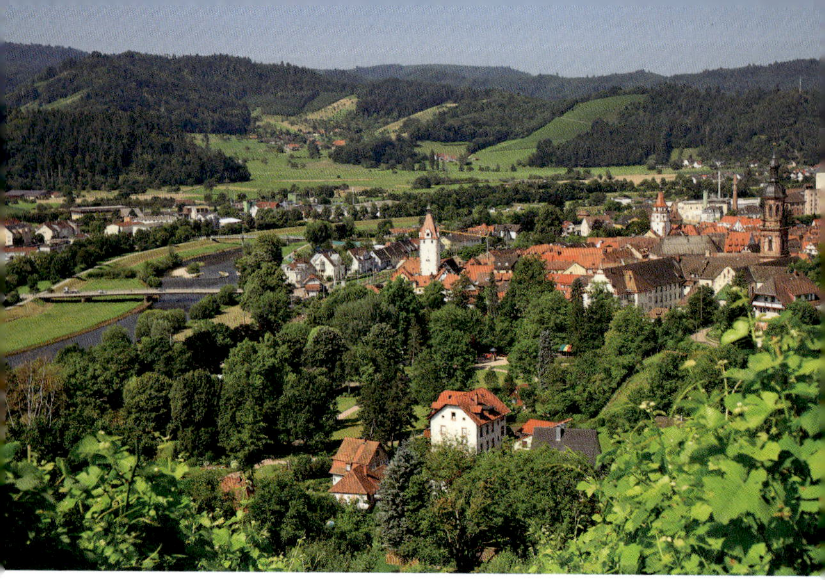

Blick vom Wanderweg auf Gengenbach

Danach gehen wir wieder zurück und halten uns links. Nun steigt es etwas an und wir erreichen nach einiger Zeit einen **Pavillon** 5, der uns ebenfalls eine schöne Sicht bietet. Von ihm aus wandern wir etwas zurück, dann aber geradeaus den Berg hinauf in Richtung »Portiunkulakapelle«. Nach etwas Bergauf treffen wir auf einen querenden Weg. Hier nehmen wir den rechten der beiden rechts abgehenden Wege, der relativ eben durch die Weinberge weiterführt. Nach einer Linkskurve steigt es etwas an. Am Waldrand beschreibt der Weg eine Links-/Rechtszacke und bringt uns bald zu der **Portiunkulakapelle** 6.

Danach wandern wir im Wald weiter bis zu einer Kreuzung. Hier zweigen wir am Schild Abtsberg (210 m) rechts ab auf einen Pfad. Er fällt erst steil ab, dann verläuft er mäßig steil weiter. Nach einem querenden breiten Forstweg wird unser Weg auch breiter, kurz darauf halten wir uns aber rechts und wandern wieder auf einem Pfad.

Nun führt uns der Weg hoch über dem Tal. Rechts unten sehen wir bald einen Hof, wir gehen aber wei-

ter bis zum nächsten **Hof** 7. Nach ihm verläuft der Wanderweg nach rechts zu einer Straße, hier sehen wir auch die Hausnummer 7 an dem Hof. An der querenden Straße biegen wir links ab. Nach ein paar Häusern gehen wir am Schild Hinter Hüttersbach (254 m) nach rechts über den Bach. Nun wandern wir auf dem Oberen Hüttersbacher Weg immer über dem Tal sanft bergab. Wir passieren die Schilder Oberer Hüttersbach (255 m) und Einach (225 m) und erreichen schließlich die **Kinzigstraße** 8. Hinter ihr verläuft die Bahnlinie, dahinter fließt die Kinzig.
Wir biegen rechts ab und wandern entlang der Straße. Nach dem Minigolfplatz können wir den etwas weiter rechts verlaufenden Weg nehmen. Er bringt uns durch die Parkanlage Schneckenmatt, in der wir auch einen Ententeich und Kleintiergehege finden. Danach erreichen wir wieder das Kinzigtor, von dem aus man zu den verschiedenen Ausgangspunkten gehen kann.

Der kleine Pavillon liegt nicht nur idyllisch inmitten der Weinberge, von ihm aus bietet sich auch eine wunderbare Aussicht.

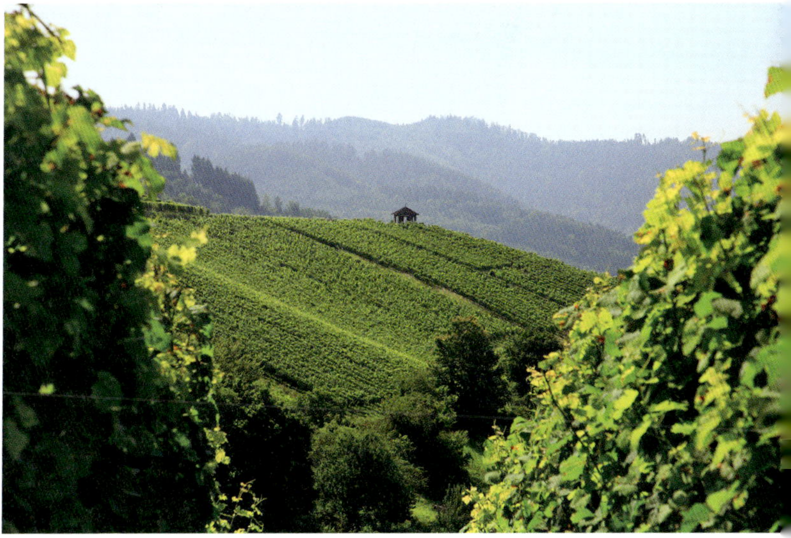

15 Von Diersburg nach Niederschopfheim

Vom Wald in die Felder

mittel | 12,2 km | 150 Hm | 3.10 Std.

Tourencharakter: Wir wandern auf festen Wegen und Pfaden.

Tourenverlauf: Diersburg – Oberweier – Oberschopfheim – Niederschopfheim – Diersburg

Ausgangspunkt: Hohberg-Diersburg, Waldrain 3, hinter Kirche und Rathaus, GPS-Koordinaten: 48.399133, 7.938816

Anfahrt ab Offenburg: Bus & Bahn: Bus bis Haltestelle Rathaus; Auto: nach Süden, B33 überqueren und über Zunsweier nach Diersburg

Einkehr: Diersburg

Karte: Wanderkarten W233 Offenburg und W239 Lahr/Schwarzwald, 1:25 000, Landesamt für Geoinformation und Landentwicklung Baden-Württemberg (LGL) in Zusammenarbeit mit dem Schwarzwaldverein e. V.

Information: www.hohberg.de

Wir wandern erst eine Zeitlang durch ein schönes Waldstück, danach durch Felder und Baumwiesen. Immer wieder haben wir einen herrlichen Blick über die Landschaft und zum nahen Schwarzwaldrand.

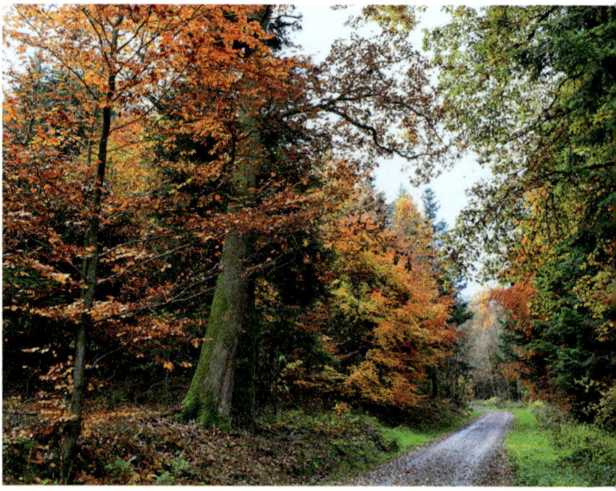

Einen Parkplatz finden wir hinter **Kirche** und **Rathaus**. Dann gehen wir zum Schild Rathaus (225 m) und halten uns links in Richtung »Oberweier«. Gleich danach am Schild Linde (225 m) biegen wir rechts ab, steigen eine Treppe hinauf und folgen oben der Straße nach links. Am Schild Reischachplatz (245 m) nehmen wir die rechte Oberweierer Straße. Am Waldrand am Schild **Miniaturdörfle** (258 m) ❶ gehen wir geradeaus in den Wald hinein. Im Prinzip wandern wir nun mit dem Wanderzeichen blaue Raute immer

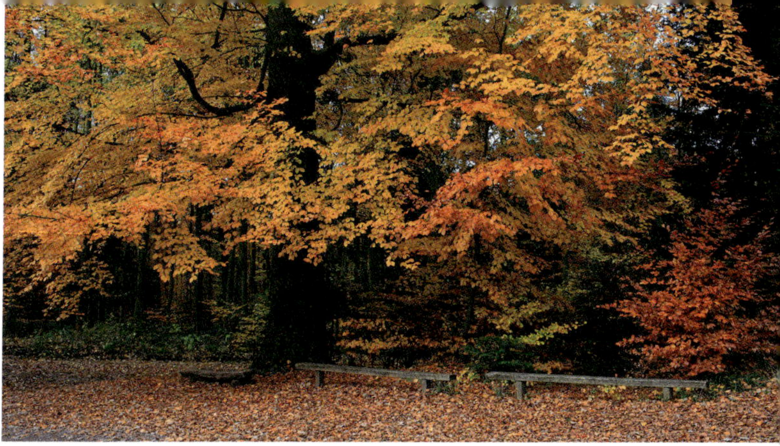

geradeaus, kommen an der Lendersbachhütte mit einem Brunnen vorbei und verlassen schließlich den Wald wieder 2.
Nun biegen wir rechts ab, das Sträßchen knickt gleich darauf am Parkplatz links ab und wir wandern mit prächtiger Sicht bergab. Bevor es an einer Kreuzung wieder etwas bergauf geht, zweigen wir rechts auf

Prächtige Herbstfarben

Linke Seite: Da jeder Baum zu einer anderen Zeit sein Laub färbt, bietet sich auf einer Herbstwanderung ein abwechslungsreiches Bild.

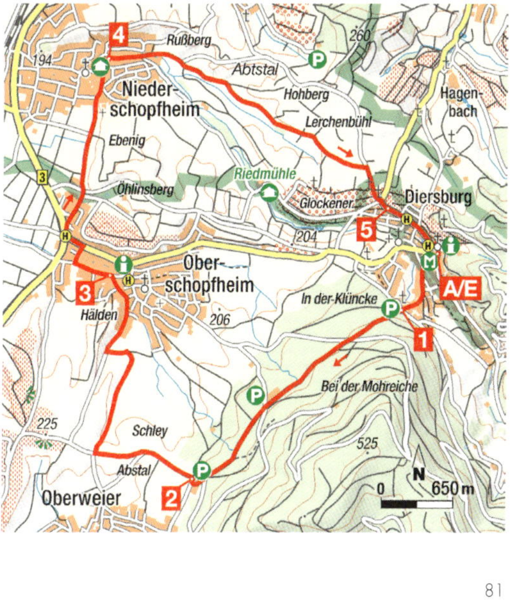

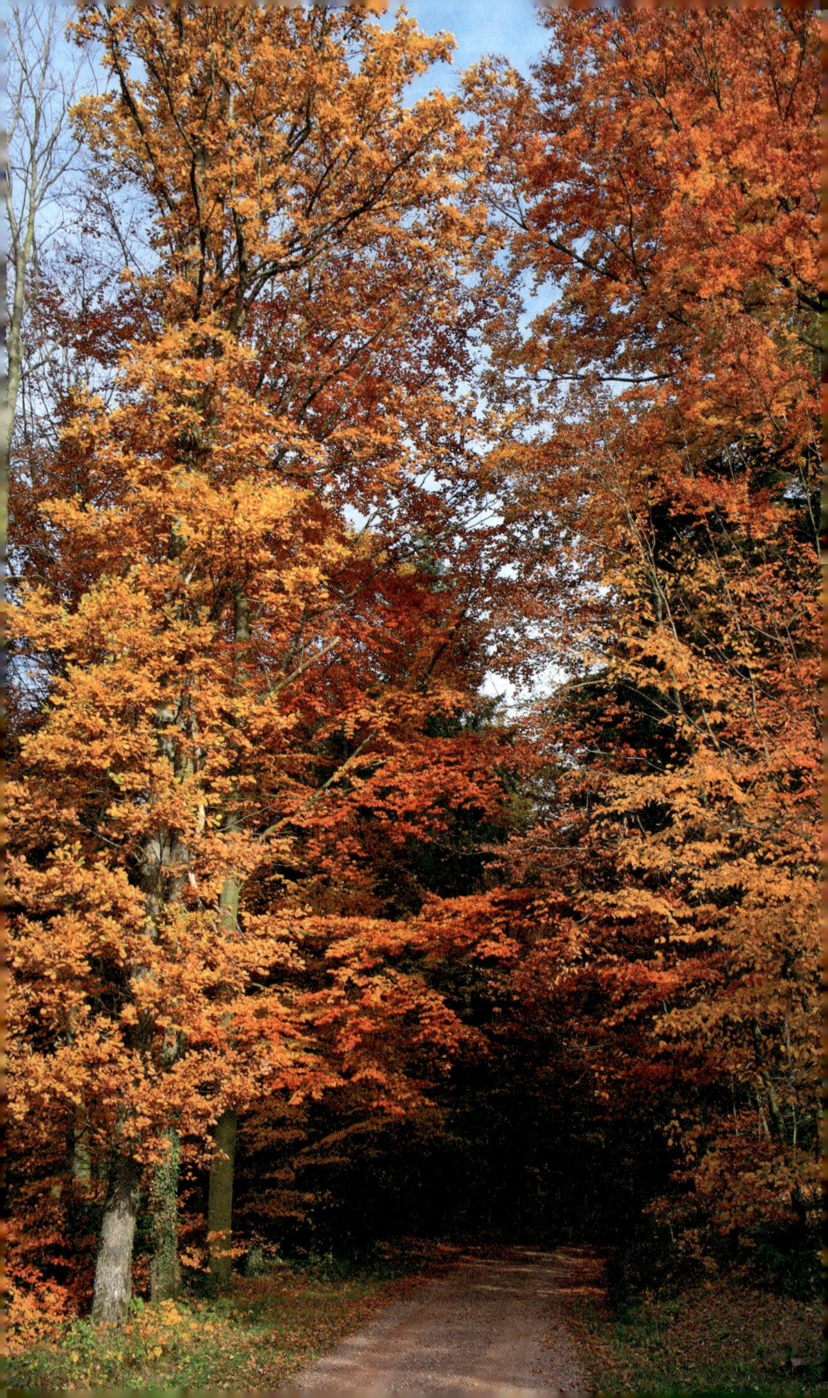

den »Feldweg nach Oberschopfheim« ab. Der Feldweg zieht nach links zu einem Sträßchen, auf dem wir nach rechts nach **Oberschopfheim** wandern.
Wir gehen durch den Ort hindurch bis zu einer **Querstraße** 3, wo wir uns links halten. Kurz vor der Bundesstraße biegen wir rechts ab in die Auerbachstraße. Sie bringt uns zu der Straße, die nach Diersburg führt. Wir orientieren uns links und kommen zur Bundesstraße. Dort biegen wir rechts ab und halten uns gleich wieder rechts. Nun spazieren wir nach Niederschopfheim und geradeaus durch den Ort hindurch. Vor dem Bach orientieren wir uns rechts in die **Rittistraße** 4. An der Verzweigung am Ortsende nehmen wir das rechte Sträßchen, gehen links an der Huber Mühle vorbei und spazieren danach durch die Felder bis zu einem querenden **Sträßchen** 5. Nach rechts bringt es uns zurück nach Diersburg.

Linke Seite: Ein Herbstwald ist immer ein schönes Bild.

Blick über die Landschaft

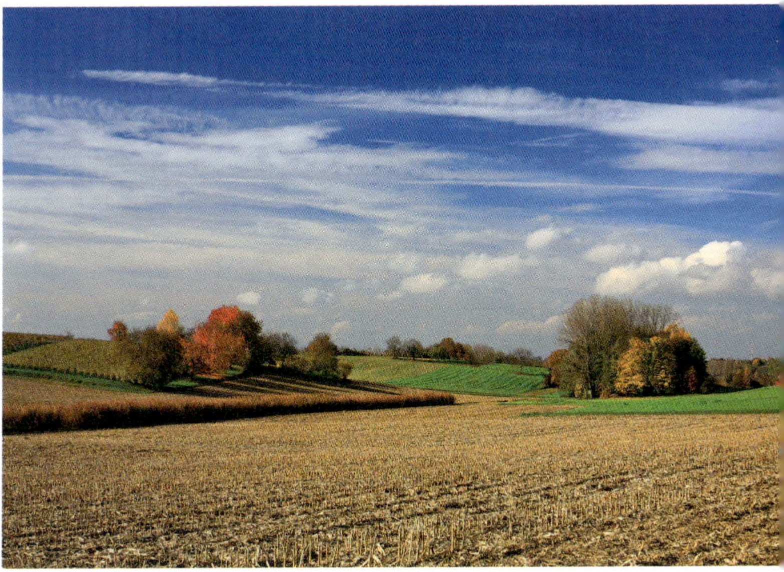

Blick von der Hornisgrinde
über die Schwarzwaldhöhen

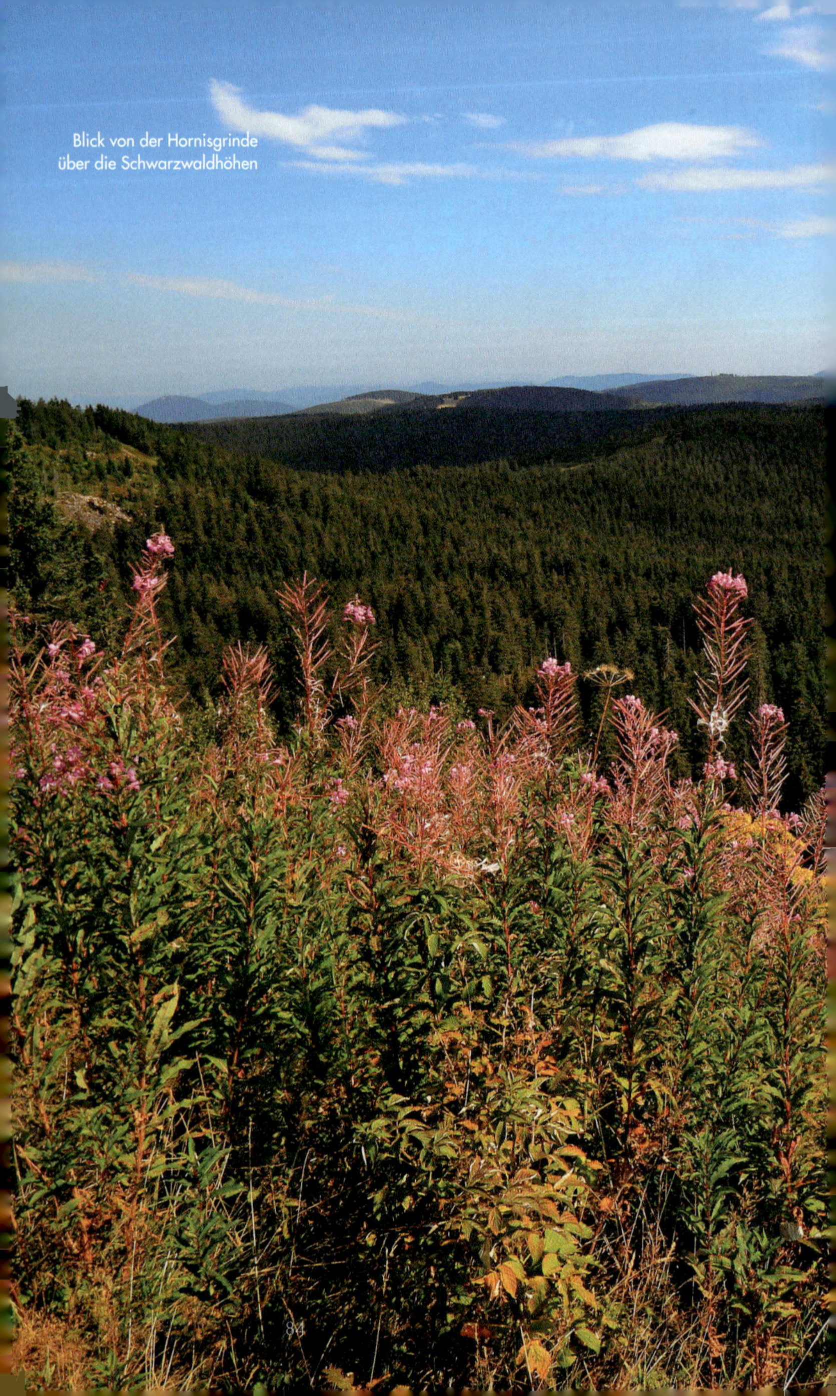

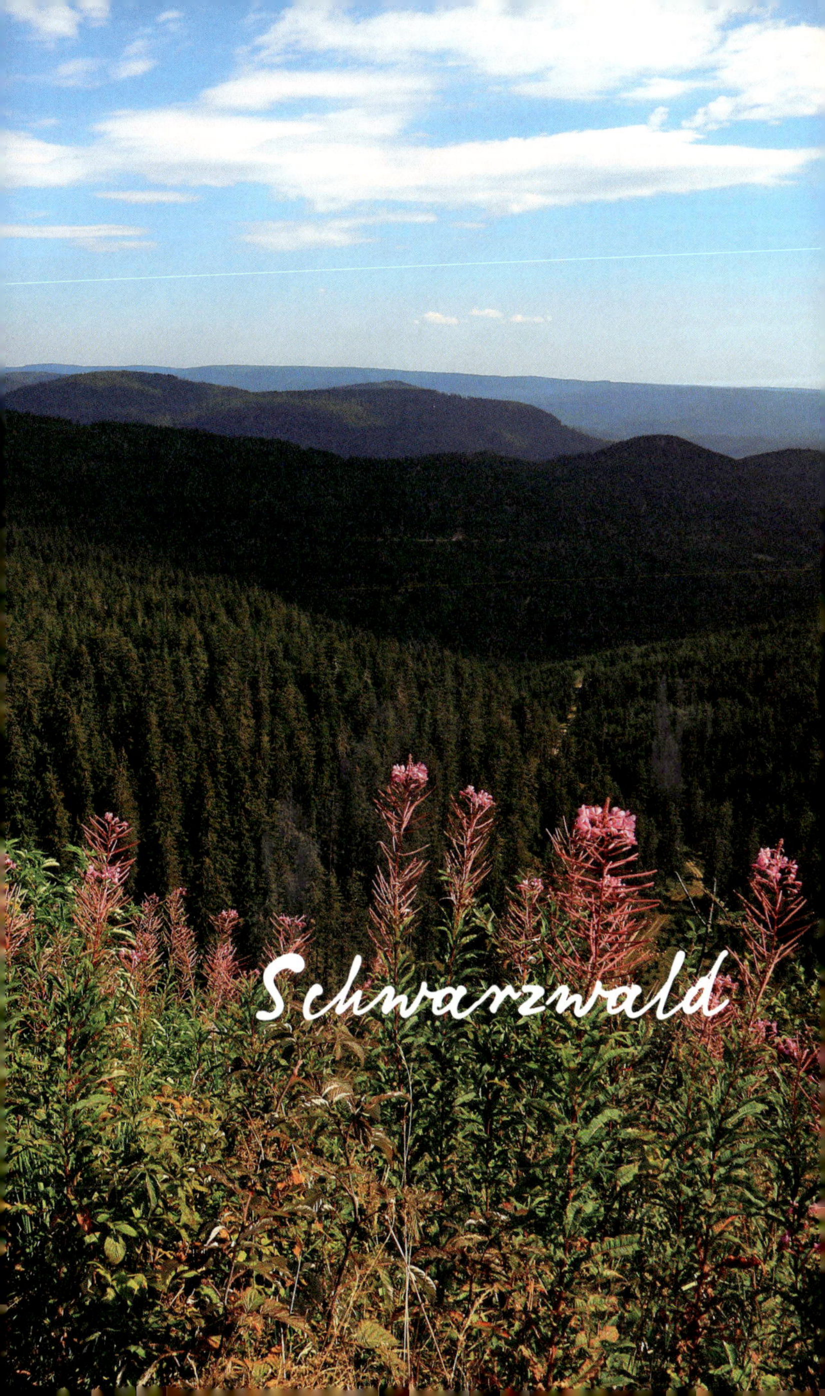
Schwarzwald

16 Mummelsee und Hornisgrindepfad

Sagenhafter See und beste Fernsicht

mittel | 6,5 km | 340 Hm | 3 Std.

Tourenverlauf: Seibelseckle – Mummelsee – Hornisgrinde – Bismarckturm – Dreiländereck – Seibelseckle

Ausgangspunkt: Seebach, Seibelseckle an der B500, GPS-Koordinaten: 48.595546, 8.217762

Anfahrt ab Offenburg: Bus & Bahn: Bahn nach Achern, weiter mit dem Bus bis Haltestelle Seebach (Baden), Mummelsee; Auto: A5 bis Ausfahrt Achern, dann zur B3 und über Sasbachwalden hinauf zur B500/Schwarzwaldhochstraße, dort nach rechts weiter

Karte: Wanderkarte W234 Achern, 1:25 000, Landesamt für Geoinformation und Landentwicklung Baden-Württemberg (LGL) in Zusammenarbeit mit dem Schwarzwaldverein e. V.

Einkehr: Seibelseckle, Mummelsee

Information: www.seebach.de

Trotz der vielen Menschen lohnt sich eine Runde um den fast kreisrunden Mummelsee. Danach bietet sich uns von der Hochfläche ein herrlicher Ausblick über die Rheinebene zu den Vogesen und über die Schwarzwaldhöhen.

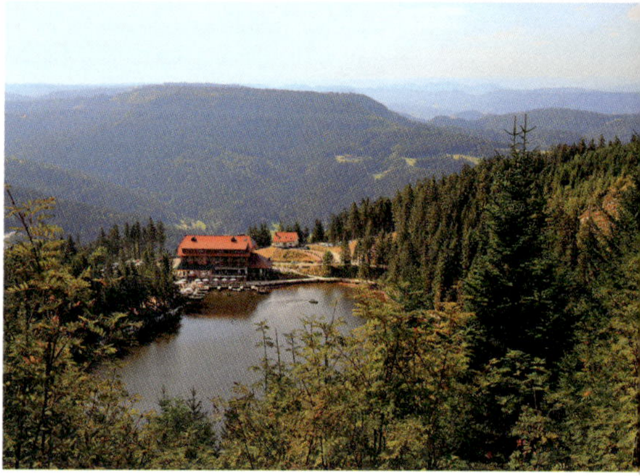

Am Parkplatz Seibelseckle (956 m) spazieren wir unter der Straße hindurch zu einem weiteren Parkplatz und wandern auf dem breiten Weg abwärts. Am Schild Oberer Lenderswald (930 m) zweigen wir rechts ab. Nachdem wir einen asphaltierten Weg überquert haben, geht es auf einem Pfad bis kurz vor die Bundesstraße. Hier biegen wir links ab und wandern erst parallel zu ihr zu einem querenden Weg. Er bringt uns nach rechts hinauf zum Schild Lenderswald. Hier orientieren wir uns rechts hinauf zur B500 und nach rechts zum »Hotel Mummelsee«.

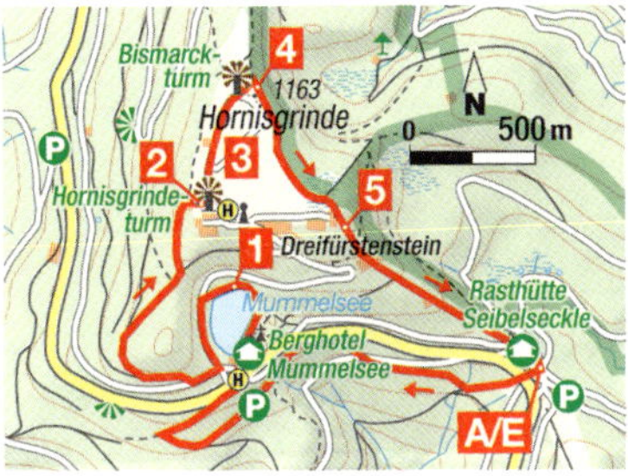

Tourencharakter

Wir wandern auf festen Wegen und Pfaden. Wo sie über große Steine führen, muss man aufpassen, damit man nicht ausrutscht. Der Hornisgrindeturm ist zeitweise geöffnet. Die Besteigung kostet eine geringe Gebühr.

Den **Mummelsee** 1 umrunden wir am besten an der Ostseite beginnend. Danach erreichen wir beim Schild Berghotel Mummelsee (1031 m) wieder das Hotel. Hier nehmen wir den links des Zufahrtssträßchens ansteigenden Schotterweg. Er führt uns am Schild Markwaldweg (1051 m) vorbei. Nach links haben wir einen Blick über Schwarzwald und Rheinebene zu den Vogesen. Wir kommen in den Wald, wo wir rechts auf einen Pfad abbiegen. Bald erreichen wir das Schild Katzenkopf (1114 m). Hier führt unser Weiterweg an der Verzweigung links weiter, wer will, kann aber dem rechten Weg 100 Meter folgen zum Mummelseeblick, muss dann aber wieder zum Wanderschild zurückkehren.

Linke Seite: Blick vom Aussichtspunkt Mummelseeblick auf den See und das Hotel

Mummelsee

Der Mummelsee ist mit bis zu 18 Metern Wassertiefe der tiefste und mit 1036 Meter über N.N. der höchstgelegene der Karseen im Schwarzwald. Er ist 240 Meter lang, 192 Meter breit, sein Umfang beträgt rund 800 Meter. Wie die anderen Karseen entstand er in der Eiszeit und wird von einer Karwand begrenzt. Sein Name stammt aus dem Volksmund, der weiße Seerosen auch Mummeln nennt. Er stand auch Pate für den Ort Seebach, denn das Seebächle fließt aus ihm dorthin und weiter in die Acher. Das heute beliebte Hotel wurde vor rund 100 Jahren erbaut und war bis kurz nach dem Ersten Weltkrieg nur zu Fuß zu erreichen. Erst seit 1930 führt die Schwarzwaldhochstraße vorbei. Den See kann man auf dem Kunstpfad mit einigen Kunstobjekten umrunden, außerdem kann man Boot fahren.

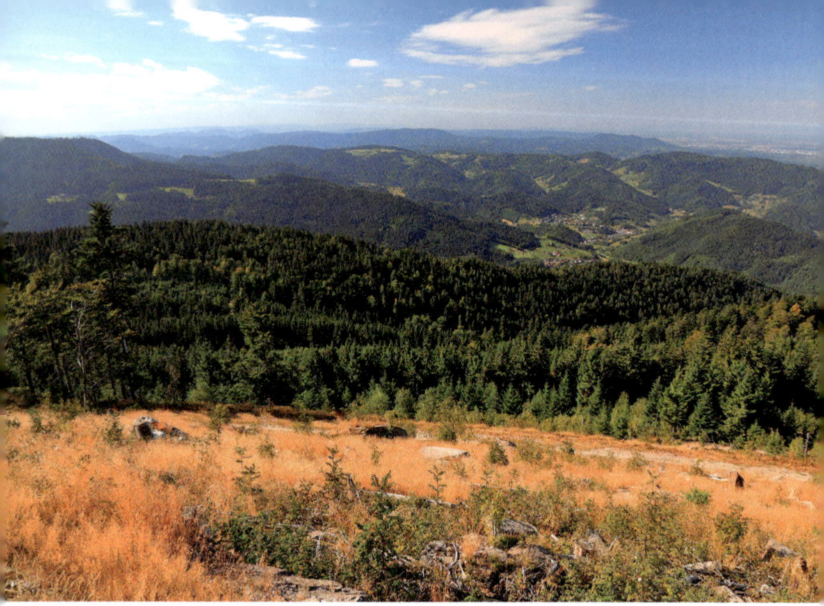

Vom Wanderweg bietet sich ein herrlicher Blick über die Schwarzwaldhöhen.

Von dort geht es weiter, bis ein Schild uns im rechten Winkel nach rechts weist. Vorbei an der links liegenden Bergwachthütte kommen wir auf die Hochebene. Am Schild Beim Hornisgrindeturm (1158 m) biegen wir zwar links ab, wenn der rechts stehende **Turm** 2 geöffnet hat, sollte man ihn zuerst besteigen. Eventuell hat auch der Kiosk geöffnet.
Dann wandern wir auf dem asphaltierten Weg auf den Funkmast zu. Dabei gehen wir am Schild Hornisgrinde Rundweg (1162 m) geradeaus vorbei. Die **Hornisgrinde** 3 ist der höchste Berg des Nordschwarzwalds. Hier findet man das größte Hochmoor der Region. In ihm leben nur wenige, für die karge Lebenswelt spezialisierte Tiere und Pflanzen. Die Vegetation wird geprägt von Torfmoosen, Pfeifengras und Rasenbinse; im Frühjahr sind die weiß behaarten Fruchtstände des Scheidigen Wollgrases dominierend. Bereits 1939 wurden Teile der Gegend unter Naturschutz gestellt. Für Kinder gibt es etliche Infotafeln zum Thema Natur.

Rechts vom Sendemast steht der kleine **Bismarckturm** 4. Er ging aus einem hölzernen Pyramidensignal aus der Zeit um 1800 hervor. 1822 wurde dann ein erster Turm errichtet, 1870 der jetzige 1892 umgebaute und 2001 sanierte. Er kann über eine Außentreppe kostenlos bestiegen werden.

Hornisgrindeturm

Er wurde 1909/1910 als 23 Meter hoher Aussichtsturm errichtet. Zwei Jahre später entstand daneben ein Hotel für Wanderer. In den 1920er-Jahren wurde die Hornisgrinde ein Treffpunkt der Segelflieger und während des Dritten Reiches übernahm die Wehrmacht den Fliegerstützpunkt. Zwischen 1945 und 1999 war die Hornisgrinde Sperrgebiet der französischen Armee.

Hinter dem Bismarckturm biegen wir an dem Schild Beim Bismarckturm (1150 m) rechts ab und wandern über die Hochfläche mit ihrem Hochmoor und dem schönen Blick über die Wälder und nach unten ins Naturschutzgebiet Biberkessel in den Wald. Dort treffen wir auf das Schild Dreifürstenstein (1150 m). Hier biegen wir nach links ab. Zuerst sollten wir jedoch noch kurz geradeaus zum **Dreifürstenstein** 5 gehen. Bei diesem wurde 1722 eine riesige Felsplatte zur Markierung der Grenzen zwischen den Markgrafschaften Baden, dem Herzogtum Württemberg und dem Fürstentum Straßburg verwendet. Die Gravierung »1837 Hohenheim« stammt von Studenten der dortigen Universität, die die endgültige Waldvermessung übernommen hatten. Danach folgen wir am Schild dem steil abwärtsführenden Weg. Wir kommen an den Schildern Am Schwabenweg (1100 m), Schwabenwegbrunnen (1085 m) und Ecklesbrunnen (961 m), außerdem an zwei alten Grenzsteinen vorbei. Danach sind wir unten am Seibelseckle, unserem Ausgangspunkt.

Schön ist eine Umrundung des Mummelsees.

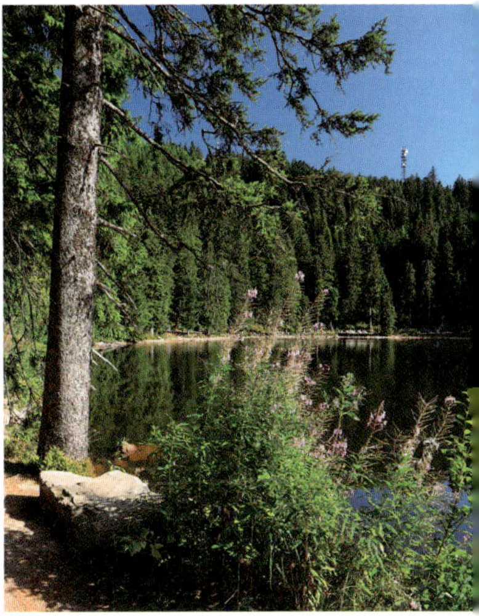

17 Über den Altsteigerskopf

Aussicht, wilde Natur und wilder See

mittel | 9 km | 250 Hm | 3 Std.

Tourenverlauf: Seibelseckle – Altsteigerskopf – Darmstädter Hütte – Bannwald – ehemalige Falzhütte – Seibelseckle

Ausgangspunkt: Seebach, Seibelseckle an der B500, GPS-Koordinaten: 48.595923, 8.217665

Anfahrt ab Offenburg: Bus & Bahn: Bahn nach Achern, weiter mit dem Bus bis Haltestelle Seebach (Baden), Seibelseckle; Auto: A5 bis Ausfahrt Achern, dann L87 über Kappelrodeck und Ottenhöfen zum Seibelseckle an der B500/ Schwarzwaldhochstraße

Karte: Wanderkarten W234 Achern und W235 Freudenstadt, 1:25 000, Landesamt für Geoinformation und Landentwicklung Baden-Württemberg (LGL) in Zusammenarbeit mit dem Schwarzwaldverein e. V.

Einkehr: Seibelseckle, Darmstädter Hütte

Information: www.seebach.de

Diese Wanderung verläuft teilweise auf idyllischen Naturpfaden; hier bietet sich uns auch eine traumhafte Schwarzwaldnatur mit Erikas, Heidelbeeren, teilweise Birken und markanten Nadelbäumen. Ein Höhepunkt ist der Abstecher zum Wildsee.

Rechts der Talstation des Skilifts geht der mit der roten Raute markierte Westweg ab. Wir folgen ihm etwas bergauf zum Schild **Seibelseckle Lift Westweg** (967 m) ❶, biegen links ab und gelangen zum Skihang. Dort wandern wir nach rechts am Waldrand

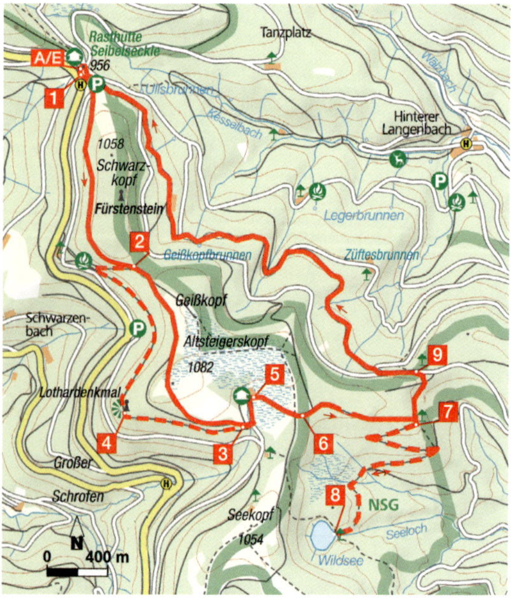

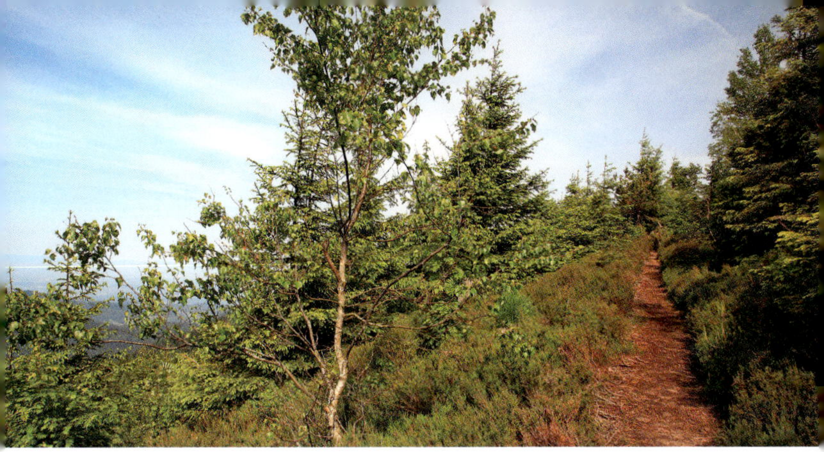

Der Pfad führt durch eine recht wilde Natur.

entlang steil hinauf. Bald werden wir nach rechts in den Wald verwiesen, wo einer der schönsten Teile der Wanderung beginnt: Wir gehen auf einem Naturweg zwischen kleineren Felsbrocken und einer interessanten Flora mit Erikas, Heidelbeeren, Birken, Fichten und Tannen weiter. Ab und zu haben wir eine prächtige Aussicht: Ganz rechts liegt die Hornisgrinde, unterhalb sieht man das Mummelseehotel. Links davon öffnet sich das Rheintal mit den Vogesen im Hintergrund. Schließlich erreichen wir einen querenden **Schotterweg** 2. Hier gibt es zwei Möglichkeiten, wobei eine davon über den Winter bis weit in das Frühjahr hinein aus Tierschutzgründen gesperrt ist, und zwar der nach links mit der roten Raute abgehende Weg. Er führt uns, weiterhin in prächtiger Natur, über den Altsteigerskopf zum **Skilift bei der Darmstädter Hütte** 3.

Sollte dieser Weg gesperrt sein oder man einfach so die andere Variante bevorzugen, biegt man stattdessen rechts ab (gestrichelte Variante). Wir spazieren etwas bergab, dann quert ein mit der gelben Raute

Tourencharakter

Wir wandern auf Pfaden und festen Wegen. Ein Stück des Wegs verläuft im Wald am Steilhang, hier sollte man schwindelfrei sein. Der Abstecher zum Wildsee ist insgesamt knapp 4 km lang und bringt 120 Hm mit sich. Ein Teil der Strecke ist im Winter und im Frühjahr gesperrt. Hier muss man Umleitungen nutzen.

markierter Pfad, dem wir nach links folgen. Kurz darauf erreichen wir einen Schotterweg, in den wir links einbiegen. Dieser Weg verläuft teilweise über der belebten Schwarzwaldhochstraße, es ist daher kein allzu großes Vergnügen, ihn zu begehen. Dafür werden wir durch die herrliche Aussicht nach rechts entschädigt. Nach einiger Zeit erreichen wir das **Lothardenkmal** 4. Hier hat man einen schönen Blick ins Achertal. Bei guten Sichtverhältnissen kann man links die Alpen, rechts davon den Feldberg und weiter rechts die Vogesen, beginnend mit dem Le Grand Ballon, erkennen. Davor liegt das Rheintal. Etwas später erreichen wir auch bei dieser Alternative den Skihang und das Wanderschild **Skilift Darmstädter Hütte** (1010 m) 3. Hier vereinigen sich beide Varianten wieder. Wir biegen links ab und kommen zur **Darmstädter Hütte** (1028 m) 5, die wir rechts passieren. Nun wandern wir über die Hochfläche zum Schild **Bannwald** (1028 m) 6. Vorbei am wilden Bannwald stoßen wir auf das Schild **ehemalige Falzhütte** (975 m) 7. Hier könnte man nach rechts hinab einen Abstecher zum **Wildsee** 8 machen, danach kehrt man aber wieder hierher zurück.

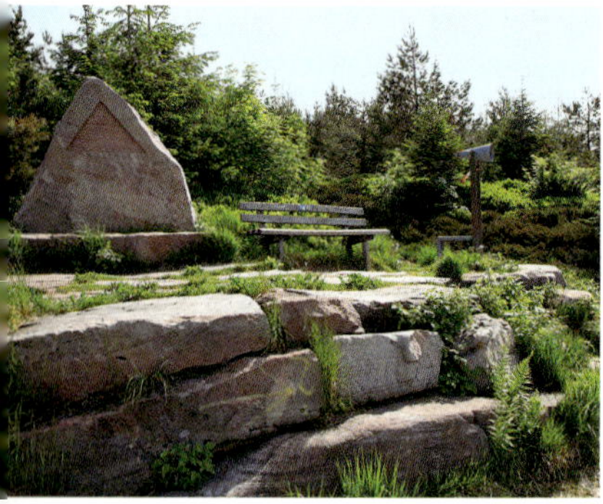

Das Lothardenkmal erinnert an den Orkan am 26. Dezember 1999.

Ansonsten biegen wir links ab. Nun führt uns wieder ein schmaler Pfad, neben dem es stellenweise rechts steil bergab geht, durch einen nahezu unberührten Wald. Wir kommen zu einem geschotterten **Forstweg** 9, dem wir nun ohne Zeichen nach links folgen. An der nächsten Verzweigung halten wir uns rechts. Danach mündet von rechts ein Weg ein, später noch einmal. Immer sanft ansteigend bringt uns der Forstweg zurück zum Ausgangspunkt.

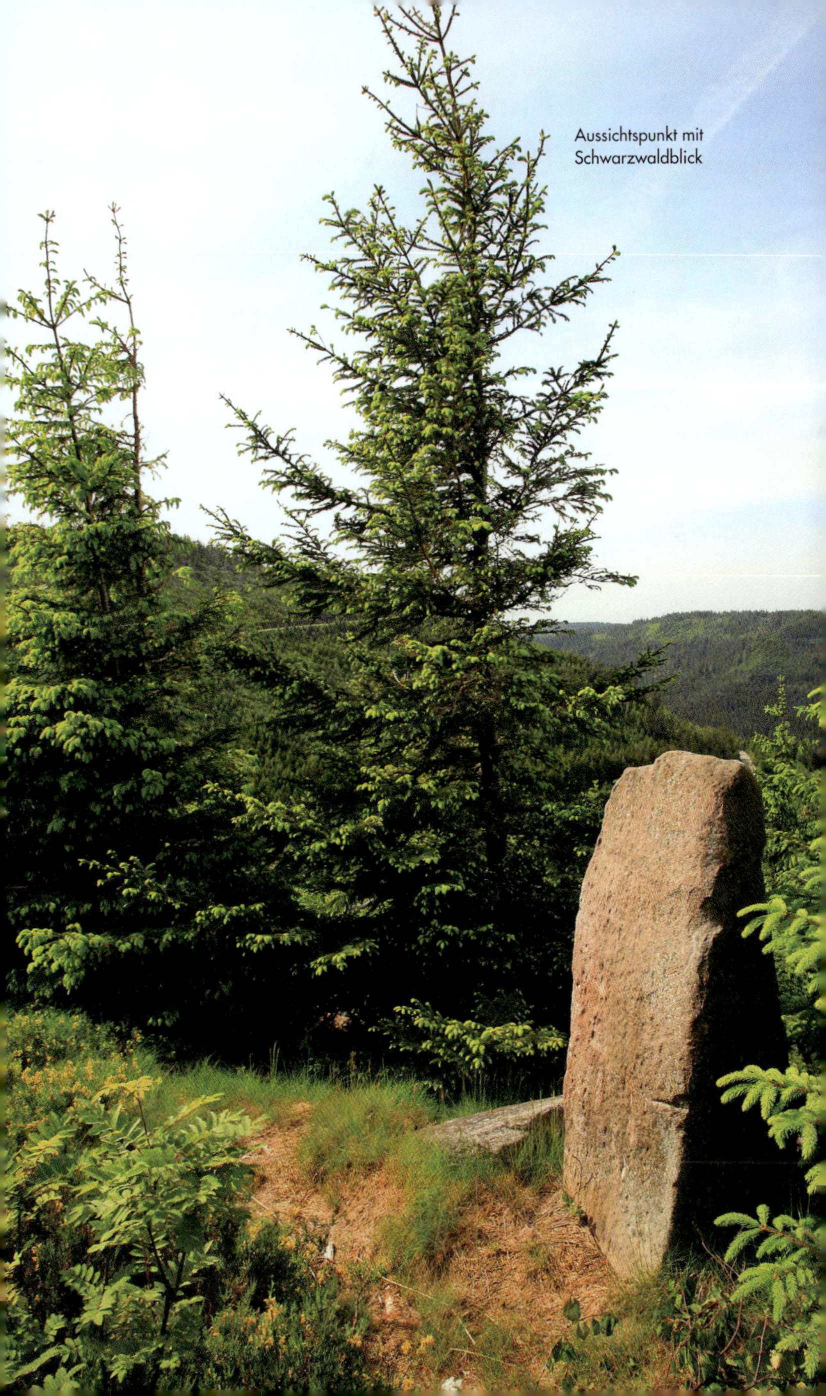

Aussichtspunkt mit
Schwarzwaldblick

18 Rund um das Mühlendorf Ottenhöfen

Mühlen, Obstbäume und Schnaps

schwer 13,5 km 450 Hm 4.30 Std

Tourencharakter: Relativ lange und anstrengende Tour auf Pfaden und festen Wegen

Tourenverlauf: Ottenhöfen/Bahnhof – Schulze-Mühle – Bühlermühle – Rainbauernmühle – Benzmühle – Zieselberg – Bahnhof

Ausgangspunkt: Ottenhöfen, Bahnhof, Am Bahnhof 2, GPS-Koordinaten: 48.567177, 8.150930

Anfahrt ab Offenburg: Bus & Bahn: Bahn bis Ottenhöfen; Auto: A5 bis Ausfahrt Achern, dann auf der L87 über Kappelrodeck nach Ottenhöfen

Einkehr: Ottenhöfen, Benzmühle

Karte: Wanderkarte W234 Achern, 1:25 000, Landesamt für Geoinformation und Landentwicklung Baden-Württemberg (LGL) in Zusammenarbeit mit dem Schwarzwaldverein e. V.

Information: www.ottenhoefen.de

Warum Ottenhöfen als Mühlendorf bekannt ist, erleben wir bei dieser Tour auf den Spuren des Mühlenwanderweges. Von den Höhen bieten sich uns prächtige Blicke hinab ins Tal. Wer Glück hat, kann auch den historischen Dampfzug bewundern.

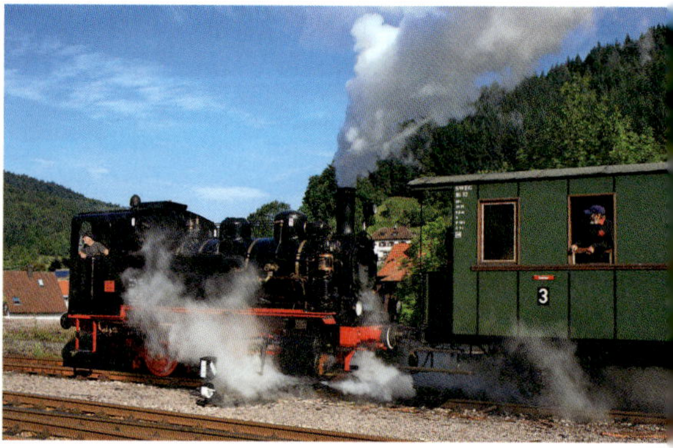

Wir parken in der Nähe des **Bahnhofes**. Dann spazieren wir auf der Durchgangsstraße taleinwärts, biegen aber gleich rechts ab in Richtung »Oppenau«. Wir wandern an der Kirche und der Volksschule vorbei bis zum rechts abgehenden Blusterweg, dem wir in Richtung »Furschenbach« folgen. Nun geht es etwas oberhalb des Talbodens am Ort vorbei.
Am Schild Höf (289 m) biegen wir links ab. Nach etwas Anstieg liegt rechts die Schulze-Mühle, danach folgen wir dem Sträßchen weiter. Wir kommen an einem Feldkreuz von 1765 vorbei, danach biegen wir am Schild **Simmersbach** (356 m) ❶ rechts ab in Rich-

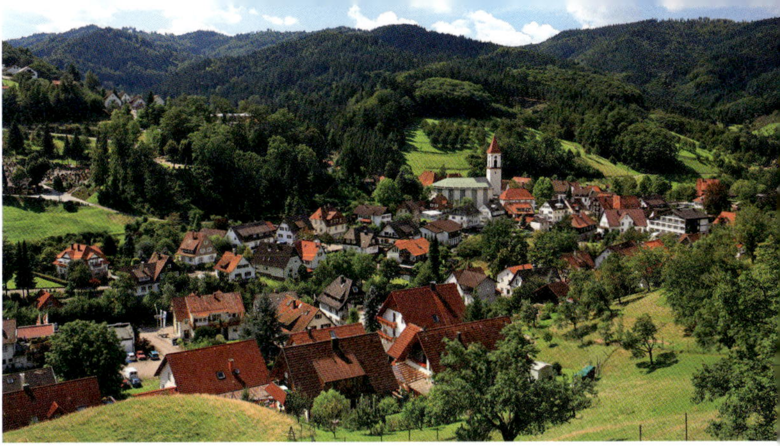

tung »Bühlermühle«. Nun wandern wir im Wald, anfangs leicht bergauf. Kurz nach einer freien Stelle mit Blick auf den gegenüberliegenden Hang müssen wir mit dem Schild »Mühlenweg« rechts abzweigen. Es geht hinab zu einem Sträßchen, dem wir nach links am Hang entlang folgen. Hinter der Wiese sehen wir schon die kleine Bühlermühle. Sie stammt von 1897 und besitzt ein oberschlächtiges Wasserrad mit einem Durchmesser von 3,6 Metern und 32 Schapfen. Wir wandern weiter auf dem Sträßchen, vorbei an einem Kreuz, bis zu

Blick auf Ottenhöfen

Linke Seite: Wenn man Glück hat, sieht man auch die Museumsbahn.

Ottenhöfen

Die heutige Gemeinde Ottenhöfen wurde 1817 gegründet, davor war der Ort Bestandteil des bischöflich Straßburgischen Gerichts Kappelrodeck. Landesherr war von 1316 bis 1903 der Straßburger Bischof, danach das Großherzogtum Baden. Der Name des Ortes kommt vom 1479 erstmals erwähnten Otto-Hof, der bis 1795 dort stand, wo sich heute das Hotel Pflug befindet.

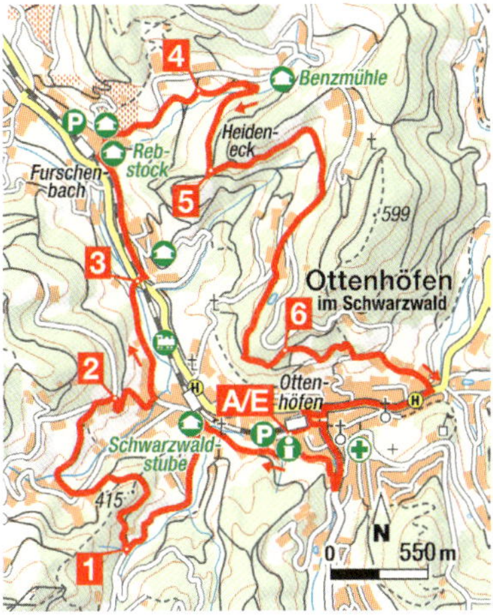

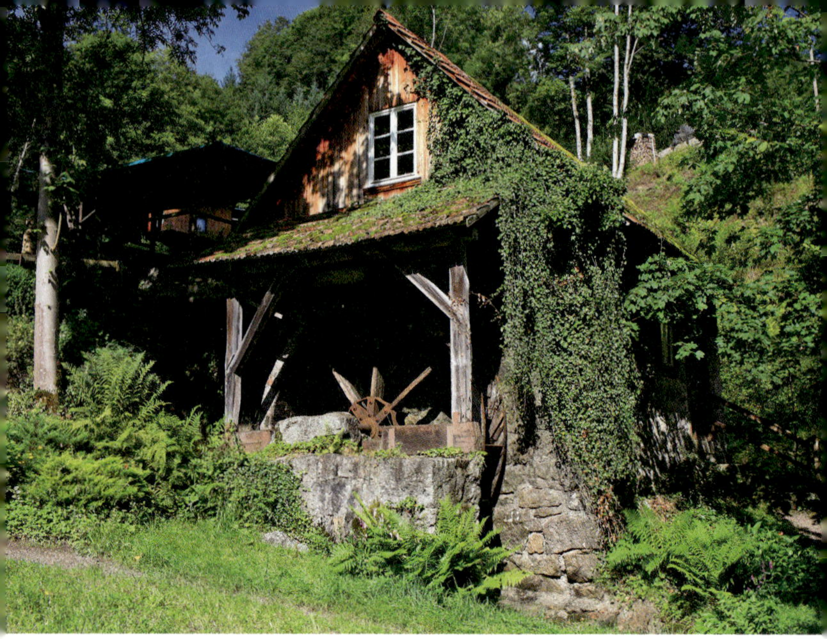

Ottenhöfen ist als Mühlendorf bekannt.

einem Brunnen und dem Schild **Vorderer Lauenbach** (349 m) **2**. Hier biegen wir rechts ab in Richtung »Bahnhof Ottenhöfen West«. Es geht in Serpentinen hinab zum Schild Unterer Lauenbach (286 m), wo wir links abbiegen in Richtung »Furschenbach«. Am Schild Rainbauernmühle (271 m) zweigen wir rechts ab und überqueren bei der Rainbauernmühle den Bach.

Danach kommen wir zur **Straße** **3**. Auf ihrer anderen Seite verläuft die Bahnlinie, auf dem Weg hinter ihr wandern wir nach links bis zur Bahnstation Furschenbach. Vor ihr biegen wir am Rathaus rechts ab. Wir kommen am Schmälzlehof vorbei, danach halten wir uns am Schild Furschenbach Dorf (249 m) rechts und steigen hinauf zur Benzmühle.

Rainbauernmühle

Die Rainbauernmühle wurde im 19. Jahrhundert erbaut und 1974 durch den Schwarzwaldverein restauriert. Sie besitzt ein unterschlächtiges Wasserrad mit einem Durchmesser von 4,2 Metern und 32 Radschaufeln sowie zwei Mahlsteine mit einem Gewicht von 250 und 420 Kilogramm. Das Mahlwerk stammt von 1875.

Am Schild Am Bach Benzmühle (385 m) orientieren wir uns rechts in Richtung »Günseck«. Wir gehen durch die **Benzmühle** 4, heute eine Gastwirtschaft, hindurch und spazieren dahinter durch die Baumwiesen und mit schönem Talblick weiter. Am Schild **Günseck** (399 m) 5 biegen wir links ab in Richtung »Ottenhöfen«. Nun geht es eine Weile durch den Wald, wir treffen auf ein Sträßchen und folgen ihm nach rechts hinab zu Häusern. Dort biegen wir mit dem Mühlenwanderweg in Richtung »Zieselberg« links ab. Weiter durch den Wald und mit Auf und Ab kommen wir zum Schild **Zieselberg** (464 m) 6, wo wir rechts abbiegen und hinab zu einem Sträßchen wandern. Ihm folgen wir nach links, bald geht es steil hinab und durch Zieselberg hinunter zur Durchgangsstraße. Nach links kommen wir zurück zum Ausgangspunkt.

Vom Fachwerkdorf geht es hinauf in den Wald.

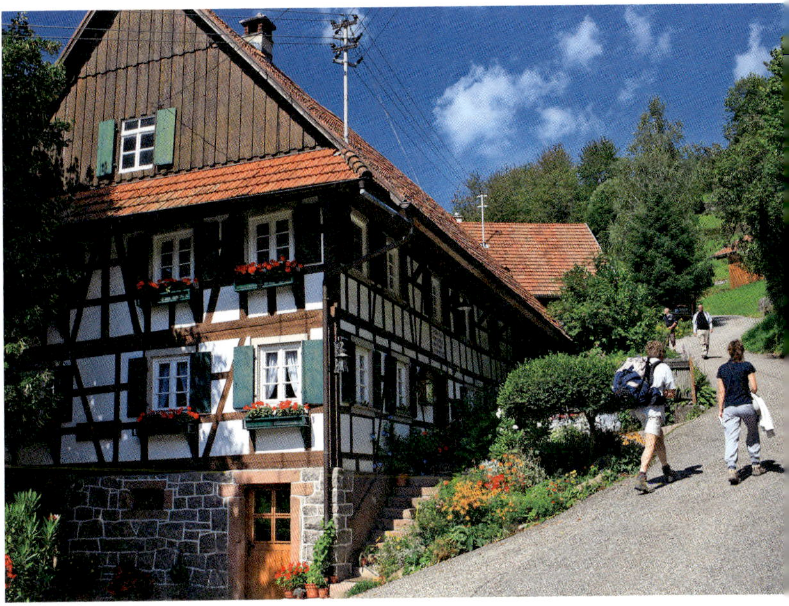

19 Karlsruher Grat

Fast wie in den Alpen

schwer 12,2 km · 790 Hm · 4.30 Std.

Tourencharakter: Die Wanderung verläuft überwiegend auf Pfaden. Für den etwa 400 m langen Karlsruher Grat sollte man alpine Erfahrung, Schwindelfreiheit und Trittsicherheit mitbringen. Man kann ihn aber auch umgehen.

Tourenverlauf: Ottenhöfen – Edelfrauengrab – Karlsruher Grat – Bosensteiner Eck – Brennte Schrofen – Hagenbruck – Ottenhöfen

Ausgangspunkt: Ottenhöfen, Bahnhof, Am Bahnhof 2, GPS-Koordinaten: 48.567177, 8.150930

Anfahrt ab Offenburg: Bus & Bahn: Bahn bis Ottenhöfen; Auto: A5 bis Ausfahrt Achern, dann auf der L87 über Kappelrodeck nach Ottenhöfen

Karte: Wanderkarte W234 Achern, 1:25 000, Landesamt für Geoinformation und Landentwicklung Baden-Württemberg (LGL) in Zusammenarbeit mit dem Schwarzwaldverein e. V.

Einkehr: Bosensteiner Eck, Hagenbruck

Information: www.ottenhoefen.de

Auch wenn der Klettersteig über den Karlsruher Grat nicht jedermanns Sache ist – man muss ihn nicht unbedingt »machen«, sondern kann ihn auch umgehen –, ist diese Tour für alle Natur- und Wanderfreunde ein Erlebnis.

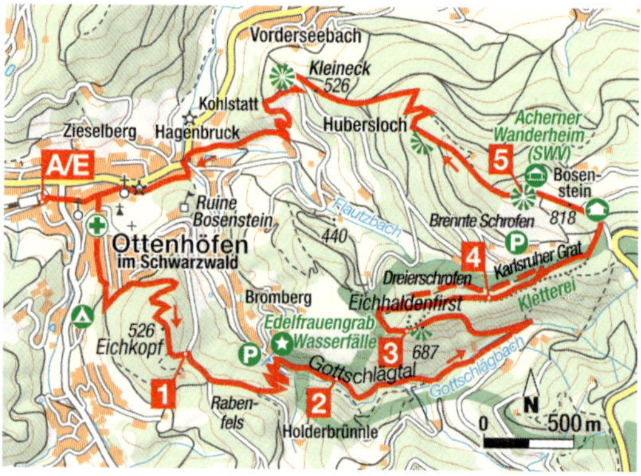

Hinter den Bahngleisen findet man beim WC-Häuschen Parkmöglichkeiten. Von dort gehen wir zum Schild Ottenhöfen Bahnhof (303 m) vor dem Kurpark, durchqueren diesen und halten uns an der Straße dahinter rechts. Am Schild Ottenhöfen katholische Kirche (309 m) biegen wir vor der Kirche links ab in die Albert-Köhler-Straße und spazieren zum Schild Hildahain (311 m). Dort gehen wir an der Verzweigung rechts steil den Berg hinauf.
Gleich nach den letzten Häusern zweigen wir rechts ab auf einen Pfad, der uns zu einer Straße und dem Schild Mariengrotte (338 m) bringt. Wir gehen an der

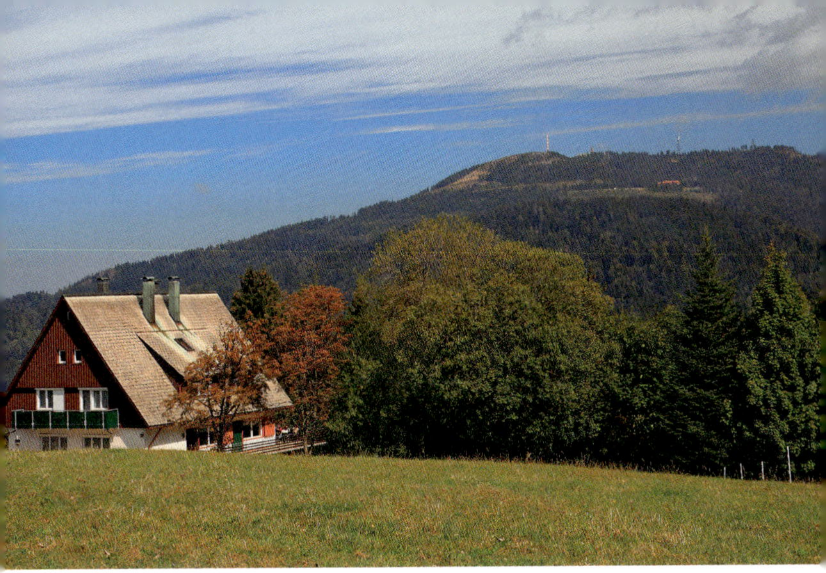

Grotte vorbei nach rechts und kommen zu einer Klinik. An ihr wandern wir links vorbei und spazieren geradeaus durch ein Wohngebiet. Nach der Wendeplatte kommen wir in den Wald und gehen auf einem Forstweg zum nächsten Forstweg. Wir orientieren uns links und biegen vor den Häusern scharf rechts ab. Kurz darauf werden wir nach links verwiesen.

An der nächsten Verzweigung halten wir uns rechts und kommen zu einer grasbewachsenen Verbreiterung des Weges. Hier zweigen wir bei der Bank rechts ab. Am Schild Am Eichkopf (450 m) wandern wir geradeaus vorbei, danach erreichen wir einen breiten Weg. Auf ihm gehen wir nach links hinab zur **Eichkopfhütte** ❶. Hier sollten wir den Mammutbaum beachten. Danach finden wir einen Kühlschrank mit Getränken.

Weiter gehen wir zur Asphaltstraße, kurz danach zweigen wir links ab in

Von der Höhe aus bietet sich ein Blick zur Hornisgrinde.

Gottschlägbach

Der Gottschlägbach fließt durch Porphyrgestein. Da dieses recht hart ist, entstand eine sehr enge und schmale Schlucht. Der Bach bildet bis zu acht Meter hohe Wasserfälle und überwindet einen Höhenunterschied von rund 100 Metern. Hier findet man viele verschiedene Farn- und Moosarten und Feuersalamander.

die Straße Holderbrünnele. Etwas später steht rechts das Schild Holderbrünnele (482 m). Hier wandern wir links im Zickzack hinab ins Tal, wo sich links ein Steinbruch befindet. Wir halten uns am Schild Edelfrauengrab Wasserfälle (394 m) aber rechts.

Bereits hier gibt sich der Bach malerisch, etwas später treffen wir auf die **Edelfrauengrab-Wasserfälle** 2. Rechts davon sehen wir die Höhle, in der die böse Edelfrau der Sage nach eingemauert wurde; die Sage ist hier an der Wand zu lesen. Nun steigen wir entlang zahlreicher kleiner Wasserfälle stetig auf. Auch nach den Wasserfällen begleitet uns der Bach. Am Schild Gottschlägtal (492 m) wandern wir geradeaus in Richtung »Karlsruher Grat« weiter. Nach einem rechts liegenden Hof kommen wir wieder zu einem Kühlschrank, wo man sich mit Getränken versorgen kann. Hier halten wir uns scharf links. Nach etwas Aufstieg gehen wir an dem kleinen Felsmassiv **Herrenschrofen** 3 vorbei, danach erreichen wir eine Übersichtskarte und das Schild Karlsruher Grat (655 m). Hier müssen wir uns entscheiden. Wer den **Klettersteig** 4 begehen will, hält sich gleich rechts und steigt über die Felsen bis zu einer Kreuzung

Karlsruher Grat

Der Karlsruher Grat (Eichhaldenfirst) hat seinen Namen Karlsruher Wandervereinen zu verdanken, für die das Felsenriff früher ein beliebtes Ziel war. Seine Entstehung geht auf den Vulkanismus zurück: Vor etwa 290 bis 250 Millionen Jahren, in der Zeit des Perm, drang Magma aus dem Erdinneren in die oberen Gesteinsschichten ein. Eine vier Kilometer lange und 750 Meter breite Magmafüllung erstarrte und ein mächtiger, auf dem Grundgebirge aus Granit aufsitzender Porphyrstock bildete sich. Er verschwindet auf der Ostseite, am Bosensteiner Eck, unter dem später aufgelagerten Deckgebirge aus Buntsandstein. Besonders die warmen Südhänge bieten Lebensraum für eine Wärme liebende Fauna. Dazu zählen Heuschrecken – Warzenbeißer, Steppengrashüpfer oder der Kleine Heidegrashüpfer – und vor allem Schmetterlinge.

Für den Karlsruher Grat selbst sollte man alpine Erfahrung mitbringen.

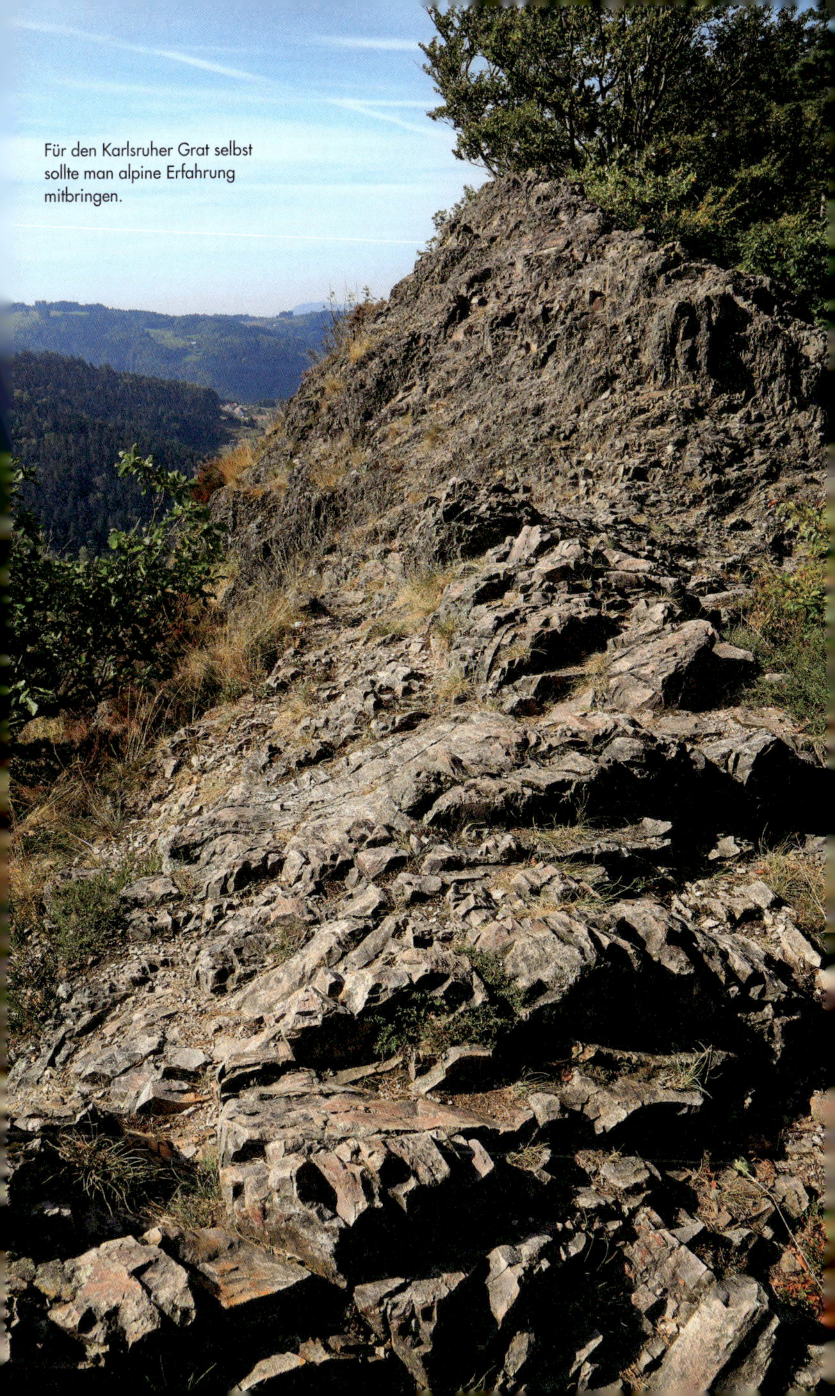

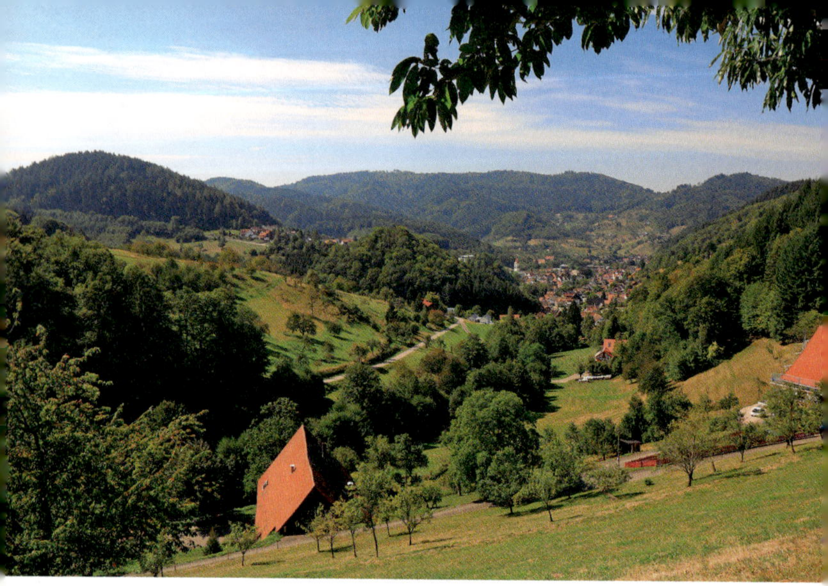

Von der Höhe aus hat man einen weiten Blick in die Täler.

mehrerer Wege. Wer den Steig umgehen will, nimmt den linken, etwas fallenden Weg. Wir treffen am Schild Dreierschrofen (628 m) auf einen anderen Weg, dem wir nach rechts folgen. Etwas später weist uns das Zeichen scharf nach rechts und wir kommen zu der Kreuzung, an der auch die Bezwinger des Karlsruher Grates ankommen.

Hier nehmen wir den links ansteigenden Weg, der mit der blauen Raute markiert ist. Er bringt uns hinauf zum Bosensteiner Eck (823 m). Wir biegen links ab, wandern an der Gaststätte vorbei und mit Blick auf die rechts liegende Hornisgrinde über die Weiden geradeaus. Wo der Weg nach rechts zu einem Haus zieht, gehen wir auf dem Pfad geradeaus weiter. Im Wald fällt er bis zum Schild vor Brennte Schrofen (783 m). Der Weg führt an der schönen Rasthütte mit Tischen und Bänken geradeaus weiter, wir gehen aber erst links der Hütte zum **Brennte Schrofen** 5. Von hier aus haben wir einen herrlichen Blick über die Schwarzwaldberge, hinab ins Tal nach Ottenhöfen und ins dahinter liegende Rheintal.

Danach geht es hinab zum Schild Am Grenzweg (670 m). Den Zeichen folgend, steigen wir weiter steil bergab bis zum Schild Anfang Grenzweg (512 m). Wir halten uns auf der Straße rechts und sehen gleich danach das Schild Kleineck (500 m). Hier haben wir einen schönen Blick nach links in Richtung Ottenhöfen und rechts nach Seebach. Nach der ausgeprägten Linkskurve der Straße kommen wir zum Waldrand.

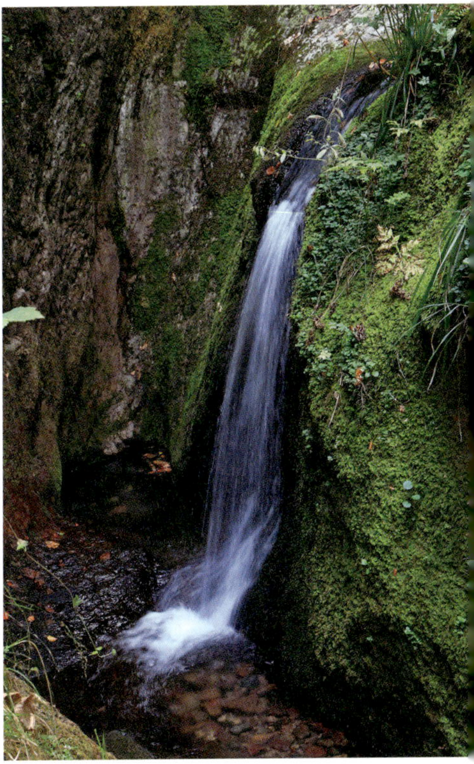

Nun werden wir rechts auf die Wiese und gleich danach links in den Wald verwiesen. Nach ihm halten wir uns rechts. Wo der Weg nach links zu einem Haus zieht, gehen wir auf einem Pfad steil bergab, dann folgen wir dem nur noch mäßig fallenden breiten Weg nach rechts. Er bringt uns zu einem Haus, an dem wir rechts vorbeigehen. Bald erreichen wir die Straße, wo wir nach links zum Schild Hagenbruck (333 m) kommen. Hier halten wir uns vor Haus Nr. 1 links zum Waldrand und gehen vor ihm rechts weiter.

Am Ortsrand steht die evangelische Kirche; sie wurde wie norwegische Stabkirchen ganz aus Holz erbaut. Nach rechts sieht man hinab zur Hammerschmiede. Geradeaus gehend erreichen wir wieder das Schild Hildahain. Jetzt spazieren wir auf bekanntem Weg zurück.

Der Gottschlägbach bietet immer wieder wilde Szenen mit Wasserfällen.

20 Erlebnistour um Allerheiligen

Kloster und Wasserfall

leicht | 5,5 km | 230 Hm | 2 Std.

Tourenverlauf: Allerheiligen – Wasserfall – Engelskanzel – Wattenstein – St. Ursula – Allerheiligen

Ausgangspunkt: Oppenau, Allerheiligen, Parkplätze an der K5370, GPS-Koordinaten: 48.538258, 8.196780

Anfahrt ab Offenburg: Bus & Bahn: Bahn bis Oppenau, dann Bus bis Haltestelle Allerheiligen/Oppenau, Wasserfälle; Auto: B3, dann B28 über Oberkirch, dann bei der Benzmühle nach rechts auf die Straße Unterwasser bis Allerheiligen

Karte: Wanderkarte W234 Achern, 1:25 000, Landesamt für Geoinformation und Landentwicklung Baden-Württemberg (LGL) in Zusammenarbeit mit dem Schwarzwaldverein e. V.

Einkehr: Allerheiligen

Information: www.oppenau.de

Wir durchwandern das ehemalige Kloster Allerheiligen, danach geht es entlang des Wasserfalls bergab. Hier fällt der Lierbach 66 Meter in die Tiefe. In der Schlucht zaubert das feuchte Moos glänzendes Grün an die 100 Meter hohen Felswände.

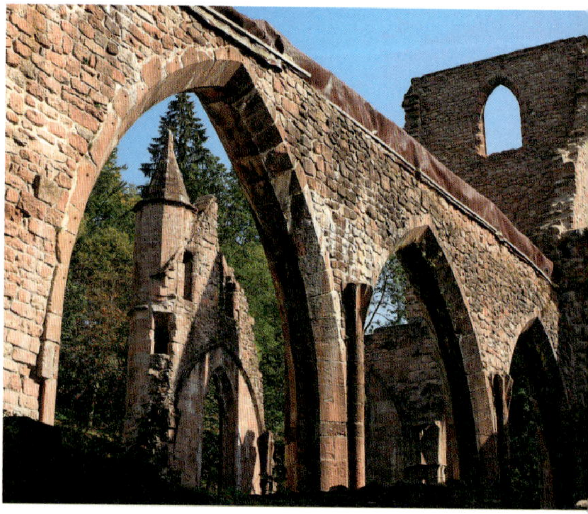

Wir gehen von Parkplatz 1 oder 2 oberhalb von Allerheiligen hinab zur Kirchenruine und der Gaststätte. Dort wandern wir am Schild Allerheiligen Klosterruine (637 m) vorbei und durch die **Anlage** ❶ hindurch. Vorbei am Schild Allerheiligen Klosterhof (630 m) kommen wir zum Barockgarten des ehemaligen Klosters mit dem Schild Am Zierteich (622 m). Wer will, kann von hier hinauf zum Ehrenmal des Schwarzwaldvereins steigen. Ansonsten wandern wir

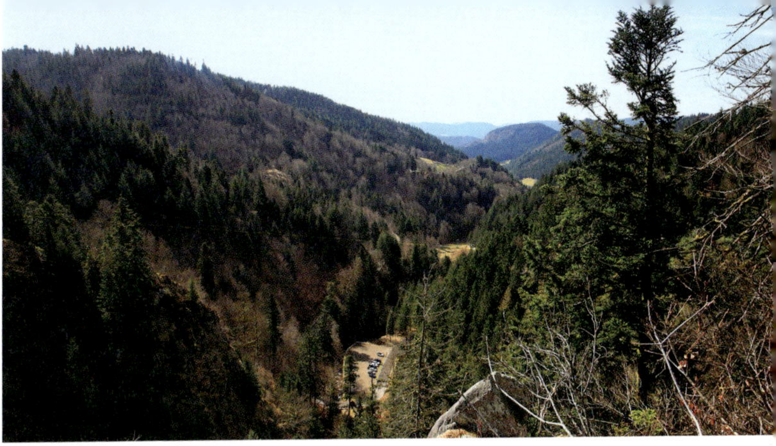

geradeaus weiter zum Schild Aufgang SWV Ehrenmal (594 m); hier stoßen auch diejenigen Wanderer wieder auf den Weg, die sich für den Abstecher zum Ehrenmal entschieden haben. Nun folgen wir dem munter plätschernden Lierbach bergab bis zum Beginn des Wasserfalls. Dort geht es auf Treppen steil bergab, neben uns immer der wild rauschende **Allerheiligen-Wasserfall** ❷, der in Kaskaden abwärts stürzt.

Nach dem Wasserfall stoßen wir auf das Ein-/Ausgangsportal und den unteren Parkplatz mit dem Schild **Wasserfälle Parkplatz** (518 m) ❸. Hier spazieren wir in Richtung »Engelskanzel« noch kurz

Von der Engelskanzel aus sieht man weit über den Schwarzwald.

Linke Seite: Das ehemalige Kloster Allerheiligen ist heute eine beeindruckende Ruine.

Tourencharakter

Wir wandern auf festen Wegen und Pfaden; der Weg entlang des Wasserfalls sollte nicht bei Eis und Schnee begangen werden. Ersatzparkplätze finden wir am Ende des Wasserfalls und bei St. Ursula. In Allerheiligen gibt es einen Klosterladen und ein Museum.

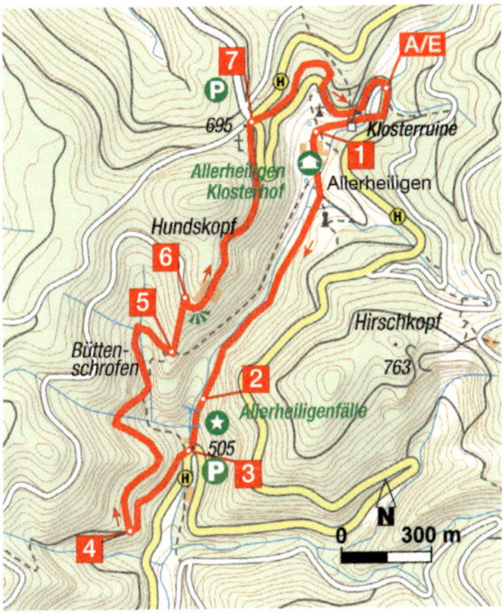

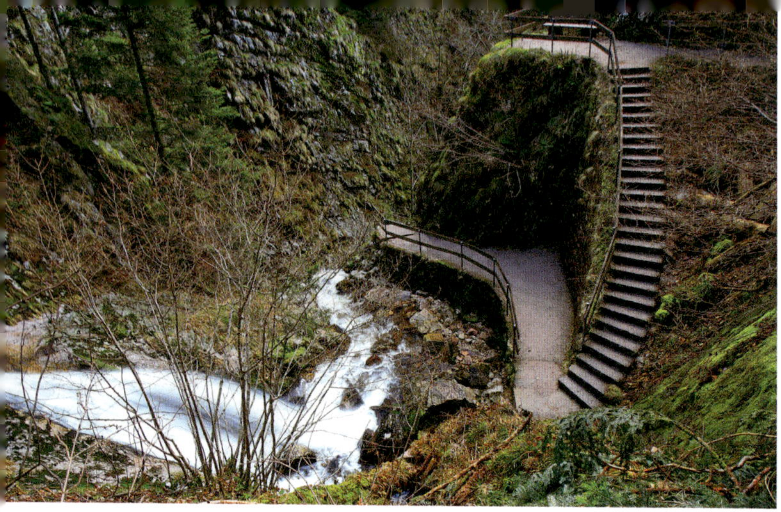

An den Allerheiligen-Wasserfällen sieht man recht wilde Szenen.

geradeaus weiter, folgen aber am Ende des Parkplatzes mit der gelben Raute dem rechts abzweigenden und steil ansteigenden Weg. An einem **Querweg** 4 biegen wir rechts ab; nun steigt der Weg nur noch mäßig an. Wir wandern an der Rossgrundhütte und dem Lorenzbrunnen vorbei, danach zieht sich der Pfad wieder etwas steiler in die Höhe. Bald erreichen wir das Schild **Engelskanzel** (652 m) 5. Hier zwei-

Kloster Allerheiligen

Das Kloster Allerheiligen wurde um 1195 von Uta von Schauenburg gegründet. Die Besiedlung erfolgte durch Prämonstratenser aus Sindelfingen, Marchtal und Oberzell bei Würzburg. Anfangs war es nicht sehr begütert, vergrößerte sich jedoch durch eine geschickte Politik. Seine Blütezeit lag in der zweiten Hälfte des 13. Jahrhunderts. Große Teile der Anlage wurden bei einem Brand 1470 zerstört. Um 1550 richtete man eine Schule ein, gegen 1600 lebten nur noch drei Kanoniker hier. Im Jahr 1657 wurde das Kloster durch das Generalkapitel von Prémontré zur Abtei ernannt, was eine zweite Blüte mit sich brachte. Das Kloster unterstand dem Hochstift Straßburg und war bis zum 18. Jahrhundert ein beliebter Wallfahrtsort. Im Jahr 1802 ging es an das Haus Baden und wurde 1803 säkularisiert. Als man ab 1840 die nahegelegenen Wasserfälle »entdeckte« und erschloss, gelangte auch die Ruine wieder in das Bewusstsein der Öffentlichkeit.

gen wir links ab, zuerst sollten wir aber noch kurz weitergehen zur Engelskanzel, die uns einen schönen Blick nach Süden und hinab ins Lierbachtal bietet.
Danach folgen wir dem Steig steil hinauf. An einem Querweg biegen wir am Schild **Wattenstein** (673 m) 6 rechts ab, der gleichnamige Aussichtspunkt folgt gleich darauf. Danach bringt uns der Forstweg bis zur Straße am Schild **St. Ursula** (695 m) 7. Links oberhalb sehen wir den dazugehörigen Bildstock.
Wir überqueren die Straße und folgen auf der anderen Seite dem durch den Wald führenden Pfad, der bald wieder auf die Straße trifft. Nun kann man entweder dieser nach links zurück zum Parkplatz folgen oder auf der anderen Straßenseite hinab zur Kapelle und von ihr aus nach links wieder hinauf zum Parkplatz spazieren.

Allerheiligen-Wasserfall

Die auch Büttensteiner Wasserfälle genannten Allerheiligen-Wasserfälle wurden 1840 vom Großherzoglichen Forstmeister Eichrodt aus Achern durch Sprengungen sowie den Bau der Treppen und Stege erschlossen. Hier stürzt der Lierbach über eine Gesamthöhe von fast 100 Metern hinab, 233 Stufen führen am wildrauschenden Bach entlang. Der jetzige Weg stammt aus den 1960er-Jahren. Zu beiden Seiten ragen Granithänge auf, insbesondere Zweiglimmergranit mit dunkelschwarzem Biotit und silberweißem Muskovit. Außerdem quert ein in dieses Urgestein eingebetteter Riegel aus widerstandsfähigem Porphyr das Lierbachtal. Insbesondere dieses harte Material verhinderte, dass der Bach sein Bett tiefer legte und ist dadurch verantwortlich für die Entstehung der Wasserfälle. Der Lierbach fällt auf seiner vergleichsweise kurzen Laufstrecke von rund zwölf Kilometern bis zu seiner Mündung in die Rench bei Oppenau fast 550 Meter, wobei das durchschnittliche Gefälle elf Prozent beträgt. Allerdings muss man hierbei die Wasserfälle berücksichtigen, dafür fließt er an anderen Stellen also wieder ruhiger weiter. Der Bach fällt in sieben Kaskaden herab, an deren Fuß jeweils ein Strudeltopf mit klarem Wasser liegt. Durch die von der Gischt bewirkte ständige Feuchtigkeit wachsen tiefgrüne Moospolster an den glattpolierten Felswänden.

21 Auf den Buchkopfturm

Blick ins Renchtal und ins Rheintal

mittel | 8,5 km | 250 Hm | 2.30 Std.

Tourencharakter: Wir wandern meist auf festen Wegen, aber auch auf Pfaden.

Tourenverlauf: Parkplatz – Gleitschirmfliegerstartplatz – Buchkopfturm – Renchtalhütte – Zuflucht – Parkplatz

Anfahrt ab Offenburg: Bus & Bahn: Bahn bis Achern, Bus bis Haltestelle Freudenstadt Zuflucht; Auto: B3 bis Appenweier, dann B28 nach Osten bis Oppenau und L92 bis Zuflucht

Einkehr: Renchtalhütte, Zuflucht

Karte: Wanderkarten W234 Achern und W235 Freudenstadt, 1:25000, Landesamt für Geoinformation und Landentwicklung Baden-Württemberg (LGL) in Zusammenarbeit mit dem Schwarzwaldverein e.V.

Information: www.bad-peterstal-griesbach.de

Der Buchkopfturm gehört zu den jüngsten Türmen im Schwarzwald. Er steht hoch über dem Renchtal und dem Rheintal und bietet eine wunderbare Sicht in diese Täler, dazu über die dichten Wälder des Nordschwarzwalds.

Vom **Parkplatz** aus überqueren wir die Landstraße und folgen auf der anderen Seite dem mit dem Zeichen des Renchtalwegs markierten Pfad nach rechts. Wir überqueren bald die Zufahrtsstraße zum Parkplatz der Gleitschirmflieger und stoßen nach dem Wald auf das Wanderschild **Rossbühl** (943 m) (1). Hier können wir nach rechts zum Startplatz gehen, wo wir die erste Aussicht dieser Tour haben. Ist man etwas später dran, kann man auch die Gleitschirmflieger starten sehen. Danach geht es im Wald weiter. Nun führt uns ein verwurzelter Pfad hinab zu einem Forstweg, dem wir nach links folgen. An der nächsten Kreuzung mit dem

Buchkopfturm

Der 2015 eröffnete Buchkopfturm ist 28 Meter hoch, hat einen Durchmesser von 6,5 Metern und besitzt acht Stockwerke. Er wurde in der sogenannten Brettsperrholzbauweise errichtet. Baumaterialen waren Weißtanne und Stahl. Man sieht vor allem das Renchtal mit seinen weitverzweigten Seitentälern, im Süden den Feldberg, im Norden das Schliffkopf-Hotel. Im Westen liegen die Oberrheinische Tiefebene und die Vogesen. Der Blick nach Osten ist versperrt, da sich der Turm nicht an der höchsten Stelle der Gegend befindet.

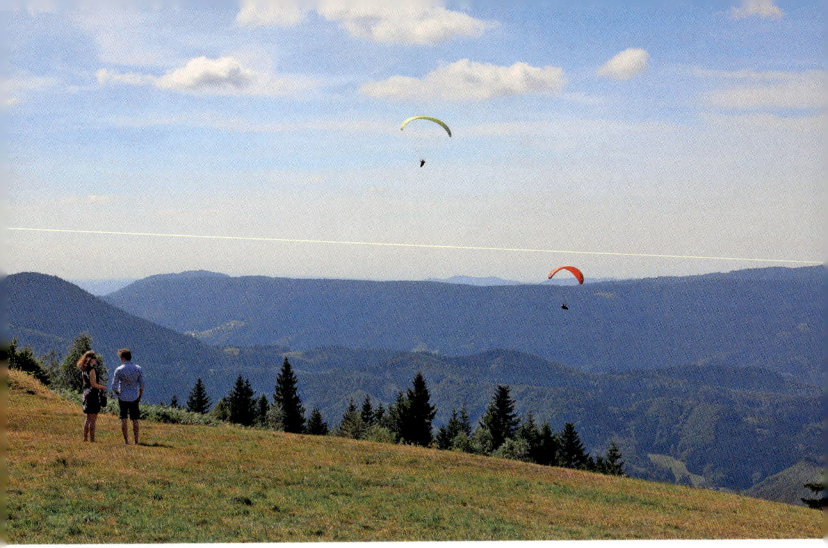

Blick über die Schwarzwaldhöhen

Schild Kohlgrube (907 m) wenden wir uns nach rechts, gleich danach halten wir uns links. Den Turm sehen wir bereits aus dem Wald emporragen. Wir wandern bis zu einer Kreuzung, wo es nach rechts zum **Buchkopfturm** ❷ geht. Am Turm nehmen wir den links abwärts führenden Weg in Richtung »Renchtalhütte«. Nach kurzem, steilem Abstieg folgen wir dem breiten Weg nach links. An der Verzweigung beim Schild Brandtkopf (858 m) wandern

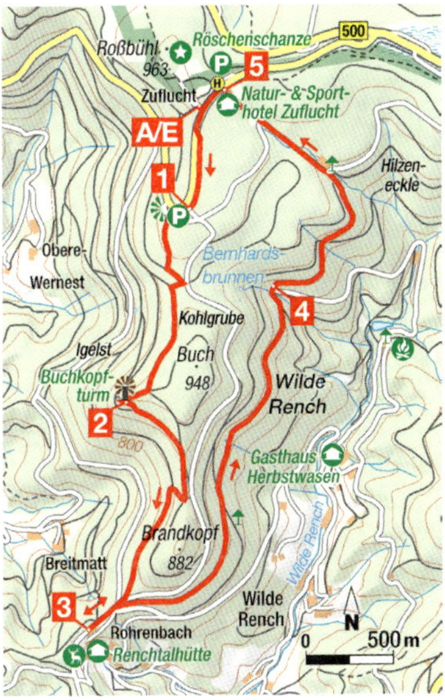

Ausgangspunkt

Bad Peterstal-Griesbach/Zuflucht, Parkplatz Skilift/Buchkopfturm an der L92, GPS-Koordinaten: 48.491519, 8.242311; Ausweichparkpätze finden wir an der Zuflucht, am Parkplatz Rossbühl am Gleitschirmfliegerstartplatz und bei der Renchtalhütte.

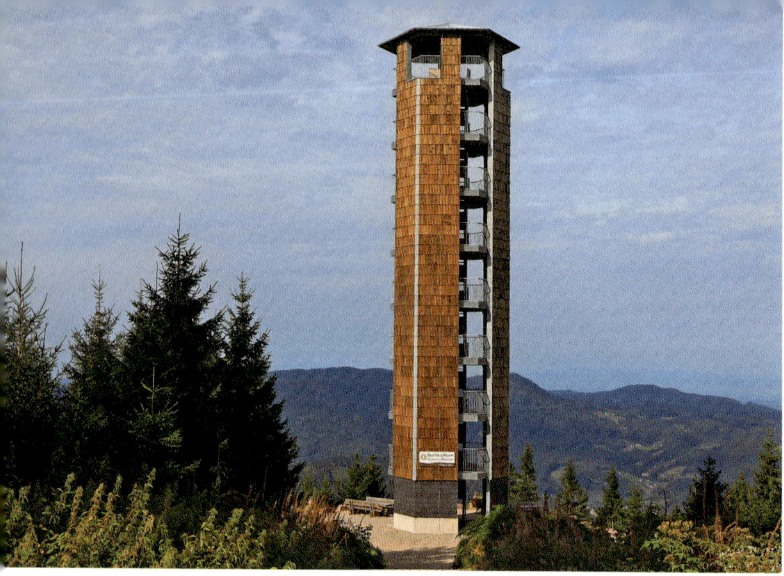

Der moderne Buchkopfturm ist ein beeindruckendes Bauwerk.

Rechte Seite: Blick vom Buchkopfturm

wir rechts weiter, zweigen gleich darauf aber scharf rechts ab. Nun geht es kurz steil hinab, dann biegen wir am Querweg links ab. Wir gelangen zu einem querenden Forstweg, rechts sehen wir schon die **Renchtalhütte** 3.

Noch vor der Hütte am Schild Renchtalhütte (752 m) richten wir uns im Mittleren Brandweg nach links in Richtung »Zuflucht«. Vorbei am 2004 errichteten Brandbrunnen kommen wir zum Schild **Mittlerer**

Grenzsteine und Röschenschanze

Am Parkplatz sollten wir zuerst den gut erhaltenen Grenzstein von 1673 mit den beiden Wappen beachten. E.H.Z.W. bedeutet »Eberhard Herzog zu Württemberg« und HSSB »Hochstift Straßburg«. Weitere Grenzsteine wurden 1850 bis 1860 geschaffen und zeigen das badische und das württembergische Wappen. Hier verlief seit Keltenzeiten auch die Oppenauer Steige in Ost-West-Richtung. Die Reste der ehemaligen Röschenschanze sind am Ende des Parkplatzes erhalten. Sie wurde 1794 von dem württembergischen Ing.-Major Rösch während des 1. Koalitionskriegs (1792-1797) erbaut und bot Platz für 1400 Soldaten. 1796 wurde sie aber von den Franzosen erobert, wobei die Verteidiger 350 Männer verloren.

Brandweg (778 m) ❹. Ab jetzt steigt es im Hauptweg wieder an.

Wir passieren das Schild Schöngrund (865 m) und halten uns danach am Schild **Kehler Loch** (918 m) rechts. Vor dem Wohnhaus zweigen wir rechts ab auf einen Pfad, der uns zum Schild Zuflucht (963 m) bringt. Wir gehen zur Straße und biegen links ab. Nach dem **Gasthaus Zuflucht** ❺ führt uns ein Pfad in den Wald. Gleich danach am Sendemast liegt rechts unser Parkplatz.

Zuflucht

Die Zuflucht lag genau an der ehemaligen Grenzlinie. Das heutige Gasthaus ging aus einer 1807 von der Stadt Oppenau als Blockhütte errichteten Schutzhütte für Waldarbeiter und Gespanne hervor. 1833 wurde ein einfaches Rasthaus erbaut. Aus ihm ging das Höhenhotel Zuflucht hervor. Das 1907 eröffnete Haus war eines der bedeutendsten Hotels auf dem Grinden-Schwarzwald. Zeitweise diente es als Jugendherberge.

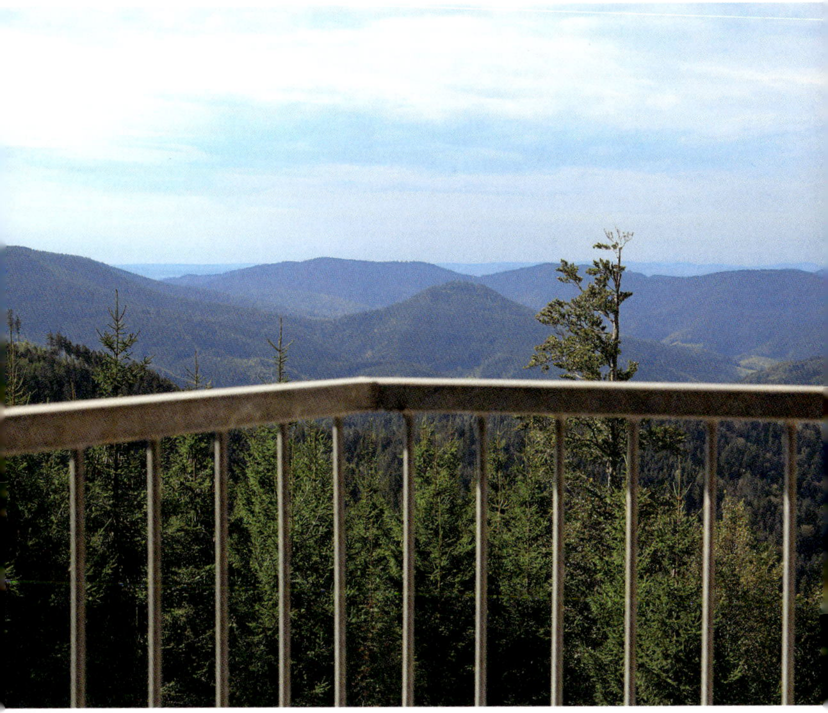

22 Auf den Moosturm

Panoramawege im Wald

mittel | 9,5 km | 420 Hm | 3.30 Std.

Tourencharakter: Wir wandern auf Forstwegen.

Tourenverlauf: Nordrach/Moosbach – Mooskopf – Hilseckhütte – Moosbachwand – Moosbach

Ausgangspunkt: Nordrach, Moosbach 5, GPS-Koordinaten: 48.436656, 8.102127

Anfahrt ab Offenburg: Bus & Bahn: Keine Anreise mit dem ÖPNV möglich; Auto: B33 bis Biberach, dann über Zell am Harmersbach und Nordrach zum Parkplatz

Einkehr: Moosbach

Karte: Wanderkarte W234 Achern, 1:25 000, Landesamt für Geoinformation und Landentwicklung Baden-Württemberg (LGL) in Zusammenarbeit mit dem Schwarzwaldverein e. V.

Information: www.nordrach.de

Meistens wandern wir bei dieser Tour auf aussichtsreichen Panoramawegen, die uns weite Blicke ins Rheintal und zu den Vogesen bieten. Mit dem Aussichtsturm, dem Lothardenkmal und dem Grimmelshausendenkmal besuchen wir viele Besonderheiten.

Wir folgen am **Moosbach Parkplatz** (555 m) dem aufwärts führenden Sträßchen. Kurz danach kommen wir an der Gastwirtschaft Moosbach vorbei und zweigen dann auf den mit der gelben Raute markierten Schotterweg ab. Er führt uns im Wald aufwärts zum Schild Kleine Kornebene (630 m). Danach erreichen wir einen querenden Forstweg. Ihm folgen wir nach rechts zur **Kornebene** (630 m) (1). Außer einem Naturfreundehaus mit großem Spielplatz finden wir hier den Zugang zu einem Arboretum.

Arboretum Kornebene

Im Arboretum Kornebene findet man eine Vielzahl einheimischer und fremdländischer Baumarten wie Ginkgo und Zypressen, insgesamt rund 60 verschiedene Arten. Man sieht unter anderem einen Mammutbaumwald, ein Baumlabyrinth, verschiedene Biotope, umgestürzte Bäume, die daran erinnern, dass sich hier eine Sturmwurffläche des Orkans Lothar von 1999 befand, und eine Nistkastenstation. Für die Planung und Gestaltung zeichnete das Forstamt Gengenbach verantwortlich, die Pflege hat der Ortsverein der Naturfreunde Gengenbach übernommen.

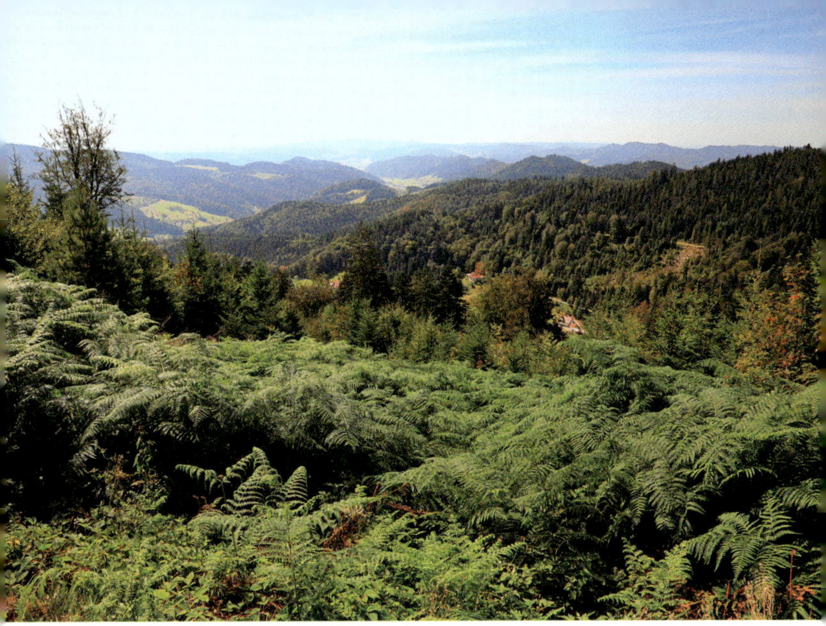

Blick in Richtung Rheinebene

Nun biegen wir rechts ab auf den mit der roten Raute markierten Kandel-Höhenweg (Moosturmstraße). Er führt uns in den Wald, wo es immer aufwärts geht. An der Verzweigung beim Schild Diebsebene (640 m) gehen wir auf dem rechten Weg weiter. Auch an der folgenden Verzweigung beim Schild Sandgasse (720 m) nehmen wir den rechten, aufwärtsführenden Weg. Bald sehen wir auch schon den Turm vor uns. Vorbei am Schild Siedighalde (820 m) kommen wir zur großen Kreuzung **Geißschleifsattel** (835 m) 2.

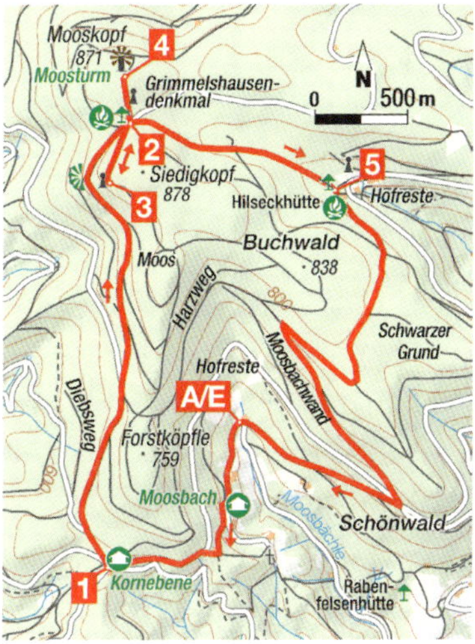

Hier können wir im Siedigkopfweg nach rechts einen kurzen Abstecher zu dem außergewöhnlichen **Lothardenkmal** 3 machen: Auf dem Siedigkopf befindet sich eine weithin sichtbare, von Norbert Feger geschaffene

Orkan Lothar

Der Orkan Lothar war auch auf dem Moos- und Siedigkopf für schwere Schäden verantwortlich – allerdings hat er auch Aussichtspunkte erschaffen, wo zuvor alles mit hohen Fichten und Tannen bewachsen war. 57 Prozent der Fläche wurden seinerzeit entwaldet. Heute wächst anstelle der ehemaligen Monokultur ein artenreicherer Buchen-Tannen-Wald heran. Er wurde 2003 mit rund 97 Hektar zum Bannwald erklärt. Auf dem Siedigkopf befindet sich ein Denkmal zur Erinnerung an den Orkan.

Skulptur zur Erinnerung an den Orkan. Danach gehen wir wieder zurück zum Sattel. Rechts sehen wir ein großes Loch, eine ehemalige Wolfsfalle. Gegenüber steht das **Grimmelshausendenkmal**. Es erinnert an die Romanfigur Simplicius Simplicissimus von Johann Jacob Christoph von Grimmelshausen. Links an ihm vorbei steigen wir in wenigen Minuten hinauf zum Schild Mooskopf-Turm (872 m) und zum **Aussichtsturm** 4.

Nach dem Turm gehen wir wieder zurück zum Sattel und biegen in den

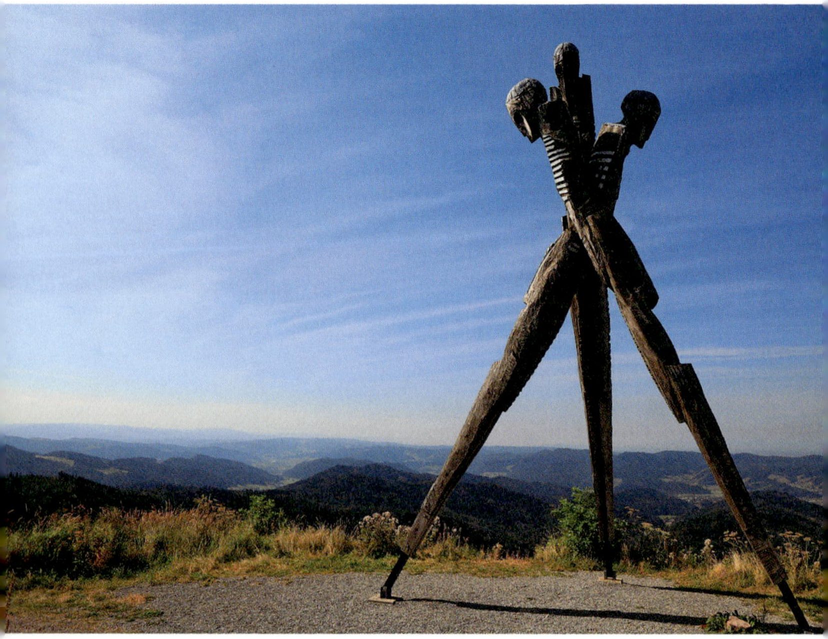

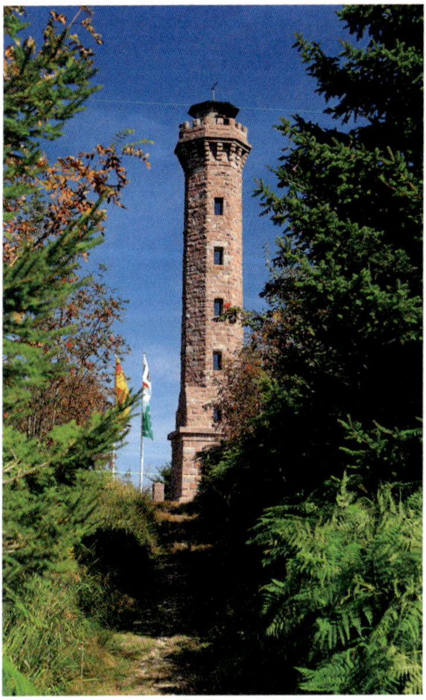

Mooskopf

Die höchsten Erhebungen in dem Moos genannten Gebirgszug sind der 878 Meter hohe Siedigkopf und der 871 Meter hohe Mooskopf, eigentlich Geißschleifkopf. Früher war die Gegend mit hohem, dunklem Wald bewachsen, was zu einer reichen Sagenwelt geführt hat. Hauptfigur darin war der Moospfaff, ein ehemaliger Mönch im Klosters Allerheiligen. Er soll auf dem Weg zu einer Letzten Ölung die Hostie verloren haben; dafür muss er nun umgehen und Menschen irreführen, bis er die Hostie wiedergefunden hat. Der Moosturm wurde 1890 vom Schwarzwaldverein errichtet und 2014 renoviert. Auf seiner Aussichtsplattform findet man Tafeln mit Erklärungen zur Aussicht.

zweiten Weg von links Richtung »Hilseckhütte« ab. Anschließend wandern wir auf breitem Forstweg bergab bis zur **Hilseckhütte** (735 m) **5**. Hier biegen wir an dem Bildstock rechts ab in Richtung »Moosbachwand«.

Nun steigt es vorerst wieder an, nach dem querenden Schwarzengrundweg wird es aber flacher. Nach dem Wald wird der am Hang entlangführende Weg zum Panoramaweg. Am Schild Moosbacher Wand (770 m) biegen wir scharf links ab in Richtung »Moosbach Parkplatz«. Der Moosbacherwandweg führt uns zu einer Kreuzung, hier biegen wir ohne Wegweiser in den mit der gelben Raute markierten Weg nach rechts ein. Wir wandern weiter bergab, vorbei am Schild Moosbacheckweg (605 m), zurück zum Ausgangspunkt.

Nicht nur das Lothardenkmal ist beeindruckend, auch die Fernsicht fasziniert.

23 Zum Habererturm bei Bad Griesbach

Aussichtsturm und Wasserfall

mittel | 6,6 km | 330 Hm | 2.15 Std.

Tourenverlauf: Bad Griesbach – Habererturm – Wasserfall unten – Abzweig – Bad Griesbach

Ausgangspunkt: Bad Peterstal-Griesbach, Kniebisstraße, Parkplatz gegenüber der Kirche, GPS-Koordinaten: 48.450051, 8.236961

Anfahrt ab Offenburg: Bus & Bahn: Bahn über Appenweier; Auto: A81 bis Ausfahrt Horb, dann B 28 über Horb und Freudenstadt nach Bad Griesbach

Einkehr: Bad Peterstal-Griesbach

Karte: Wanderkarte W235 Freudenstadt, 1:25 000, Landesamt für Geoinformation und Landentwicklung Baden-Württemberg (LGL) in Zusammenarbeit mit dem Schwarzwaldverein e. V.

Information: www.bad-peterstal-griesbach.de

Bei dieser Tour steigen wir aus dem Renchtal hinauf, erst zum Aussichtsturm, danach entlang eines Wasserfalls, der sich aber nur nach dem Winter oder Regenperioden so richtig zeigt. Die Tour selbst verläuft fast ständig im Wald.

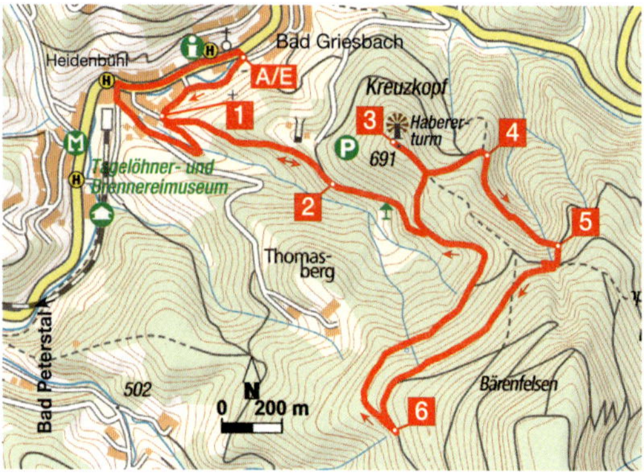

Wir folgen am **Parkplatz** dem schmalen Weg, der links des Baches nach Süden führt. Er bringt uns am unteren Rand des Friedhofs vorbei. Nach dem Hof mit dem großen Dach treffen wir auf den **Waltersweg** (1). Auf ihm gehen wir nach links hinauf. Bei einem Linksknick sollten wir zurückschauen, wir haben hier einen prächtigen Blick auf Bad Griesbach mit der Kirche und den Berghöhen dahinter.

Gleich danach orientieren wir uns an der Verzweigung mit dem Wanderzeichen gelbe Raute links. Nun wandern wir im Wald auf einem Forstweg ständig bergauf. An einer Kreuzung behalten wir am Schild

Kreuzkopfschanze (585 m) **2** unsere Richtung bei, ehe wir am Schild Emmersbach (620 m) links in Richtung »Habererturm« abbiegen.
Bald sind wir auf einem Bergrücken bei einer Kreuzung. Bevor wir von den beiden rechts abgehenden Wegen aber den linken einschlagen, der in Richtung »Wasserfall« abwärts führt, steigen wir zunächst

Vom Habererturm hat man einen prächtigen 360-Grad-Rundumblick.

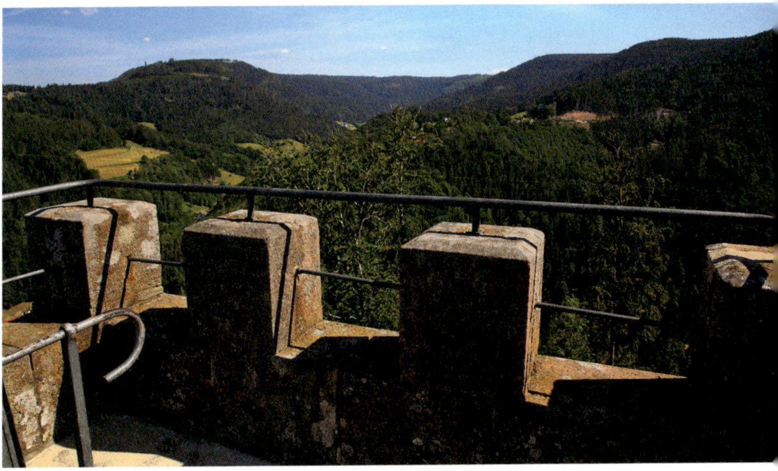

nach links in wenigen Minuten hinauf zum **Habererturm** **3**. Er wurde im zeittypischen Stil eines Bergfrieds zu Ehren von Professor Dr. Haberer, einem großen Förderer der Renchtalbäder, von dessen Sohn Carl Albert erbaut. Die Eröffnung des 16 Meter hohen Turms fand im Oktober 1899 unter Mitwirkung des Schwarzwaldvereins statt. Er bietet eine prächtige 360-Grad-Aussicht auf das obere Renchtal und die umliegenden Schwarzwaldhöhen.

Tourencharakter

Die Rundtour steigt in der ersten Hälfte ständig an und führt in der zweiten Hälfte dafür bergab. Wanderzeichen sind nicht überall vorhanden. Bis auf den Aufstieg entlang des Wasserfalls auf einem Steig und einer Steintreppe wandern wir auf Forstwegen.

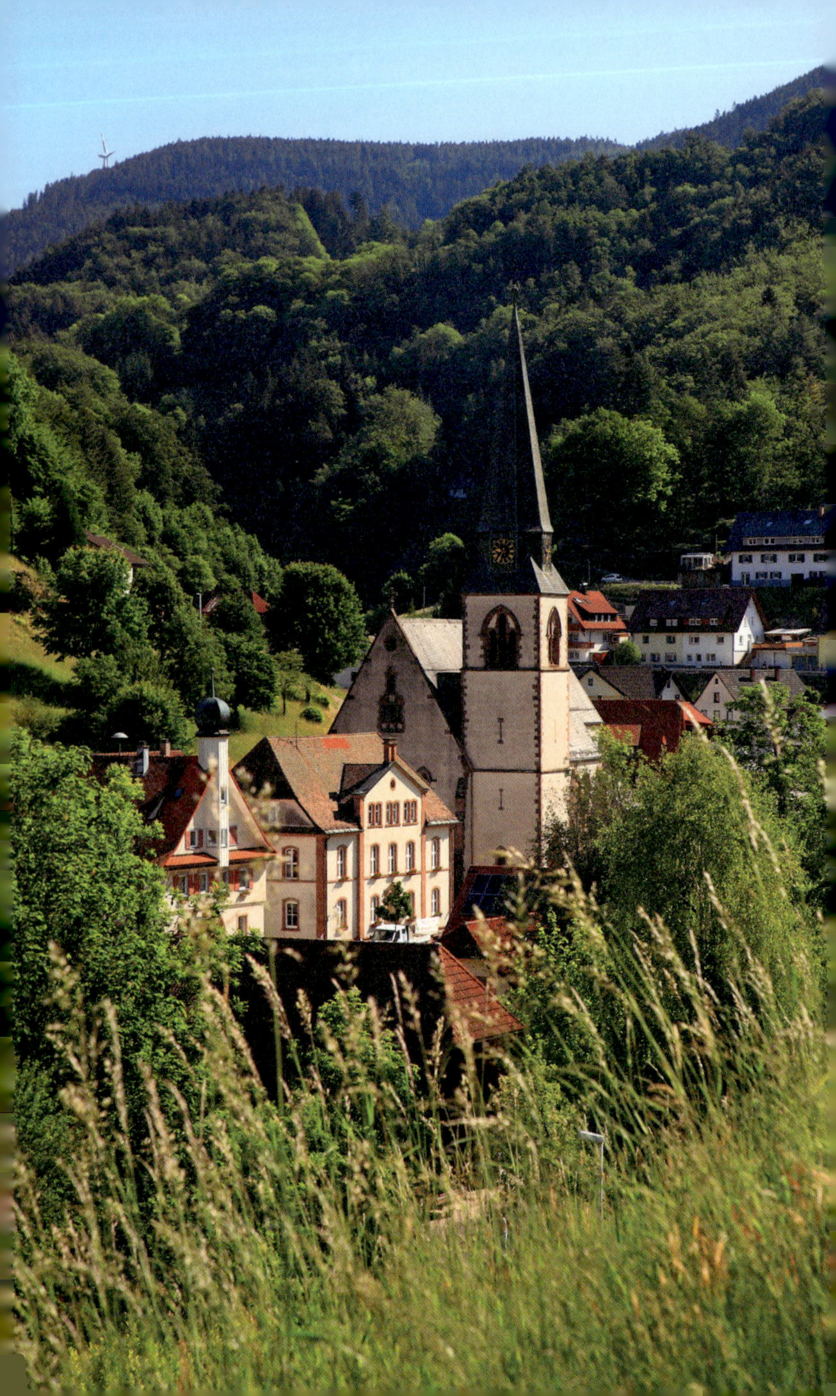

Danach gehen wir wieder abwärts zu der Kreuzung und auf dem linken Weg zu einem querenden Forstweg. Dort biegen wir am Schild **Turmwald** (650 m) 4 rechts ab. Nach einer Weile sind wir am **Wasserfall** 5, dessen Auslauf wir auf einer Brücke überqueren. Nun wandern wir auf einem Steig mit Treppenstufen eine Zeitlang entlang des Wasserfalls hinauf. An einem querenden Forstweg steht das Schild Wasserfall (737 m).

Linke Seite: Vom Anstiegsweg sieht man schön auf die Kirche von Bad Griesbach.

Hier halten wir uns rechts. Über das Wanderschild Rappenschliff (755 m) kommen wir zum Schild **Waltersweg** (750 m) 6. Hier biegen wir scharf rechts in den Waltersweg ab. Ab jetzt geht es immer bergab. Wir passieren das Schild Silbereck (700 m), danach die bekannten Schilder Emmersbach und Kreuzkopfschanze. Wo wir nach dem Wald auf einen querenden Weg stoßen, könnten wir zwar nach rechts auf bekanntem Weg zurückgehen, doch wir biegen links ab und kommen hinab zur Wassertretstelle, die uns nun nach dem steilen Auf- und Abstieg sicher guttun wird.

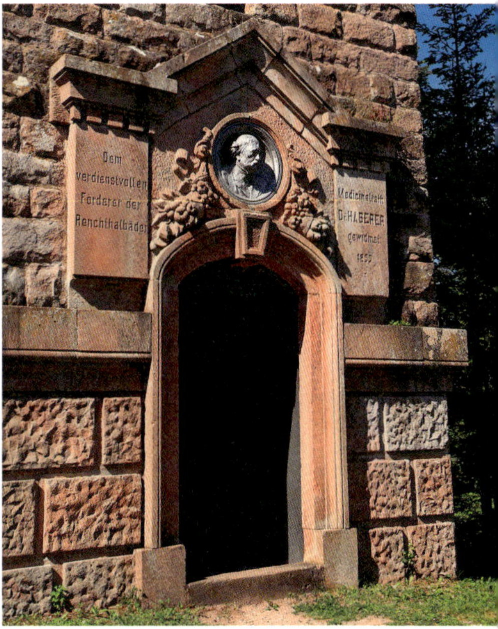

Geschmückter Eingang zum Habererturm

Danach folgen wir dem Weg hinab zum Schild Bahnhof (458 m) an der Durchgangsstraße. Wir zweigen rechts ab und gehen, vorbei am Schild Kimmichseppenhof (456 m), zurück zum Ausgangspunkt.

24 Harmersbacher Vesperwegle

Schwarzwald zwischen Wald und Aussicht

mittel | 14,5 km | 490 Hm | 4.30 Std.

Tourenverlauf: Oberharmersbach – Danisenhof – Hubhof – Baumstamm – Bilderrahmen – Schmusehisli – Kreuzsattelhütte – Harkhof – Riersbach – Oberharmersbach

Ausgangspunkt: Oberharmersbach, Tourist-Information, Dorf 60, GPS-Koordinaten: 48.375357, 8.129782

Anfahrt ab Offenburg: Bus & Bahn: Bahn und S-Bahn bis Oberharmersbach Dorf; Auto: A5 bis Offenburg, weiter über die Stadt und die B33, danach weiter nach Biberach, dort links ab ins Harmersbachtal

Einkehr: Die Kreuzsattelhütte wird von Mai bis Oktober an Sonn- und Feiertagen vom Schwarzwaldverein bewirtschaftet.

Karte: Wanderkarte W239 Lahr/Schwarzwald, 1:25000, Landesamt für Geoinformation und Landentwicklung Baden-Württemberg (LGL) in Zusammenarbeit mit dem Schwarzwaldverein e. V.

Information: www.oberharmersbach.de

Das Harmersbachtal zählt zu den schönsten Teilen der Ortenau. Diese Tour führt aus dem Tal hinauf zur Kreuzsattelhütte. Der Weg verläuft zum Teil im Wald, lange Abschnitte aber auch zwischen Wiesen. Dazu hat man immer wieder eine schöne Aussicht.

Wir starten vor der **Tourist-Information Oberharmersbach**. Dort gehen wir rechts am Gebäude vorbei, überqueren die Bahngleise und halten uns danach links. Kurz danach biegen wir am ersten rechts liegenden Hof rechts ab. Das Sträßchen zieht gleich nach links und bringt uns hinauf zu Haus Nr. 5, dem **Danisenhof** ❶. Er besitzt auch einen Hofladen. Hier

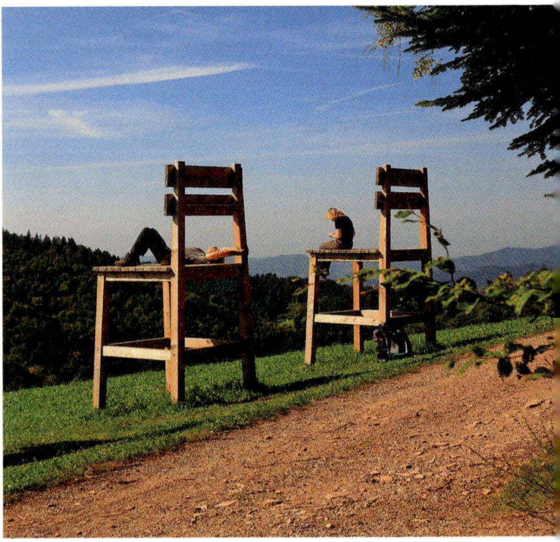

werden wir nach rechts in die Wiesen verwiesen. Der Weg steigt an und beschreibt erst eine lang gezogene Links-, dann eine Rechtskurve und bringt uns in den Wald. Dort zweigen wir links vom Weg ab und gehen eben weiter. Bald bringt uns ein schmaler Pfad aus dem Wald zu einem Wiesenweg. Vor dem nächsten Haus wenden wir uns nach rechts. Links oben sehen wir eine Kapelle und den **Hubhof** 2.

Wir kommen an einem kleinen Quellweiher vorbei, nun steigt es wieder an. An einem Querweg sehen wir einen Kasten mit dem Namen »Durstlöscher«, in dem kühle Getränke stehen. Hier biegen wir rechts ab. Kurz danach verlassen wir den Wald und kommen in den Wiesen zu einem Baumstamm, in den verschie-

Tourencharakter

Wir wandern auf festen Wegen und Pfaden, die teilweise auch recht steil sind. Am Anfang ist der Wegverlauf etwas kompliziert und auch nicht immer eindeutig auf der Karte nachzuvollziehen. Durch die gute Beschilderung gibt es jedoch keine Probleme.

Linke Seite: Wie klein ist doch der Mensch? Das kommt einem beim Anblick dieser anscheinend für Riesen geschaffenen Stühle in den Sinn.

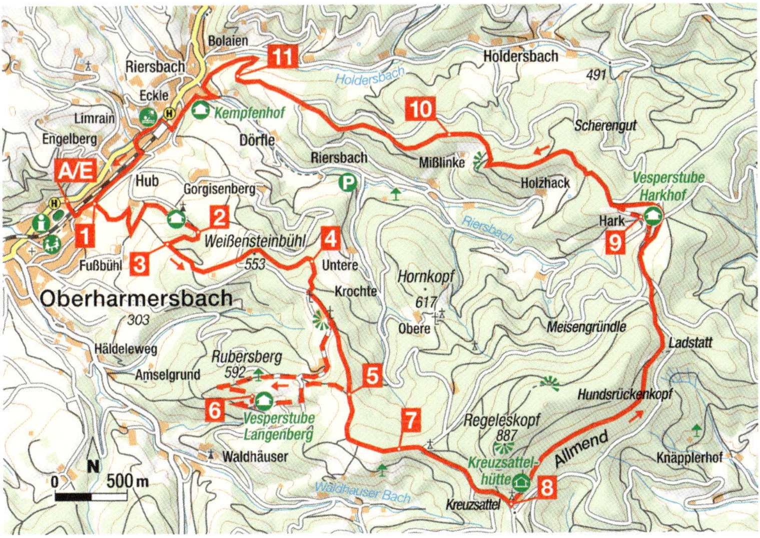

dene Sitzgelegenheiten eingearbeitet sind. Hier bietet sich auch die erste herrliche Aussicht des Tages (3). Nach dem Baumstamm gehen wir nach links hinauf. Der Weg zieht weiter oben nach links, wir kommen am Harmersbacher Planetarium vorbei und wandern durch Baumwiesen zum Wald. Geradeaus hinein

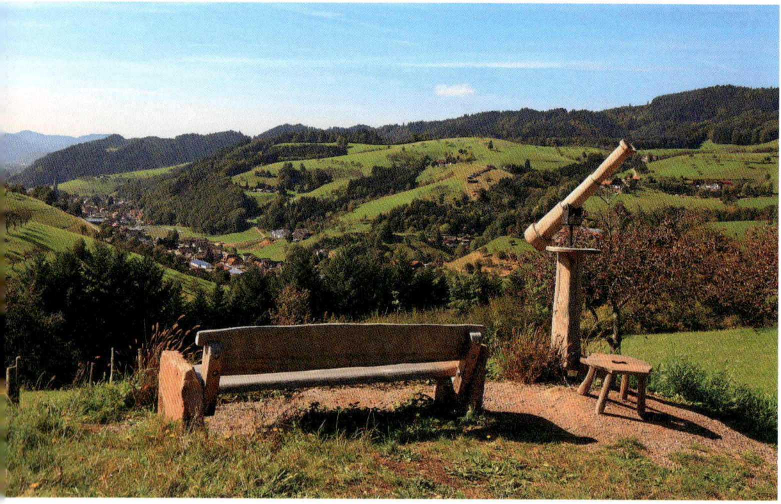

Blick ins Harmersbachtal

durchqueren wir diesen bis zu einem querenden Weg. Hier halten wir uns rechts. Bald sehen wir vor uns eine Straße, biegen aber noch vor ihr links ab. Bald beschreibt unser Weg eine Rechtskurve. Hier haben wir einen schönen Blick über die Schwarzwälder Hügel und in verschiedene Täler, alles dicht bewaldet. Gleich darauf finden wir auch einen **Rastplatz** (4) mit Tisch und Hocker, dazu auf einer Tafel die Worte »…Hock mol uf de Arsch no!«. Hier werden wir nach rechts wieder in den Wald verwiesen. Bald erreichen wir einen Querweg vor der Straße, auf der wir ein Feldkreuz sehen. Hier wenden wir uns nach links, zweigen aber kurz darauf rechts ab und kommen bald zur Straße.

Dort befindet sich ein kleiner Platz für eine Pause: Es gibt eine Hängematte und eine Bank, dazu einen Wegweiser mit verschiedenen Schildern. Außer Nahzielen weisen sie auch nach London und New York. Nun biegen wir auf der Straße links ab. Gleich darauf haben wir zwei Möglichkeiten. Der »Normalweg« zieht mit dem Wanderzeichen blaue Raute am Waldrand entlang auf einem Feldweg nach links und bringt uns zu einem großen **Bilderrahmen** 5. Wer einkehren möchte, wandert eine Variante. Man folgt dazu dem Sträßchen zur **Vesperstube Langenberg** 6. Von dort aus führen die Zeichen hinauf zum Waldrand und zu dem genannten Bilderrahmen.

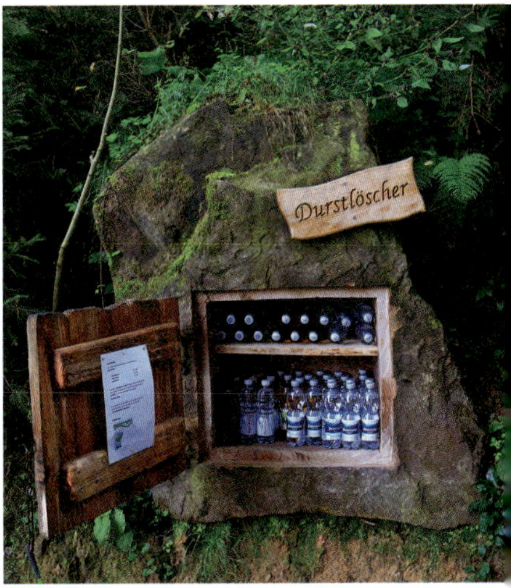

An heißen Sommertagen ist man für einen solchen Service dankbar.

Bei diesem hat man einen herrlichen Panoramablick, der bis zur Ruine Hohengeroldseck in der Ferne reicht. Wir folgen weiter dem Waldrand, nun geht es auf den durch seine Sendemasten erkenntlichen Brandenkopf zu. Nach einem Linksknick wandern wir zum Waldrand, wo wir auf das **Schmusehisli** 7 stoßen. Man kann sich nicht nur hineinsetzen, sondern auch davor gut Pause machen, denn auf seiner Außenseite sind Tisch und Sitzgelegenheiten zum Herunterklappen angebracht. Im Wald wandern wir am Wanderschild Beim Grabenjörgle (710 m), danach an einem Gedenkbildstock vorbei. Etwas später stoßen wir auf die **Kreuzsattelhütte** (745 m) 8. Vor ihr sehen wir das interessant geformte und mit einem Reichsadler geschmückte Kreuz. Wir biegen mit der roten Raute des Westwegs links in Richtung Hark ab und wandern auf dem Forstweg durch den Wald. Auf einer Lichtung sehen wir eine Bank mit einem Holzfernrohr. Wo nach einiger Zeit links ein Weg abgeht, wandern wir, nun auf einem Erdweg und bergab, geradeaus weiter. Der Weg geht in einen Schotterweg über. Dann weisen uns die Zeichen nach rechts, bald wird es wieder unbefestigt und wir erreichen das Schild Bei St. Gallus (715 m). Hier folgen wir dem Schotterweg nach links zum Schild Harkhöhe (710 m), wo wir geradeaus weiterwandern. Etwas später sehen wir links unterhalb den **Harkhof** 9. Wer einkehren möchte, geht hinab zu ihm und dann nach links wieder hinauf zum Waldweg. Ansonsten bleiben wir oben und wandern rechts am Harkhof vorbei. Am Waldrand sehen wir das Schild Hark (700 m). Danach biegen wir nach den großen Stühlen beim nächsten gleichnamigen Wanderschild mit der blauen Raute links ab. Wir folgen dem Wanderweg, bald trifft der vom Hof kommende Weg auf unseren.

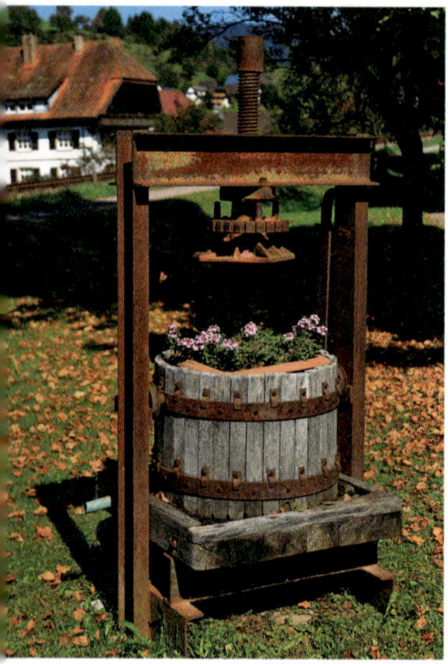

Idylle am Bauernhof

Jetzt weisen uns die Zeichen nach rechts in den Wald, wo wir längere Zeit praktisch geradeaus wandern. Meist geht es bergab, ein paar Mal recht steil. Der Weg führt zeitweise auf einem schmalen Höhenrücken. Bei einer **Lichtung** 10, unter der links unten der Mißlinkehof liegt, haben wir einen weiten Fernblick. Wo wir später links andere Wege sehen, gehen wir auf dem rechten geradeaus, direkt am Steilhang entlang weiter.

Schließlich verlassen wir den Wald und gehen geradeaus über einen Grasrücken weiter bergab. Links

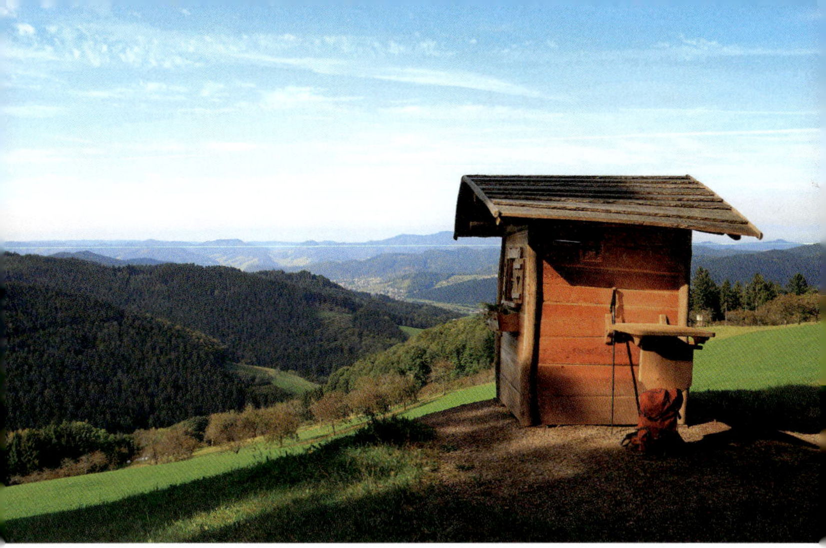

finden wir bald eine Bank mit einem Holzfernrohr. Den Blick durch das Harmersbachtal sollte man unbedingt genießen. Etwas später steht links ein **Pavillon** 11, er bietet die letzte Gelegenheit zu einem weiten Blick durch das Harmersbachtal. Danach führt uns der Weg in weiten Kurven hinab nach Riersbach. Am Querweg bei den ersten Häusern biegen wir am Wanderschild Reichstalpfad links ab, gleich danach, nach Haus Nr. 4, halten wir uns am Schild An der Schmiede (322 m) rechts. Nun wandern wir eine Weile an den Wohngebäuden entlang. Nach Haus Nr. 31 werden wir nach rechts, gleich danach bei Haus Nr. 29 noch einmal nach rechts verwiesen. Anschließend geht es nach links hinab vor die Gleise und den Bahnhof. Wir gehen rechts des Parkplatzes hinter die Gleise und folgen dort der Brugasse nach links. An einem kreuzenden Weg halten wir uns links, überqueren die Gleise und wandern nach ihnen nach rechts weiter auf die Kirche von Oberharmersbach zu. Bald sind wir auf bekanntem Weg, sodass wir nur noch die Gleise nach rechts zum Ausgangspunkt überqueren müssen.

Das Schmusehisli bietet sich nicht nur für Liebende, sondern für alle zu einer aussichtsreichen Rast an.

25 Hahn-und-Henne-Runde

Schöne Wanderung mit viel Aussicht

schwer | 14 km | 500 Hm | 5 Std.

Tourencharakter: Wir wandern auf festen Forstwegen und Pfaden. Die Kuhkopfhütte hat nicht immer geöffnet.

Tourenverlauf: Oberharmersbach – Hinterhambach – Jägereckle – Höllhaken – Reutegut – Haldeneck – Vogt am Mühlsteineck – Heugrabeneck – Kuhkopfhütte – Eckhof – Oberharmersbach

Ausgangspunkt: Zell am Harmersbach, Hinterhambach 1, GPS-Koordinaten: 48.355818, 8.087300

Anfahrt ab Offenburg: Bus & Bahn: Bahn und S-Bahn bis Unterharmersbach; Auto: A5 bis Offenburg, weiter über die Stadt und die B33, danach weiter nach Biberach, dort links ab ins Harmersbachtal

Einkehr: Bergbauernhof, Vogt auf Mühlstein, Besenwirtschaft, Kuhkopfhütte. Grillmöglichkeit: Erholungsanlage Hinterhambach

Information: www.zell.de

Der ungewöhnliche Name dieser Tour stammt von Keramikmotiven auf den berühmtesten Produkten des Ortes. Der Aufstieg findet zwar zu großen Teilen im Wald statt, man hat aber immer wieder Aussicht. Der Rückweg bietet ständig einen herrlichen Panoramablick.

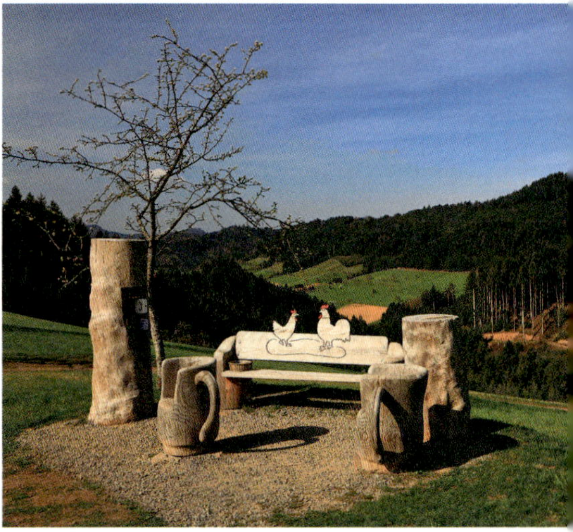

Wir gehen vom **Parkplatz** aus zum Bach und der bereits sichtbaren Hahn-und-Henne-Bank am Waldrand. Hinter dem Bach biegen wir am Wanderschild Bachwegle (265 m) links ab. Nun wandern wir, begleitet von zahlreichen Lehrpfadschildern, leicht ansteigend parallel zum Bach. Wir treffen auf einen festen Weg, dem wir nach links folgen.

Der Weg führt uns am Quarzbrunnen vorbei und wir haben immer wieder einen schönen Blick nach Hinterhambach. Nach einer Linkskurve geht es hinab zum Bach, wo wir auf die **Erholungsanlage** ❶ mit Wassertretstelle und Grillplatz treffen (270 m).

Vor der Wassertretstelle folgen wir dem scharf rechts abgehenden Pfad, der uns im Zickzack hinauf zur »Hühnerleiter«, einem Baumstamm mit Stufen, bringt. Hier biegen wir rechts ab in den Forstweg. Kurz danach an der Kreuzung vor der kleinen Lichtung folgen wir dem ansteigenden Weg zum Waldrand. Dort zieht er nach rechts und bietet uns über die Lichtung

Karte

Wanderkarte W239 Lahr/Schwarzwald, 1:25 000, Landesamt für Geoinformation und Landentwicklung Baden-Württemberg (LGL) in Zusammenarbeit mit dem Schwarzwaldverein e. V.

Linke Seite: Immer wieder sieht man das Symbol Hahn und Henne.

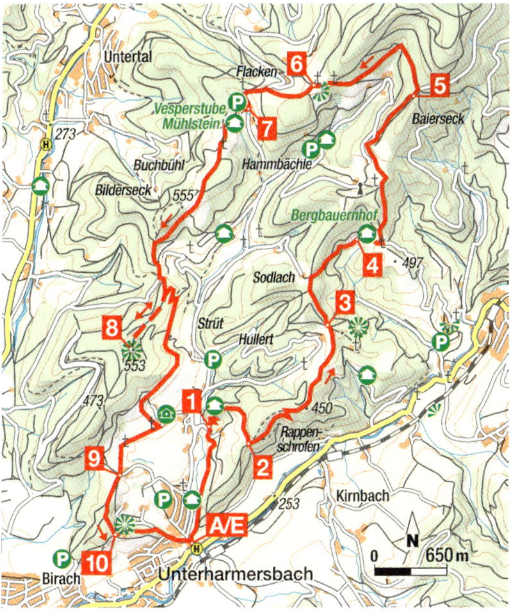

einen schönen Blick ins Tal. Danach treffen wir auf das Schild **Jägereckle** (385 m) **2**. Hier bietet sich uns ein Blick ins Harmersbachtal, außerdem gibt es einen Rastplatz mit Tisch und Bänken.

Wir biegen links ab und kommen in den Wald. Dort zweigt unser Weg als Pfad links ab und bringt uns hinauf zu einem Höhenrücken, wo wir uns rechts halten. Es geht vorbei am Schild Am Katzenschrofen (421 m). Etwas später müssen wir links abzweigen und kommen zu einem weiteren Hahn-und-Henne-Rastplatz. Rechts vom Anwesen Höllhaken wandern wir nun über die Wiese hinauf zum Waldrand und dort nach links. Nach einer Schaufassade erreichen wir das Schild **Höllhaken** (468 m) **3** und gehen geradeaus in den Wald. Beim Schild Sodlach Schottenhöfe (505 m) wenden wir uns nach rechts, nun fällt der Weg. Wir überqueren eine Kreuzung und kommen nach weiterem Bergab zum **Bergbauernhof (Bergkarlehof)** **4**. Wir wandern hinter den Gebäuden auf dem Zufahrtssträßchen bis zum Schild beim Bergbauernhof (485 m). Hier sehen wir auch einen alten Bildstock.

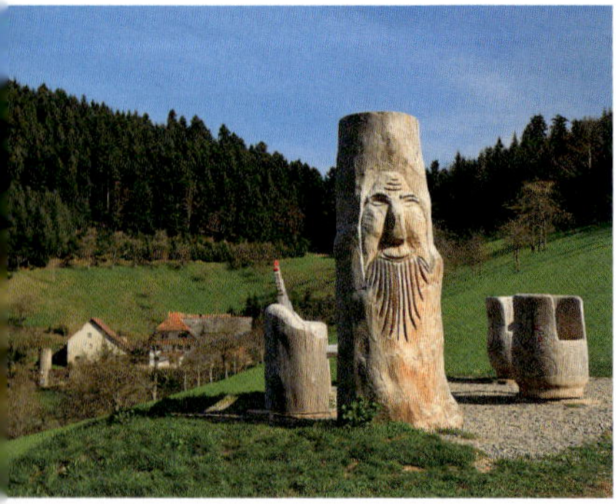

Hier lässt sich gut rasten.

Rechte Seite oben: Hahn und Henne vor einer grandiosen Aussicht

Rechte Seite unten: Alter Hof beim Vogt am Mühlsteineck

Wir biegen links ab und wandern im Wald zum Schild Reutegut (570 m). Hier gehen wir noch kurz geradeaus, dann oberhalb der Gebäude nach links über die Wiese. Am Schild Schottenhöfe Schlossacker (590 m) biegen wir rechts ab und stoßen etwas später auf das Schild **Täschenwasen** **5**. Hier haben wir den höchsten Punkt der Wanderung erreicht, ab jetzt verläuft der Weg fast nur noch bergab.

Kurz hinter dem Schild zweigen wir links ab. Bald darauf kommen wir zu einer Infotafel über die

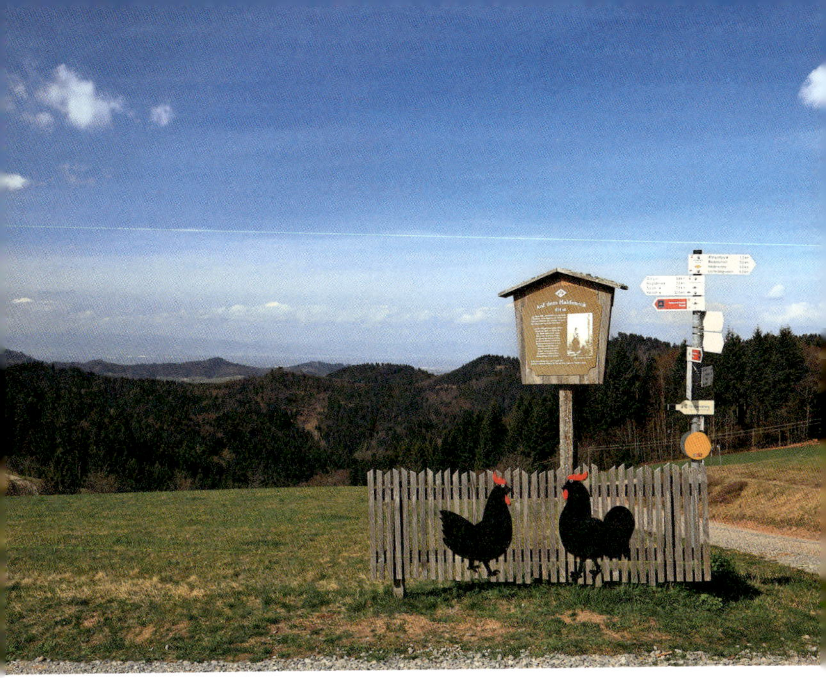

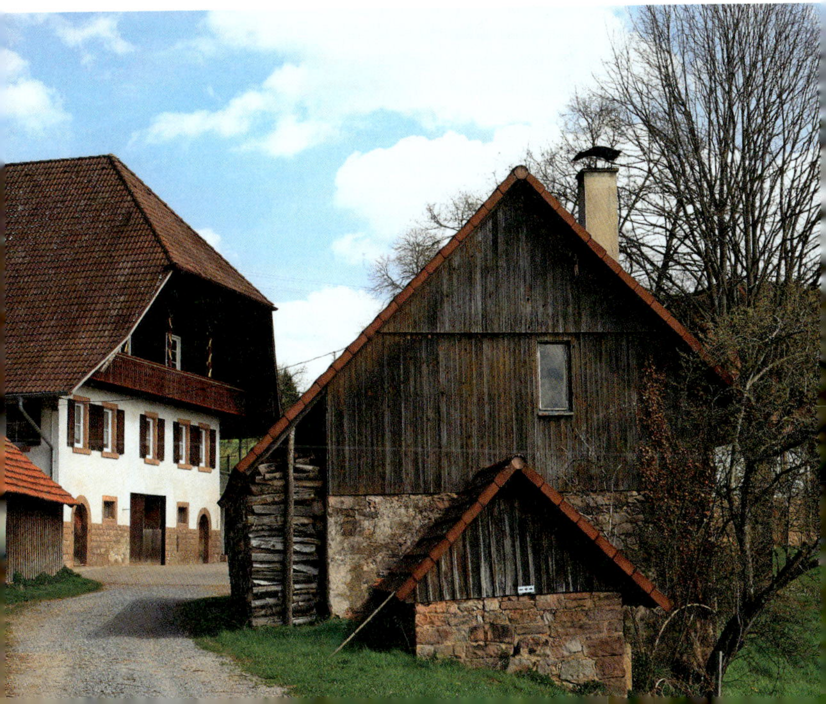

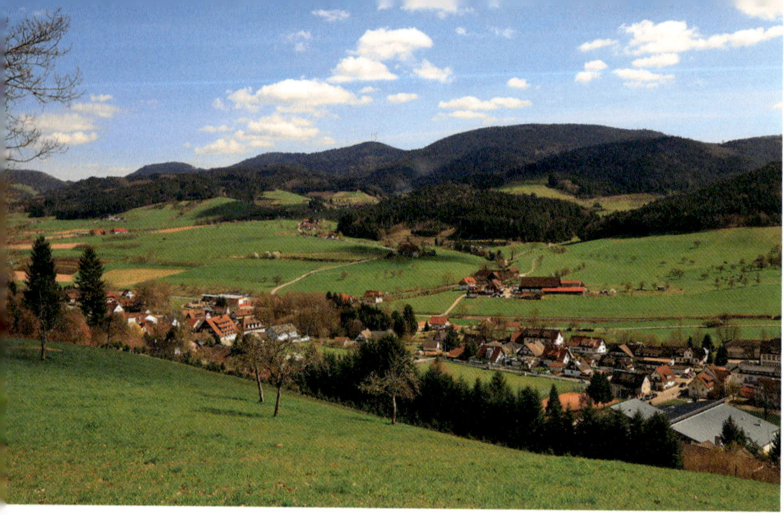

Landschaftsidylle pur könnte man dieses Bild mit einem Blick ins Tal benennen.

Schottenhöfe. Vorbei am Schild Fautzenwald (610 m) kommen wir zu einem Bildstock von 1825, danach verlassen wir den Wald und befinden uns auf einer großen Freifläche. Vor uns befindet sich das Schild **Haldeneck** (610 m) **6**. Von hier aus hat man einen prächtigen Blick Richtung Rheintal, außerdem laden Bänke zu einer ausgiebigen Rast in der Sonne.

Nun spazieren wir, ab jetzt auch mit einigen Infotafeln des Obstbrennerwegs, nach links weiter zu einem Sträßchen, es bringt uns in Gehrichtung zum Schild Mühlsteineck (560 m). Wir folgen der Straße nach links und kommen zur Vesperstube Vogt am Mühlsteineck. Dort biegen wir rechts ab.

Am nächsten Querweg halten wir uns links, vorbei am Schild Uf der Weid (504 m) und mit schönem Blick nach rechts ins Nordrachtal kommen wir zum Mostbänkle, einer umlaufenden Bank unter einem mächtigen Baum, und dem Schild **Wolfsdobel** (525 m) **7**. Hier behalten wir unsere Richtung bei. Am Schild Heugraben (490 m) biegen wir links ab und wandern zum Heugrabeneck (440 m). Hier orientieren wir uns kurz links und biegen vor der kleinen Schutzhütte rechts ab. Der Wanderweg zweigt gleich links ab und steigt ein letztes Mal etwas an. Kurz danach erreichen wir eine Verzweigung am Schild Überm Heugraben (470 m). Hier geht es zur Einkehrmöglichkeit **Kuhkopfhütte** 8 geradeaus weiter, danach kehrt man wieder hierher zurück.

Ansonsten biegen wir links ab. Dem Zeichen folgend, erreichen wir das Schild überm Strielparkplatz (430 m), wo wir rechts auf einen Pfad abzweigen. Er bringt uns hinab zu einem Forstweg, dem wir nach rechts folgen. Bald erreichen wir einen Rastplatz mit geschnitzten Figuren; hier kann man nach links zu einer Besenwirtschaft absteigen.

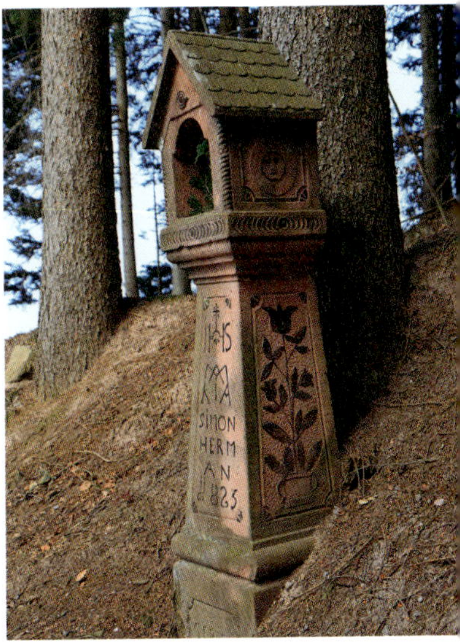

Unterwegs passieren wir diesen alten Bildstock.

Ansonsten folgen wir dem Pfad nach rechts in den Wald. Wir treffen auf einen breiten Forstweg, dem wir geradeaus folgen. An der Verzweigung gleich danach nehmen wir den linken, ebenen Weg, der uns als Panoramaweg mit prächtigem Blick oberhalb des Tales weiterführt. Bald passieren wir einen Stolleneingang eines ehemaligen Schwerspatabbaus.

Am Schild über Eck (360 m) biegen wir links ab, am Schild **Auf Eck** (353 m) 9 gehen wir geradeaus weiter. Vorbei am links liegenden Eckhof kommen wir zu einem querenden Weg, der von links vom Hof kommt. Hier halten wir uns rechts. Bald erreichen wir an einer Kreuzung das Schild **Eckwaldpavillon** (335 m) 10. Wir behalten unsere Richtung bei, gehen an dem hölzernen Pavillon vorbei und steigen steil ab zur ersten Wohnstraße. Dort biegen wir links ab, gleich danach rechts. Nun geht es hinab zu einem Spielplatz, hinter dem sich unser Ausgangspunkt befindet.

26 Viel Aussicht vom Brandenkopf

Durch den tiefen Wald zum Aussichtsturm

leicht | 8,7 km | 280 Hm | 2.40 Std.

Tourencharakter: Die Wanderung verläuft auf Forstwegen und Pfaden.

Tourenverlauf: Kreuzsattel – Steiglehütte – Brandenkopf – Bettelfrau – Hirzwasen – Kreuzsattel

Ausgangspunkt: Oberwolfach, Kreuzsattel, GPS-Koordinaten: 48.358210, 8.174013; Ausweichparkplätze finden wir am Platz Bettelfrau und bei der Steiglehütte.

Anfahrt ab Offenburg: Bus & Bahn: Keine Anreise mit dem ÖPNV möglich; Auto: B33 bis Biberach, dann L94 bis Unterharmersbach und in der Straße Hippersbach weiter nach Osten in den Wald, dort über die Bettelfrau zur Kreuzsattelhütte

Einkehr: Brandenkopf

Karte: Wanderkarte W239 Lahr/Schwarzwald, 1:25 000, Landesamt für Geoinformation und Landentwicklung Baden-Württemberg (LGL) in Zusammenarbeit mit dem Schwarzwaldverein e. V.

Information: www.oberwolfach.de

Schon die Anfahrt durch das Erzenbachtal mit seinem mäandernden Bächlein und den alten Höfen ist interessant. Der aussichtsreiche Brandenkopfturm steht inmitten tiefer Schwarzwaldwälder mit hohen, dunklen Tannen.

Wir folgen vom Kreuzsattel (735 m) mit der **Kreuzsattelhütte** – sie wurde 1926 auf den Überresten einer älteren Schutzhütte erbaut – zuerst dem Sträßchen. Kurz danach knickt es am Wanderschild **Am Reiherskopf** (750 m) rechts ab. Etwas später zweigen wir mit dem Wanderzeichen des Westwegs rote Raute rechts ab auf einen Forstweg. Nun geht es ziemlich eben dahin bis zu einer Verzweigung.

Hier nehmen wir den linken sanft ansteigenden Gründlesweg. Er bringt uns zur **Steiglehütte** (1), wo es ebenfalls eine Parkmöglichkeit gibt. Wir wandern links

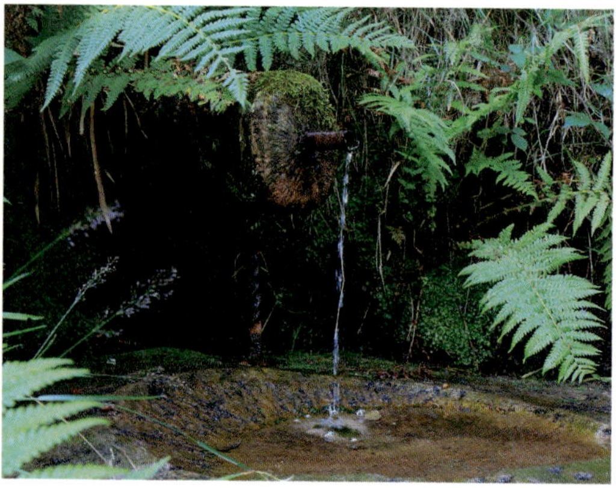

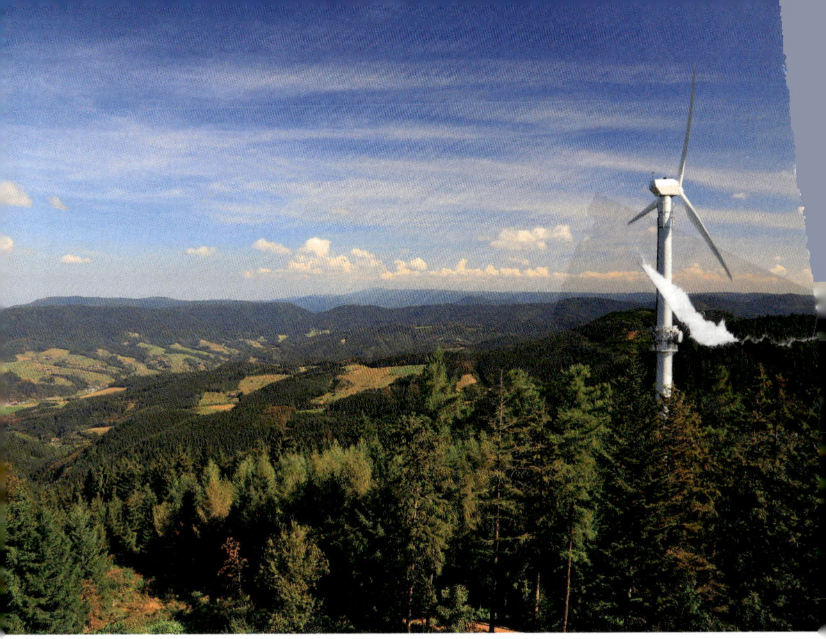

der kleinen Hütte im Fahrlehenkopfweg weiter bergauf. Kurz danach kommen wir am Schild Steiglehütte (790 m) vorbei, danach am Schild Spitzbrunnen (835 m). Wir wandern weiter bis zu einem Windrad, kurz vor ihm oder bei ihm

Blick vom Brandenkopfturm

Linke Seite: Kleiner Brunnen am Wegrand

Bettelfrau

Die Bettelfrau jagte der Sage nach insbesondere den Wallfahrern aus Oberharmersbach nach, die über die Passhöhe kamen und nach Maria Einsiedeln in der Schweiz wollten. Sie fand jedoch ihre Ruhe, als ein Mann einmal für sie in der Wallfahrtskirche eine Messe lesen ließ. Eine andere Sage erzählt, dass es sich um eine Frau handelte, die hier im Winter erfror.

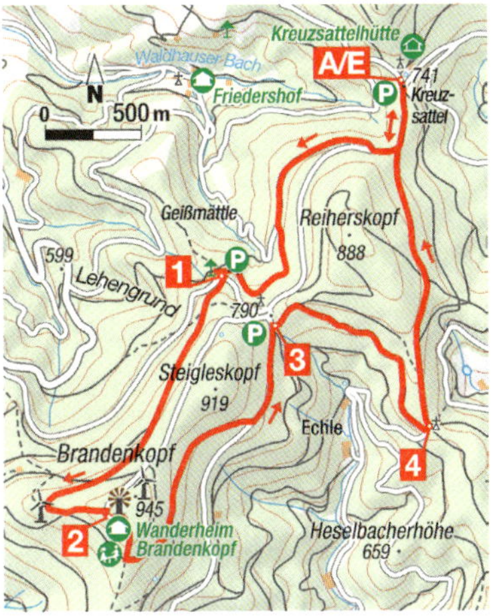

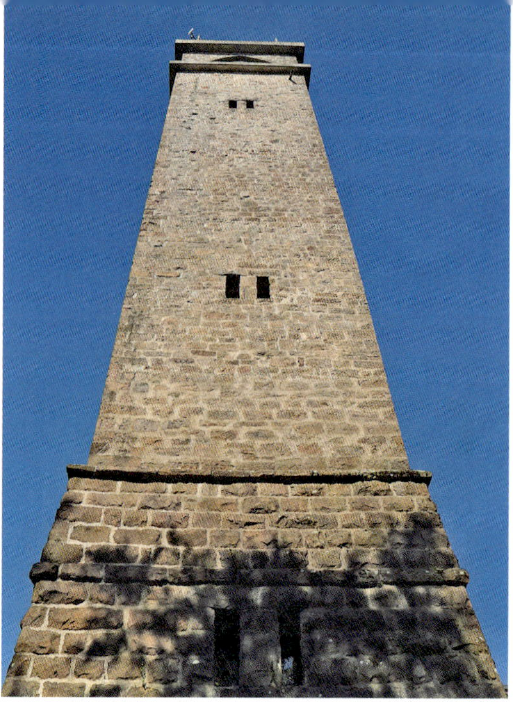

Beeindruckend: Der Brandenkopfturm von unten erinnert an einen wehrhaften Bergfried.

biegen wir mit der roten Raute links ab. Wir passieren das Schild Fahrlehenkopf (910 m) und wandern in wenigen Minuten hinauf zum **Aussichtsturm** 2 und zur Gaststätte.

Anschließend wandern wir zwischen dem Turm und dem Sendemast mit der roten Raute auf einem steinigen Pfad bergab zum Schild **Oberer Brandenkopf Weg** (920 m). Hier halten wir uns mit dem Zeichen in den zweiten Weg von links in Richtung »Bettelfrau«.

Er führt uns immer bergab, vorbei an einem Brunnen, zum Schild Am Steigleskopf (820 m). Dort treffen wir auf einen Forstweg, dem wir in Gehrichtung folgen. Am Schild **Bettelfrau** (805 m) 3 wenden wir uns nach rechts in Richtung »Hirzwasen«.

Gleich darauf an der Rechtskurve haben wir zwei Möglichkeiten: Entweder wir wandern auf dem lin-

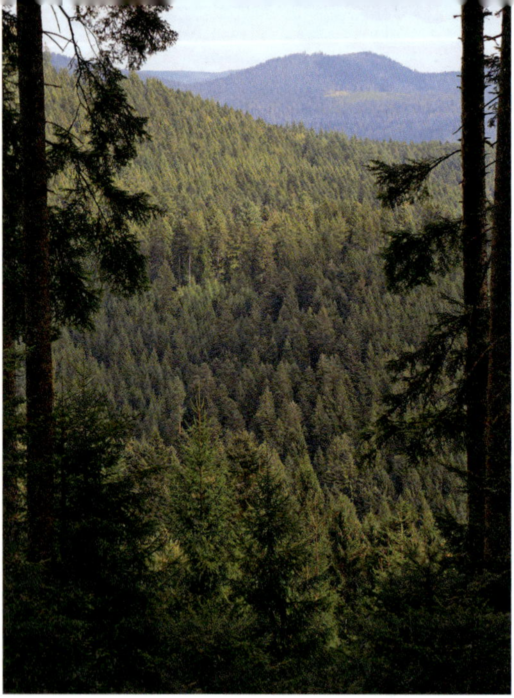

Auch vom Weg bieten sich Blicke auf die ausgedehnten Wälder.

ken Forstweg weiter oder wir zweigen mit dem Zeichen rechts ab auf einen Pfad. In beiden Fällen kommen wir hinab zum Schild **Hirzwasen** (725 m) 4.

Hier nehmen wir den zweiten Weg von links, den unbefestigten, links neben dem durch ein Fahrverbot gekennzeichneten Weg. Er steigt anfangs steil an. Später trifft er wieder auf den rechts verlaufenden Weg, aber auch hier gehen wir mit der roten Raute weiter auf dem linken Weg. Es steigt wieder an, danach geht es hinab zum bekannten Schild Am Reiherskopf. Geradeaus sind wir kurz darauf wieder am Kreuzsattel.

Brandenkopf

Der Brandenkopf hieß ursprünglich Varn-Lehenkopf, erhielt jedoch den Namen Brenntenkopf, nachdem 1730 ein gewaltiger Waldbrand 50 Morgen Wald vernichtet hatte. Der erste hölzerne Aussichtsturm wurde 1905 errichtet und 1929 durch den heutigen 33 Meter hohen Turm ersetzt. Von ihm aus hat man einen weiten Blick, von den Vogesen über die Berner Alpen bis hin zur Schwäbischen Alb. Von Zell aus führte der erste Naturlehrpfad Deutschlands hinauf zu seinem Gipfel. Das Brandenkopfhaus stammt von 1983. Seit 1971 gibt es den benachbarten 125 Meter hohen Fernsehturm.

27 Panoramawege um St. Roman

Start bei der Wallfahrtskirche

leicht | 7,5 km | 200 Hm | 2.15 Std.

Tourencharakter: Wir wandern auf festen Wegen.

Tourenverlauf: Wallfahrtskirche – Teufelstein – Abrahamsbühl – Hohe Tanne – Kohlplatz – Benzenhof – St. Roman – Wallfahrtskirche

Ausgangspunkt: Wolfach-St. Roman, Wallfahrtskirche, St. Roman 9, GPS-Koordinaten: 48.331697, 8.294259

Anfahrt ab Offenburg: Bus & Bahn: Keine Anreise mit dem ÖPNV möglich; Auto: Auf der B33 über Biberach nach Haslach im Kinzigtal, weiter auf der B294, vor Lehengericht nach Norden nach St. Roman

Einkehr: Benzenhof, St. Roman

Karte: F504 Freudenstadt, 1:50 000, Landesamt für Geoinformation und Landentwicklung Baden-Württemberg (LGL)

Information: www.wolfach.de

Immer wieder hat man von dem Weg um die kleine ehemalige Wallfahrtssiedlung St. Roman einen schönen weiten Blick auf die Umgebung, zuerst von der Kirche aus, dann nach einer Wanderstrecke im Wald im letzten Drittel der Tour.

Wir folgen von der **Kirche** aus dem Weg in den Wald. Es steigt immer sanft an, bis wir den **Teufelstein** (750 m) ❶ erreichen. Hier wandern wir geradeaus weiter, nun fällt der Weg etwas. Bald geht es auf einem Asphaltsträßchen weiter und wir erreichen das Schild **Abrahamsbühl** (680 m) ❷. Hier lebte im ehemaligen fürstenbergischen Forsthaus, hervorgegangen aus dem Leibgeding des Heuwichandresenhofes, der Beiförster Josef Anton Fürst von 1841 bis zu seinem Tod 1893.

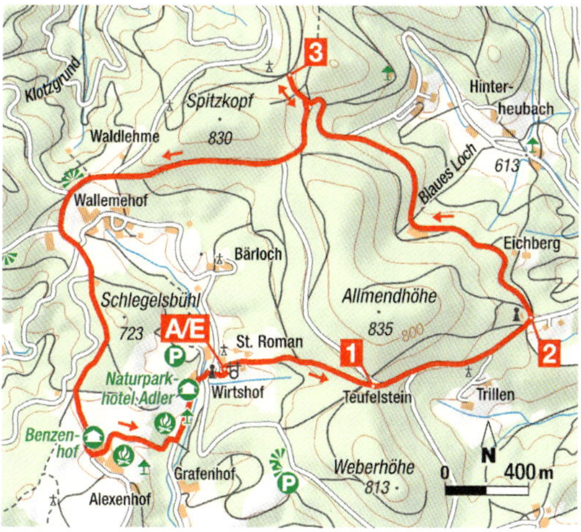

Dahinter biegen wir links ab. An der Verzweigung nehmen wir mit dem Wanderzeichen gelbe Raute den linken Asphaltweg, der durch eine Schranke gesichert ist. Er geht bald in einen Schotterweg über. Nach einer Weile haben wir einen Blick nach rechts über die Wälder.

Unser Weg mündet in einen Querweg, dem wir nach links aufwärts folgen. Danach beschreibt er eine enge Schleife. Bald zweigt der mit der gelben Raute markierte Weg rechts ab, wir gehen aber mit der blauen Raute geradeaus weiter. Nach rechts können wir aber einen kurzen Abstecher zur **Hohen Tanne** 3 machen. Dieser etwa 45 Meter hohe Baum auf der Passhöhe zwischen dem Heubach- und dem Tiefenbachtal stammt aus der Zeit vor 1800.

Teufelstein

Der etwa sechs Kubikmeter große Teufelstein geht auf den Bau der Kirche in St. Roman zurück. Als der Teufel nämlich den Kirchenbau bemerkte, war er derart erbost, dass er die Kirche mit dem größten Stein, den er finden konnte, zerstören wollte. Da kam jedoch der Herrgott vorbei und markierte diesen Stein mit drei Kreuzen. Daraufhin wurde er so schwer, dass ihn der Teufel trotz aller Anstrengung nicht mehr anheben konnte. Sogar seine Fingerabdrücke sollen heute noch im Stein zu sehen sein.

Wie im Schwarzwald üblich sieht man auch hier große Höfe in Einzellage auf Rodungsinseln.

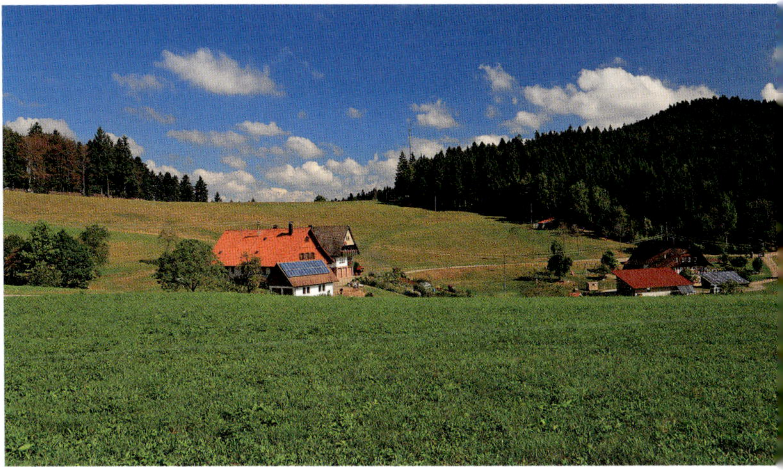

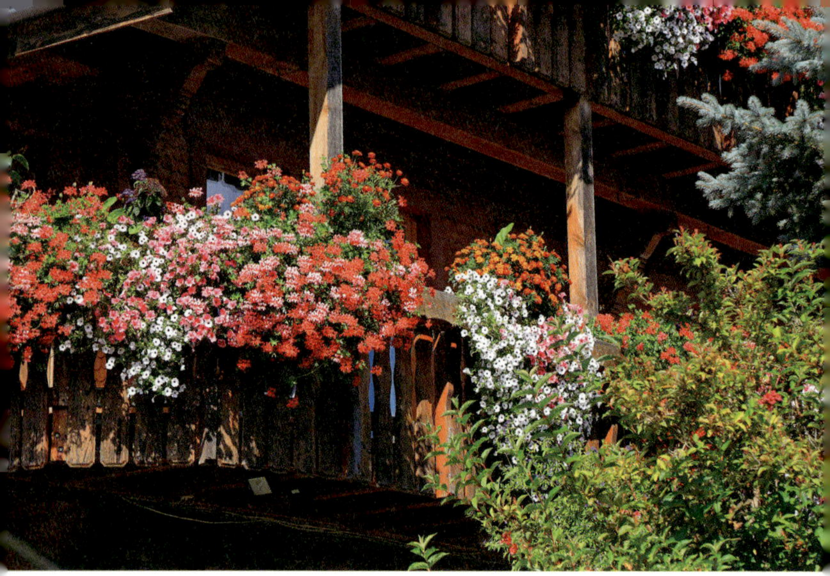

Viele Bauernhöfe erfreuen durch Balkone mit reichem Blumenschmuck.

Wir kommen bald am Schild Vorder Hals (762 m) vorbei, wo wir geradeaus weiterwandern. Mit leichtem Bergab erreichen wir den Waldrand. Hier steht rechts das Schild Kohlplatz (725 m). Nun haben wir nach rechts und links über die Freifläche einen schönen, weiten Ausblick.

Wallfahrtskirche

Die Wallfahrtskirche, die auch am Jakobsweg liegt, wird 1360 erstmals als Filialkirche von Wolfach erwähnt und 1784 zur Pfarrkirche. Sie besitzt sehenswerte Objekte aus Holz, nicht nur Skulpturen, sondern auch der Altartisch ist aus einem Wurzelstock gefertigt. Das gotische Sandsteinsakramentshäuschen an der Wand trägt die Jahreszahl 1481. Der Kirchenpatron St. Roman soll Mädchen geholfen haben, einen Mann zu finden, und so erhielt die Kirche am Tag des Heiligen, am 9. August, früher auch Besuch von älteren »Mädchen«. Der Spruch dazu hieß: »Suchst Du einen Mann, wallfahr nach St. Roman.« Das heutige Bauwerk stammt von 1922, der Turm von 1902. An der Kirchendecke sieht man die Hofzeichen der Bauern der Umgebung, die beim Bau durch Mitarbeit und Spanndienste geholfen haben. An der Außenwand ist ein Gedenkstein an den Heubacher Beiförster Josef Anton Fürst angebracht, der hier mit seiner Frau und einigen seiner 13 Kinder begraben ist. Ihn hat der Schwarzwälder Volksschriftsteller Heinrich Hansjakob als »Fürst vom Teufelstein« literarisch verewigt.

Wir gehen geradeaus über den Sattel zum Waldrand. Dort biegen wir am Schild St. Romaner Höhe (725 m) links ab. Gleich darauf wandern wir am Schild Jehlebasche (715 m) vorbei und kommen hinab zum Schild Jehlebasche Höhe (705 m).
Wir spazieren nun auf den Waldrand zu, wo wir das Schild **Schlegelsbühl** (715 m) sehen. Wir gehen geradeaus in den Wald hinein. Kurz darauf folgen wir an der Verzweigung der gelben Raute nach rechts in Richtung »Benzenhof«. Nach etwas Bergab verlassen wir den Wald. Am Schild Staigersattel (682 m) wandern wir geradeaus weiter zum bereits sichtbaren Benzenhof.
Zwischen den Häusern steht bei der allgemein nutzbaren Wassertretanlage das Schild **Eckenhöfe Benzenhof** (675 m). Hier halten wir uns links und wandern auf der Zufahrtsstraße hinab zu der Querstraße, die nach St. Roman führt. Nun wenden wir uns nach links und spazieren am Wildgehege und am Hotel vorbei zum Schild St. Roman Adler (642 m). Nach rechts geht es hinauf zur Kirche.

Blick zur Kirche

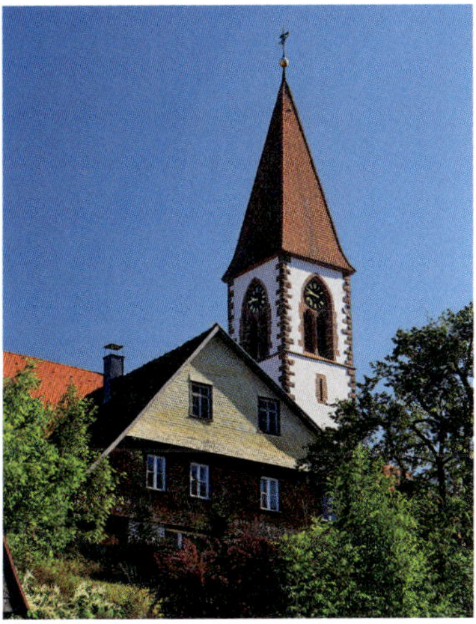

Heinrich Hansjakob

Der Volksschriftsteller Heinrich Hansjakob besuchte 1896 auch St. Roman, wobei er im Gasthaus Adler einkehrte. Damals war der Wirt der ehemalige Bachvogt aus der Zeit der Flößerei auf dem Heubach. Hansjakob schrieb über ihn, dass er »Vater von 24 lebendigen Kindern« war. Der aus Haslach stammende Hansjakob war auch Pfarrer in Hagnau am Bodensee und in Freiburg. Er war außerdem politisch tätig. Ihm ist der 54 Kilometer lange Hansjakobweg gewidmet, der auch durch St. Roman führt.

28 Hausacher Bergsteig

Mit Auf und Ab

schwer 13,5 km | 760 Hm | 4.30 Std.

Tourencharakter: Wir wandern auf Forstwegen und Pfaden; teilweise sind die Wege recht steil.

Tourenverlauf: Hausach/Parkplatz Wassertretstelle – Ruine Husen – Hauserbach – höchste Stelle – Winterleshof – Kreuzkapelle – Parkplatz

Ausgangspunkt: Hausach, Parkplatz Wassertretstelle, Ende Kreuzbergweg, GPS-Koordinaten: 48.279734, 8.163547

Anfahrt ab Offenburg: Bus & Bahn: Bahn nach Hausach; Auto: B33 bis Haslach im Kinzigtal, dann B294 bis Hausach

Einkehr: Hausach

Karte: Wanderkarte W239 Lahr/Schwarzwald, 1:25 000, Landesamt für Geoinformation und Landentwicklung Baden-Württemberg (LGL) in Zusammenarbeit mit dem Schwarzwaldverein e. V.

Information: www.hausach.de

Als erste Attraktion erwartet uns die Ruine Husen hoch über Hausen. Dann geht es immer auf und ab, Aussichtspunkte und weite Waldgebiete wechseln sich ab und immer wieder sieht man in Lichtungen alte typische Schwarzwälder Bauernhöfe.

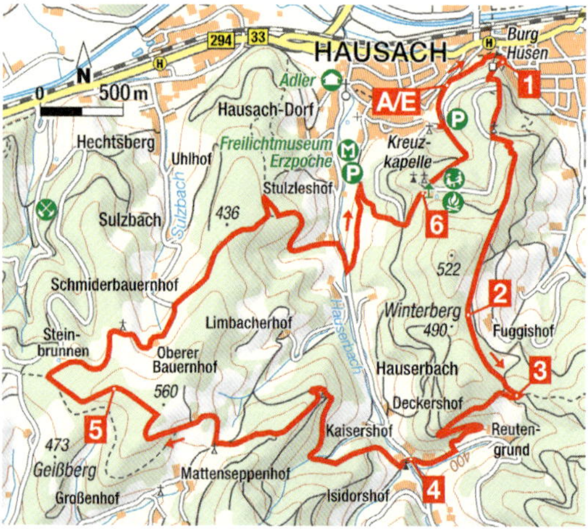

Am **Parkplatz** sollten wir uns zuerst das im historischen Stil errichtete ehemalige Wasserreservoir (275 m) ansehen, dann spazieren wir kurz auf dem Anfahrtsweg zurück, zweigen aber gleich danach rechts ab. Etwas später sind wir bei der **Ruine Husen** ❶, die wir links umgehen. Der Weg führt uns ansteigend auf die Rückseite der Anlage, von wo man sie betreten kann. Von ihr aus sieht man schön hinab nach Hausen.

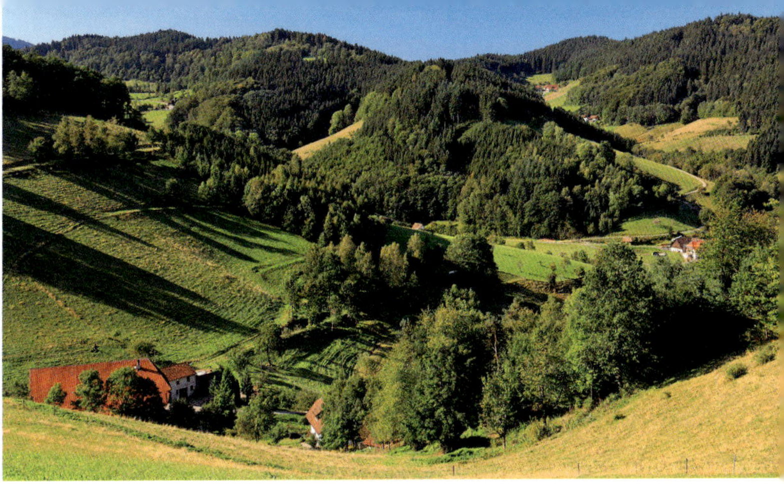

Danach folgen wir den Schildern, die uns den Weg in den Wald und dort steil bergauf weisen. Immer dem Pfad folgend, kommen wir zu einem Forstweg, auf dem wir nach links gehen. Wir wandern am Schild oberhalb Burg Husen (320 m) vorbei, gleich danach an der Rechtskurve zweigen wir links ab. Nun steigt es an bis zu einem Spielplatz, von dort aus geht es hinab zu einer Kreuzung und einem Kruzifix. Hier halten

Die Landschaft ist mit einer Mischung aus Tälern mit Wiesen und bewaldeten Höhen lebhaft modelliert.

Ruine Husen/Hausach

Die Lage der 1246 erstmals erwähnten Ruine Husen/Hausach war von den Bewohnern hervorragend gewählt, denn sie gewährt einen weiten Blick ins Kinzigtal. Da sie an der engsten Stelle der Umgebung liegt, konnte man von ihr aus gut das Tal sperren. Deshalb wurde die Anlage auch im 17. Jahrhundert in eine Schanzenanlage einbezogen; sie bestand aus einer viereckigen Schanze links und einer sternförmigen Schanze rechts der Kinzig. Die im zwölften Jahrhundert erbaute Burg gehörte erst den Grafen von Freiburg und kam 1303 als Heiratsgut der Gräfin Verena von Freiburg bei ihrer Hochzeit mit Graf Heinrich II. aus Wolfach zusammen mit der Stadt an das Haus Fürstenberg. Die heutige Burg wurde 1453 bis 1477 von Graf Heinrich VI. von Fürstenberg errichtet. Heinrich war auch der einzige Fürstenberger, der längere Zeit in der Burg gewohnt hat. Als Kaiser Maximilian I. 1504 die Fürstenberger besuchte, weilte er auf der Burg. Während des Dreißigjährigen Krieges wurde die Burg 1632 verbrannt, aber wiederaufgebaut und dann 1643 abermals zerstört. 1896 hat man den Turmhelm abgenommen und die Zinnenkrone aufgesetzt.

wir uns am Schild Schmids Wanderecke (350 m) links und folgen dem ansteigenden Pfad. Wir treffen bald auf einen querenden Forstweg an seiner Kurve, stoßen aber kurz danach wieder auf den Forstweg, dem wir nach rechts folgen.

Etwas später verlassen wir den Wald und wandern durch die Weiden, wobei wir links unten den Fuggishof und im Hintergrund den Farrenkopf sehen. Bei der Verzweigung am Waldrand und dem Schild überm **Fuggishof** (450 m) 2 halten wir uns rechts, zweigen aber gleich links ab auf den in den Wald führenden Pfad.

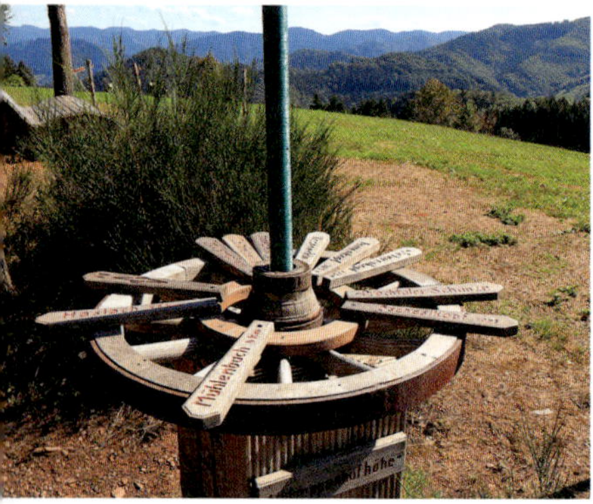

Auf der Uhlseppenhofhöhe wird mit dieser Konstruktion angezeigt, was man in welcher Richtung sieht.

Er bringt uns zu einem Platz mit der Skulptur »Stadtkapelle«, an der verschiedene hölzerne, teilweise aus dem Wald gewonnene Musikinstrumente angebracht sind. Hier folgen wir dem Weg weiter und kommen zum Schild Haseneckle (490 m), wo wir scharf rechts abbiegen und zu einer **Freifläche** 3 kommen. Hier haben wir einen schönen Blick auf die Ansiedlungen Reutegrund und Hauserbach.

Wir nehmen nun den geradeaus führenden Naturweg, der uns sanft abwärts in den Wald bringt. Dort treffen wir auf einen querenden Forstweg, der uns nach links bis kurz vor den Hof Reutegrund führt. Dort werden wir nach rechts verwiesen und kommen nach einem abschließenden Linksknick zur Straße, der wir nach rechts nach Hauserbach folgen.

Dort gehen wir an der Kreuzung zwischen der links oben liegenden Kapelle und **Haus Nr. 52** 4 auf der rechten Seite weiter. Vor dem Klausmannshof biegen wir rechts ab. Der Weg steigt nun wieder an, wir

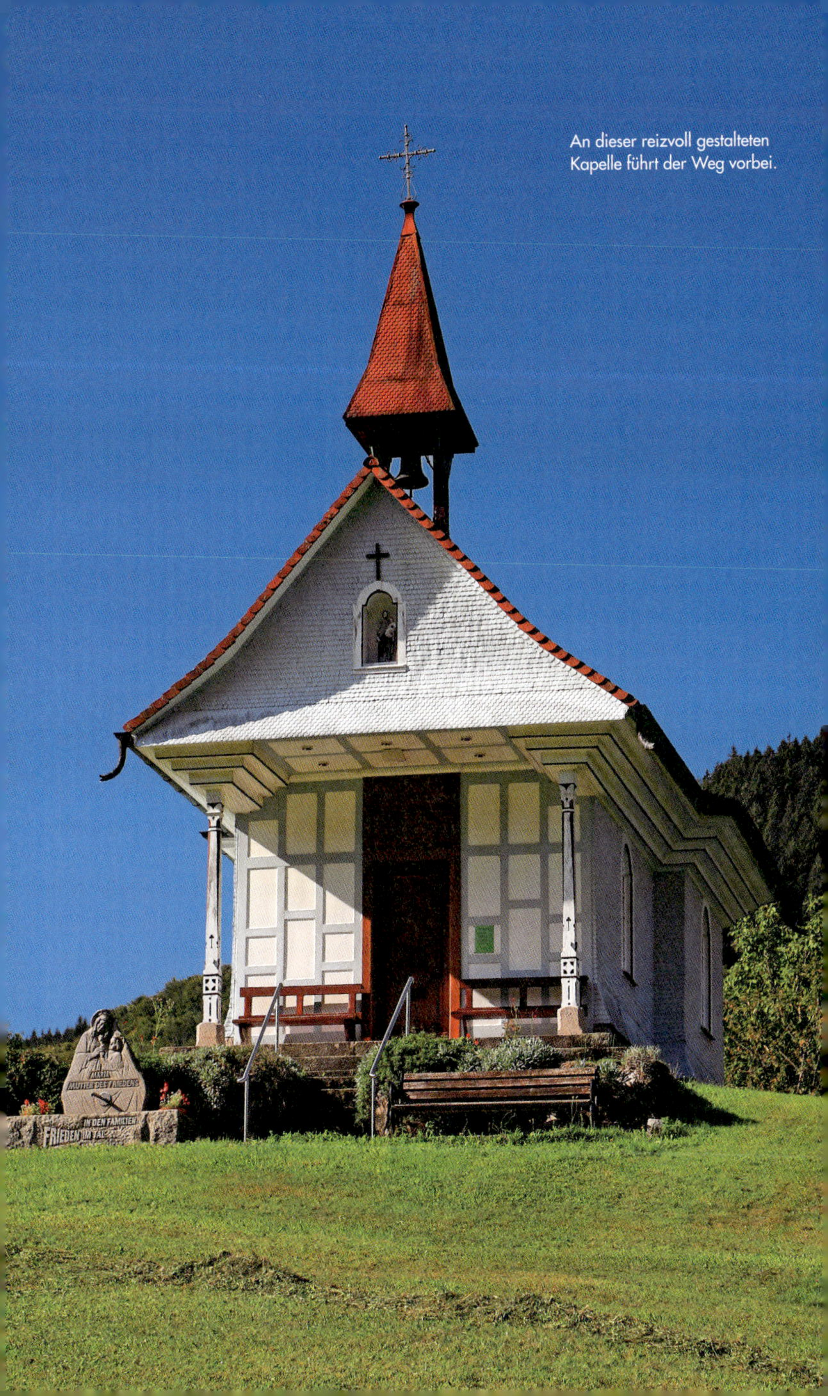

An dieser reizvoll gestalteten Kapelle führt der Weg vorbei.

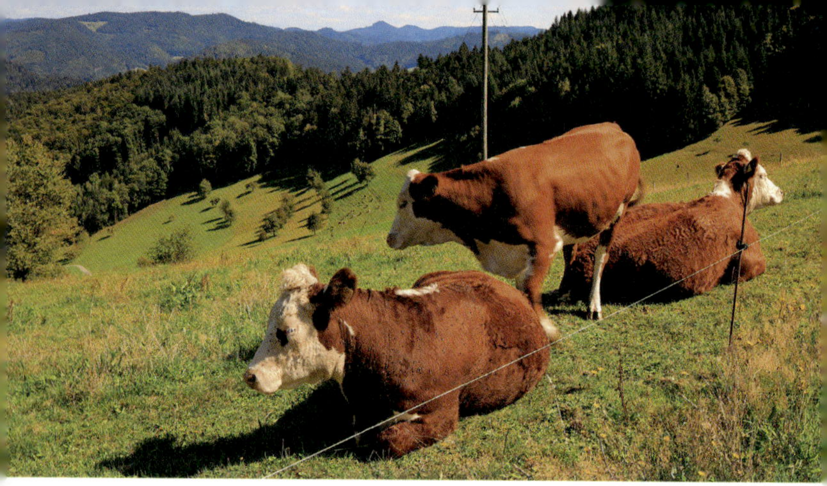

Kühe auf der Weide sind immer ein beruhigender Anblick – und hier sogar mit herrlicher Fernsicht.

kommen an einem alten Haus vorbei und zweigen an der Linkskurve des ausgewaschenen Güterwegs rechts ab auf einen Pfad. Er führt uns zu einem geschotterten Forstweg, dem wir nach links aufwärts folgen. Die Zeichen führen uns nun bis zu einem querenden Forstweg, auf den wir an seiner u-förmigen Kurve treffen. Wir gehen nach rechts bergab. Nach dem Wald wandern wir zwischen Weiden zum Schild überm Mattenseppenhof (487 m).

An dem querenden Weg bei dem Kruzifix gehen wir nach rechts bergauf. Nach einer Feldscheune zieht der Weg nach rechts, wir wandern aber auf dem Großen Eckweg geradeaus weiter. An der nächsten Verzweigung steigen wir auf dem rechten geradeaus bergauf ziehenden Fichtenwaldweg an. Er zieht vor dem Wald nach rechts und bringt uns zur höchsten Stelle dieser Wanderung, der **Uhlseppenhofhöhe** (558 m) **5**, wo manchmal eine Fahne weht und hölzerne Pfeile anzeigen, was man in der Umgebung sieht.

Hier biegen wir links ab und wandern durch den Wald leicht abwärts. Nach einer Rechtskurve treffen wir auf einen breiten Forstweg. Es geht geradeaus bergab, wir kommen zum Schild über Ried (519 m) und biegen rechts ab. Nun umgehen wir einen Wiesenhang mit einer weiten Linkskurve und zweigen vor dem Wald rechts ab. Wieder durch Weiden und mit schönem Blick zum Brandenkopf kommen wir zu einem Kruzifix. Danach wandern wir am **Mathesenhof/Oberen Bauernhof** vorbei. Ein Asphaltsträßchen bringt uns hinab zu einer Linkskurve, hier zweigen wir rechts ab auf einen Schotterweg.

Wir kommen in den Wald, wo wir erst geradeaus weiterwandern, dann geht es steil bergab. Anschließend zweigen wir links ab. Ein Pfad führt uns zu einem Schotterweg, dem wir nach rechts folgen. Gleich darauf biegen wir links ab auf einen unbefestigten, breiten Weg. Am folgenden Querweg halten wir uns links, weiter steil bergab. Kurz darauf kann man nach links einen Abstecher zu einem Aussichtspunkt und einem »Waldsofa« machen.

Nach dem Wald wandern wir auf einem Asphaltweg auf einige Häuser zu. An dem asphaltierten Quersträßchen beim Alten Schulhaus biegen wir rechts ab, vor den nächsten Häusern werden wir nach links verwiesen. Wir wandern nun durch eine Wiese, vorbei am **Rastplatz Mühlenweiher**. Es geht am Waldrand entlang, dann werden wir scharf rechts und steil nach oben geleitet. Kurzfristig verlassen wir den Wald und wandern an seinem Rand weiter nach oben, dort geht es im Wald weiter.

An einem Querweg spazieren wir nach links zu einer Kreuzung mit dem Schild Kreuzberg (355 m); hier wandern wir geradeaus weiter. Bald liegen rechts des Weges ein Spielplatz und eine Hütte, nach links weist ein Schild zur **Kapelle** 6 und zu einem Aussichtpunkt. Die Kapelle wird aber vermutlich verschlossen sein und die Aussicht ist zugewachsen. Der Weiterweg führt rechts dieses Abzweigs steil bergab, zurück zum Ausgangspunkt.

29 Zum Urenkopfturm

Zweimal Aussicht und eine Gedenkstätte

mittel	11 km	570 Hm	3.30 Std.

Tourencharakter: Die Wanderung verläuft meist auf gut zu gehenden Naturwegen, einzelne Wegabschnitte wie eine Passage vor der Teufelskanzel auf schmalen Pfaden, die direkt am steilen Hang entlangführen.

Tourenverlauf: Haslach/Parkplatz Urenkopfturm – Urenkopfturm – Bannstein – Teufelskanzel – rotes Kreuz – KZ-Gedenkstätte – Parkplatz

Anfahrt ab Offenburg: Bus & Bahn: Bahn bis Haslach im Kinzigtal, dann zu Fuß weiter; Auto: B33 bis Haslach, dann weiter auf der B294

Einkehr: Gaststätte Waldsee

Karte: Wanderkarte W239 Lahr/Schwarzwald, 1:25 000, Landesamt für Geoinformation und Landentwicklung Baden-Württemberg (LGL) in Zusammenarbeit mit dem Schwarzwaldverein e. V.

Information: www.haslach.de

Der Urenkopfturm bietet eine prächtige Aussicht auf das Kinzigtal, zu den Vogesen und über den Schwarzwald. Am Schluss kommen wir an einer KZ-Gedenkstätte vorbei, die an die dunkelsten Zeiten deutscher Geschichte erinnert.

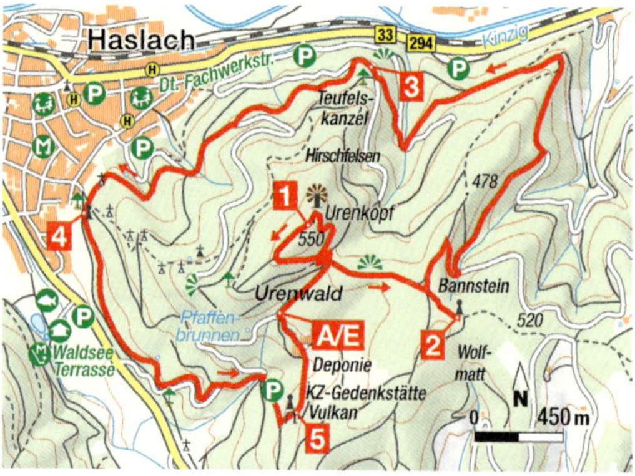

Gegenüber dem **Parkplatz** führt mit der gelben Raute ein steil ansteigender Pfad hinauf in Richtung »Urenkopfturm«. Am nächsten Querweg halten wir uns links und wandern weiter aufwärts. An der mit Tisch und Bänken versehenen Kreuzung mit dem Schild **Bohnacker** (471 m) biegen wir später nach unserer Rückkehr vom Turm – aus Anstiegsrichtung gesehen – rechts ab, jetzt aber gehen wir geradeaus weiter. Gleich darauf werden wir nach links verwiesen und kurz danach können wir den rechts abgehenden schmalen Pfad oder den einfacheren, aber etwas längeren Weg zum »**Urenkopfturm**« nehmen, den wir dann auch bald erreichen ❶.

Vom Turm aus gehen wir auf einem der beiden Wege zurück zum Schild Bohnacker, nun halten wir uns links in Richtung »Bannstein«. An der Verzweigung mit der einfachen steinernen Bank und dem kleinen Kruzifix nehmen wir den rechten Weg. Etwas später kommen wir zu einer Kreuzung, wo wir der gelben Raute nach links folgen. Zuerst machen wir aber einen kurzen Abstecher geradeaus zum **Bannstein** (515 m) 2.
Danach gehen wir zurück zur Kreuzung, wo es jetzt nach rechts sanft bergab führt. Wir wandern vorbei

Blick durch das Kinzigtal

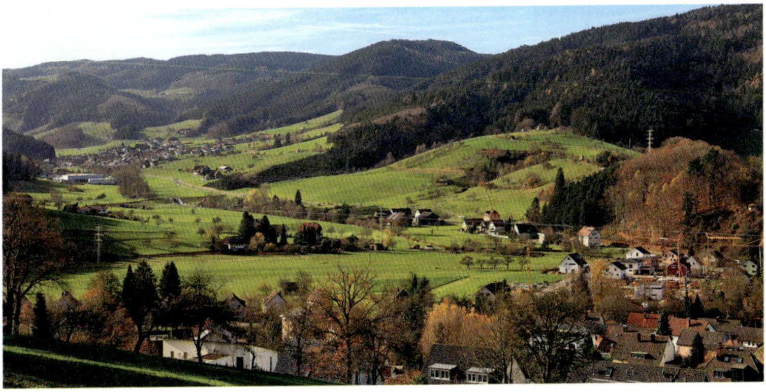

am Schild Rotweinbänkle (500 m), etwas später folgen wir der gelben Raute nach links in Richtung »Teufelskanzel«. Nun geht es auf einem schmalen Pfad, dem sogenannten Wildererpfad, bergab. Zeitweise führt der Pfad am Steilhang entlang. Nach einem Linksknick halten wir uns mit dem Zeichen an einem Querweg links. Am Schild **Stimmel** (316 m) gehen wir links weiter. Der Weg wird vorerst etwas breiter, dann

Ausgangspunkt

Haslach im Kinzigtal, Parkplatz Urenkopfturm/KZ-Gedenkstätte, GPS-Koordinaten: 48.267517, 8.109339; falls der relativ kleine Parkplatz belegt ist, kann man auf den Parkplatz Waldsee ausweichen. Danach folgt man der B294 nach Süden, überquert sie nach der Gaststätte Waldsee, trifft auf das Wanderschild Panoramaweg/Rotkreuzweg und folgt der Wegbeschreibung.

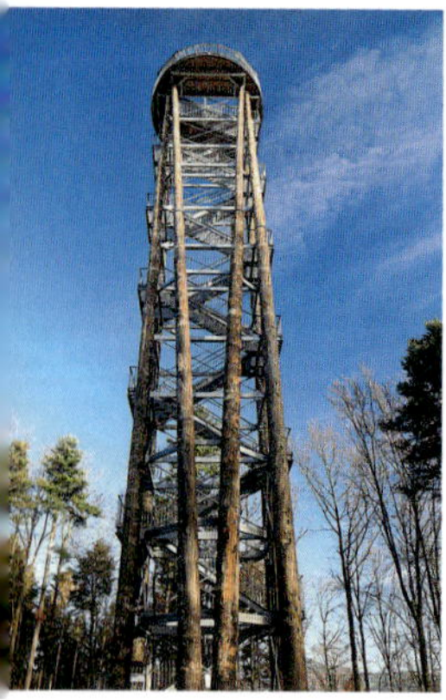

Urenkopfturm

Hoch über Haslach liegt auf 554 Metern Höhe auf der höchsten Stelle der Markung der 34 Meter hohe Urenkopfturm, den man schon vom Kinzigtal aus gut sieht. Der Name des Berges bzw. des Urenwalds kommt von »mooriger, sumpfiger Wald«. Der Turm hat vier senkrechte Hauptstützen aus Douglasienstämmen und steht auf einer 90 Zentimeter dicken Stahlbetonfundamentplatte. Wenn man die 183 Stufen erklommen hat, bietet die Aussichtsplattform eine umfassende Rundumsicht; im Blickfeld liegen die Vogesen, Kandel, Feldberg, Hörnleberg und Brandenkopf.

weist uns die Beschilderung nach links wieder auf einen schmalen Pfad.

Nach einer Rechtskurve treffen wir auf einen breiten Forstweg. Wir halten uns kurz rechts, zweigen aber gleich darauf an der Rechtskurve links auf einen Pfad ab. Bald erreichen wir das Schild Teufelskanzel (330 m). Wir gehen hier zwar geradeaus weiter,

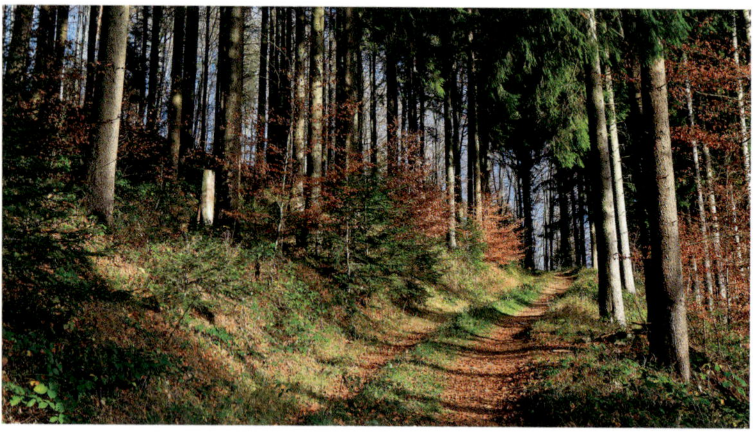

Solch einen schönen Waldweg wünscht man sich immer.

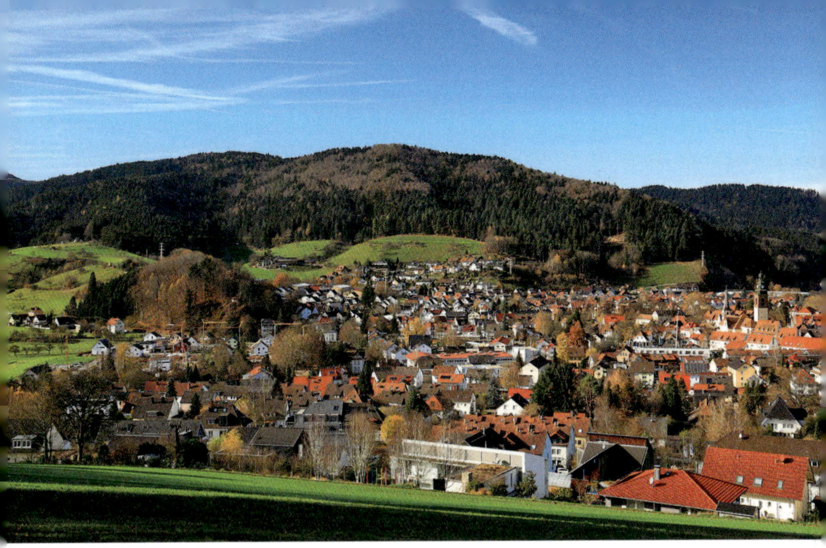

sollten aber den kurzen Abstecher nach links, dann nach rechts hinauf zum »Aussichtsfelsen« und zu der **Holzhütte** (350 m) 3 machen. Von oben sehen wir hinab ins Kinzigtal.

Wenn wir danach auf dem Forstweg weiterwandern, müssen wir kurz nach der Teufelskanzel links auf einen Pfad abzweigen. Er bringt uns zum Schild Am

Vom Wanderweg aus hat man einen schönen Blick auf Haslach.

Die steinerne Bank beim Roten Kreuz ist zwar hart, bietet sich aber trotzdem für eine Rast an.

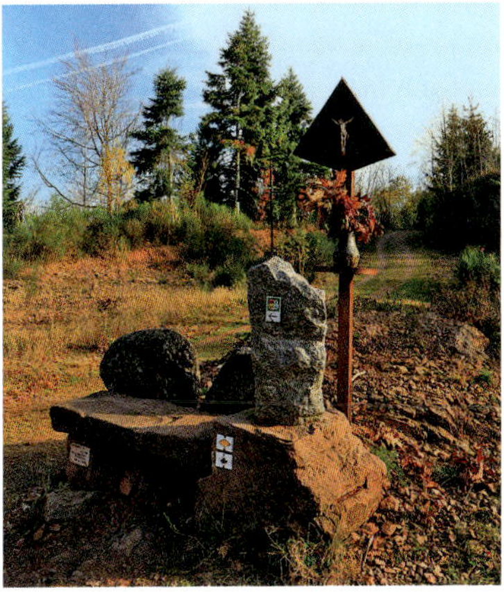

Bannstein

Der Bannstein gehört zu den Markungssteinen, die ringsum das Gebiet der Stadt Haslach gegenüber den Gemeinden Mühlenbach (GM) und dem früheren Sulzbach (GS), heute Hausach, markieren. Innerhalb dieser Grenzen genossen die Stadtbewohner größere Rechte als Fremde. An der Stelle dieses Bannsteins verliefen auch die Grenzen zwischen der Bertholdsbaar und der Ortenau sowie der Bistümer Konstanz und Straßburg.

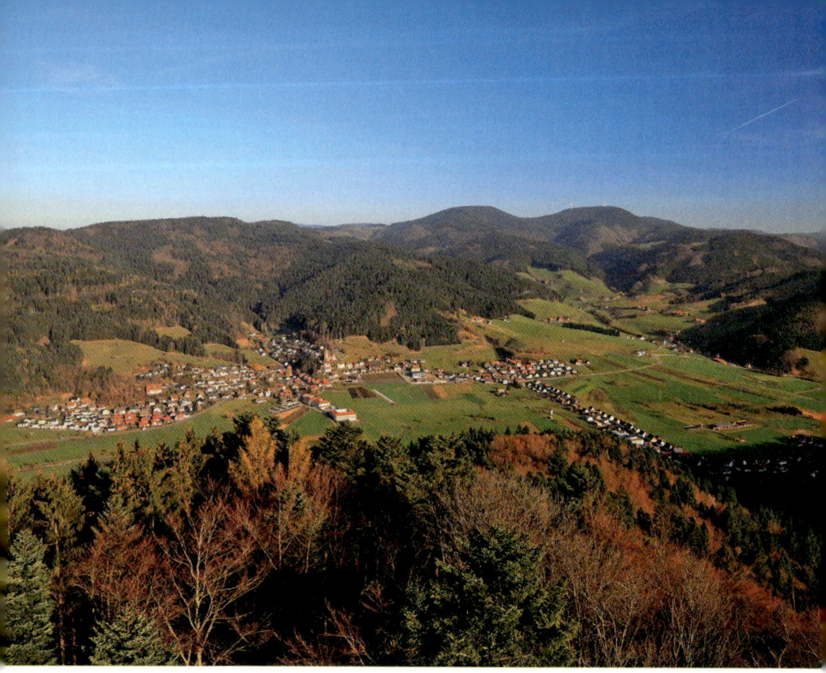

Blick vom Urenkopfturm über das Kinzigtal auf die Schwarzwaldberge

Rechte Seite: Aussichtspunkt am Wegrand mit Blick ins Kinzigtal

Hessendobel (322 m). Hier wandern wir am querenden Weg in Gehrichtung weiter, nun bergab, zum Schild Heiligendobel (260 m). Wir biegen scharf links ab auf einen schmalen Pfad. Er zieht gleich darauf nach einem querenden breiten Weg nach rechts und bringt uns zu einer Freifläche mit herrlicher Sicht auf Haslach und das Kinzigtal. Hier steht auch das namensgebende **Rote Kreuz** 4. Das schlichte Kreuz war einst ein Wetterkreuz. Es wurde 1925 wiedererrichtet und 2012 erneuert.

Kurz danach vor der Rotkreuzhütte steht links das Schild Haslach Rotes Kreuz (280 m), hinter der Hütte sehen wir einen interessanten Gedenkstein für den Schmied und Kapellmeister Otto Fischinger. Wir folgen nun der blauen Raute und dem mit dem »P« markierten Panoramaweg mit herrlicher Aussicht hinab in Richtung KZ-Gedenkstätte. Kurz vor der Straße treffen wir auf das Schild Rotkreuzweg/Panoramaweg; hier beginnen oder beenden diejenigen Wanderer die Tour, die am Parkplatz Waldsee gestartet sind. Wir folgen dem ziemlich verwurzelten schmalen Pfad, der zeitweise parallel zur Zufahrtsstraße zum Parkplatz bzw. der Mülldeponie verläuft und immer etwas ansteigt. Wir queren beim Schild Pfaffenkähner (290 m) einen Weg und treffen später auf einen Forstweg, der uns nach rechts zur Straße bringt. Ihr folgen wir nach links hinauf zum Schild Vulkan (330 m). Hier zweigen wir rechts ab in Richtung »KZ-Gedenkstätte«. Es steigt an und kurz darauf zweigen wir links ab. Schließlich stehen wir vor dem **Stolleneingang** 5. Wir steigen anschließend weiter auf und gehen dann unterhalb der Mülldeponie nach links zum Parkplatz.

KZ-Gedenkstätte Vulkan

Die KZ-Gedenkstätte Vulkan erinnert an 1700 Häftlinge aus 21 Ländern – die meisten aus Frankreich –, die in drei Lagern am Ende des Zweiten Weltkrieges unter schrecklichsten Umständen gefoltert und zur Zwangsarbeit in den Bergwerkstollen der Hartsteinwerke Vulkan gezwungen wurden. Grund war, dass in das Stollensystem die Produktionsstätten von Rüstungsfirmen bombensicher verlagert werden sollten. Hunderte der Häftlinge überlebten diese Zeit nicht. Zahlreiche Infotafeln beschreiben das heute unglaubliche Vorgehen des Systems.

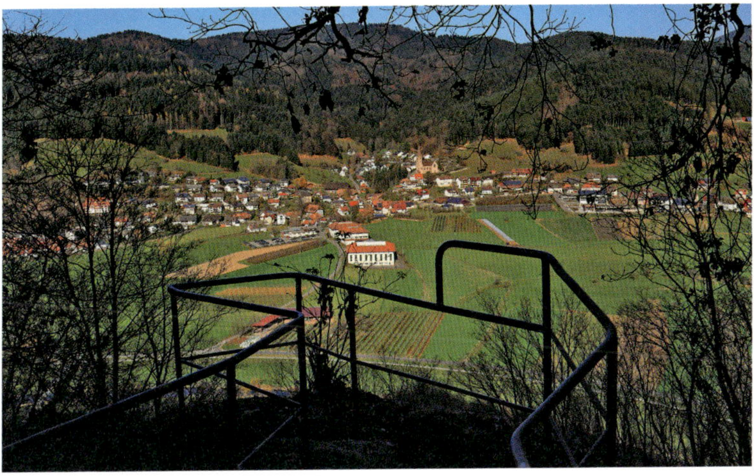

30 Gutacher Tälersteig

Schwarzwaldlandschaft, so weit das Auge reicht

schwer | 15 km | 720 Hm | 5 Std.

Tourenverlauf: Gutach – Viehhütte/Vogelbachtal – Steingrün – Hasenköpfle – Lehmbauernbühl – Pavillon Steinades Bühl – Moserstein – Gutach

Ausgangspunkt: Gutach, Parkplatz Dorfmitte, Kirchstraße, GPS-Koordinaten: 48.248812, 8.211414; einen alternativen Parkplatz findet man an der Curt-Liebich Sporthalle, Hauptstraße 16, GPS-Koordinaten: 48.246250, 8.212060

Anfahrt ab Offenburg: Bus & Bahn: Bahn, dann Bus bis Gutach, Haltestelle Kirchstraße; Auto: B33 über Hausach im Kinzigtal nach Gutach

Einkehr: Gutach, Steingrün

Karte: Wanderkarte W248 Furtwangen i. Schw., 1:25 000, Landesamt für Geoinformation und Landentwicklung Baden-Württemberg (LGL) (Hrsg.) in Zusammenarbeit mit dem Schwarzwaldverein e. V.

Information: www.gutach-schwarzwald.de

Rund um die Heimat des Bollenhuts führt diese Wanderung. Sie beinhaltet zwar zwei Aufstiege, aber diese kommen gut verteilt, sodass es nicht allzu anstrengend wird. Außer schönem Hochwald können wir einige Aussichtspunkte genießen.

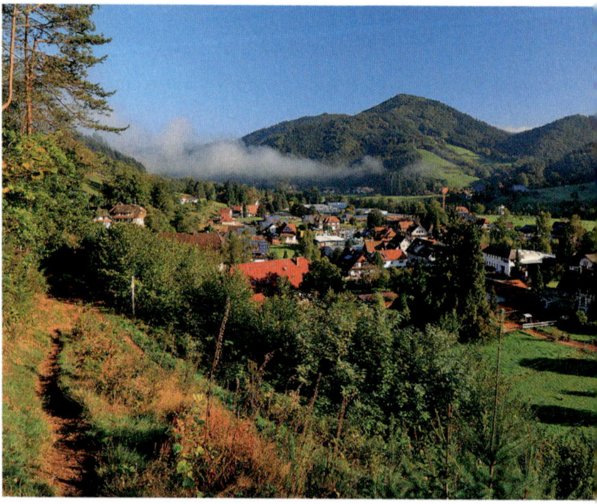

Die Tour beginnt offiziell am Schild **Ortsmitte**, wo sich auch die Bushaltestelle Kirchstraße befindet. Von hier geht es auf der Hauptstraße nach Süden und dann nach rechts in den Weg Knappenacker. Wer bei der Curt-Liebich-Sporthalle geparkt hat, folgt von dort der Hauptstraße nach Norden und hält sich dann links in den Weg Knappenacker.
Wir steigen gleich darauf links der Straße geradeaus auf einem Pfad hinauf in den Wald. An einem que-

renden Wiesenweg biegen wir rechts ab, werden aber gleich nach links verwiesen. Nun steigt es vorerst auf einem Pfad im Wald stetig an, später geht es relativ eben weiter.

Nach einer kleinen Schutzhütte treffen wir auf einen breiten, unbefestigten Weg, dem wir in Gehrichtung folgen. An der Kreuzung Hölzereck knickt unser Weg links ab und steigt wieder an. Später geht es weniger steil weiter. Kurz bevor unser Weg auf die Straße trifft, folgen wir dem markierten Pfad nach rechts. Er verläuft parallel über der Straße zum Wanderschild Vorderer Sand (496 m). Wir gehen zur Straße und folgen etwas nach rechts versetzt dem Waldweg auf der anderen Seite. Gleich danach an der Verzeigung nehmen wir den rechten, ansteigenden Weg. Er bringt uns zur Kreuzung Alte Straße/Hinterer Sand (532 m), wo wir rechts wieder die Straße sehen.

Tourencharakter

Wir wandern auf Pfaden und Forstwegen. Wer will, kann die Tour in zwei Teile aufteilen. Man wandert dabei nach Steingrün (2 Std., 350 Hm) und fährt von dort mit dem Bus zurück bzw. beginnt dort mit dem zweiten Teil der Wanderung.

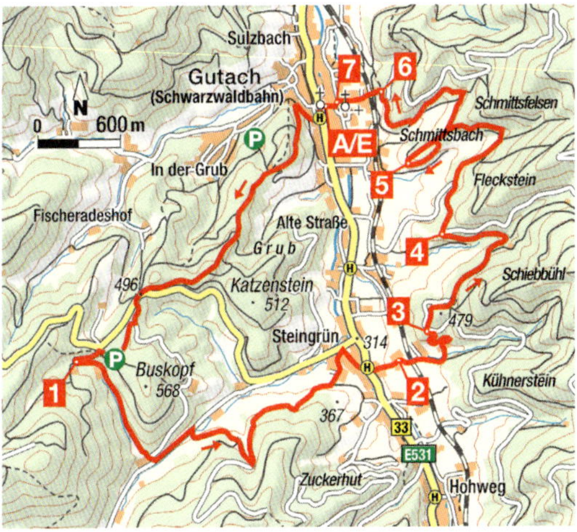

Linke Seite: Schön ist es, wenn man beobachten kann, wie sich der Morgennebel langsam auflöst. Ein schöner Tag ist dann garantiert.

Wir biegen mit den Wandermarkierungen links ab und gehen hinab zu einer Lichtung im Vogelbachtal. Geradeaus sehen wir eine steinerne ehemalige Viehhütte, die heute als **Schutzhütte** 1 dient. Nun biegen wir links ab und wandern durch das stille Waldtal hinab zu einer Straße. Ihr folgen wir am Schild Steinenbach (409 m) nach links. Vor dem Peterhof werden wir nach rechts verwiesen.
Nun geht es mit schönem Blick auf den Hof und das Steinenbachtal entlang der Weiden hinauf zum Wald. Dort biegen wir am Schild Auf dem Eckle (450 m) scharf links auf den abwärts führenden Pfad ab. Wir wandern nun immer am Hang entlang hinab bis zu den ersten Häusern von Steingrün. An der rechts abgehenden Straße vor Haus Nr. 3 orientieren wir uns rechts. Kurz danach überqueren wir die Gutach und kommen zur Durchgangsstraße. Hier befindet sich die Bushaltestelle Gutach Rössle – wer will, kann ab hier zurückfahren; außerdem kann man hier einkehren.

Kirche von Gutach

Vor der evangelischen Kirche von Gutach steht das 1923 geschaffene Kriegerdenkmal. Es zeigt eine Tracht tragende Frau in Trauer. Dieses Motiv gefiel den Nationalsozialisten nicht, die es deshalb einschmelzen wollten. Nur der Widerstand der Gemeinde verhinderte dies.

Ansonsten überqueren wir die Straße zum Schild **Steingrün** (314 m) 2 und folgen der Straße Ebersbach geradeaus durch das Wohngebiet hinauf zum Wald. Dort zieht der Weg nach links zum letzten Hof. Nach dem Gebäude auf der rechten Seite halten wir uns rechts in den Wald; nun steigt es steil an. Ein Zickzackpfad führt uns zum Schild **Hasenköpfle** (418 m) 3, wo wir einen Forstweg überqueren. Danach erreichen wir das Schild Schiebbühl (467 m), hier geht es nach links hinab. An der nächsten Kreuzung halten wir uns rechts und wandern relativ eben zum Schild **Lehmbauern Bühl** (440 m) 4, wo wir einen schönen Blick hinab ins Gutachtal haben.

Am folgenden Schild Fleckstein (412 m) zweigen wir rechts ab auf den ansteigenden Naturweg. Wir wandern später relativ eben weiter, schließlich knickt der Weg links ab und führt uns steil hinab. Nach dem Steinadesloch (419 m) und einem querenden Weg machen wir eine Schleife zum Aussichtspavillon auf dem **Steinades Bühl** 5. Vor dem Pavillon biegen wir rechts ab und wandern zurück zum Schild Steinadesloch. Jetzt biegen wir links ab.

Es geht an einer Weide vorbei, über die wir ins Gutachtal sehen können, danach treffen wir im Wald auf einen querenden Weg. Auf ihm geht es nach rechts steil hinauf. Den Zeichen folgend erreichen wir das Schild Lindenweg (510 m). Wir wenden uns nach links und wandern zum Schild Maierecke (495 m); dort zweigen wir links ab. An der nächsten Verzweigung nehmen wir den rechten, etwas ansteigenden Weg. Er fällt bald ab zu einem querenden Forstweg. Wir halten uns links, zweigen aber gleich danach nach der Linkskurve scharf rechts ab. Kurz danach werden wir links auf einen schmalen Pfad verwiesen. Nun geht es im Zickzack hinab zum **Moserstein** (468 m) 6. Hier finden wir einen Aussichtspavillon; er liegt direkt über Gutach und bietet einen prächtigen Blick auf den Ort.

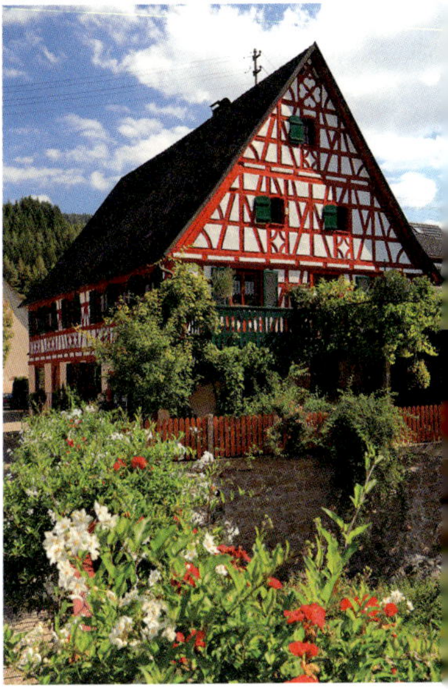

Prächtiges Fachwerkhaus in Gutach

Wir wandern links an ihm vorbei, queren einen breiten Weg und kommen zu einer Kreuzung. Hier geht es geradeaus auf einem breiten Weg weiter hinab. Nach dem Wald wandern wir auf die **Kirche von Gutach** 7 zu. Vorbei am Schild Gasthof Linde (294 m) stoßen wir auf das Schild Gutach Ortsmitte (294 m) vor der Durchgangsstraße.

Register

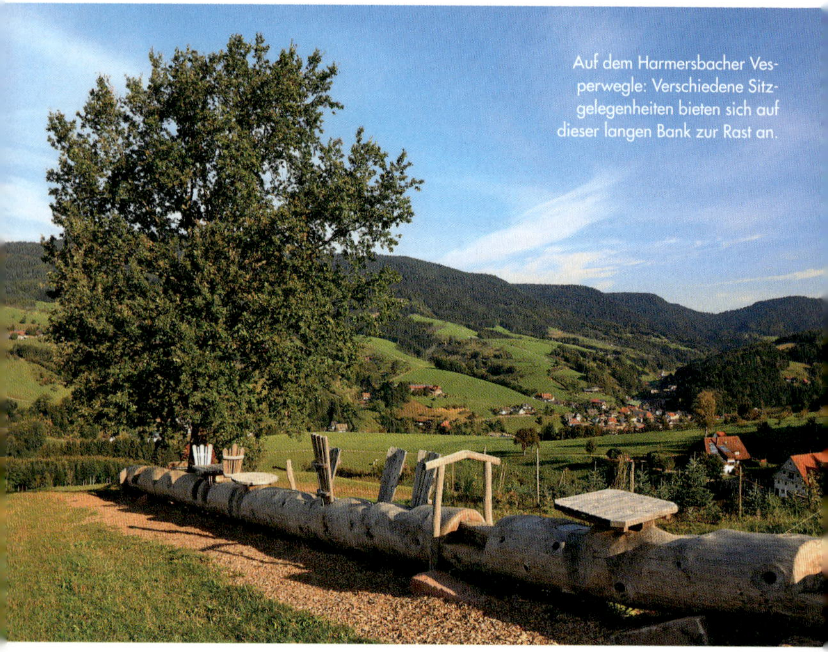

Auf dem Harmersbacher Vesperwegle: Verschiedene Sitzgelegenheiten bieten sich auf dieser langen Bank zur Rast an.

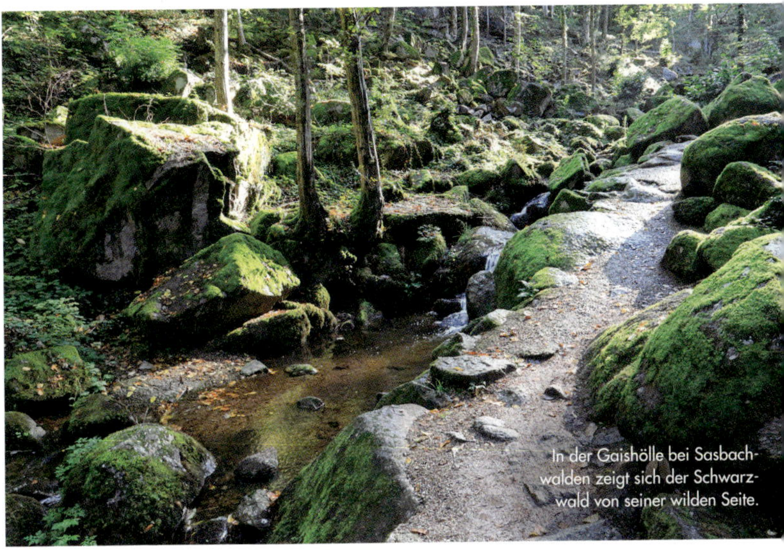

In der Gaishölle bei Sasbachwalden zeigt sich der Schwarzwald von seiner wilden Seite.

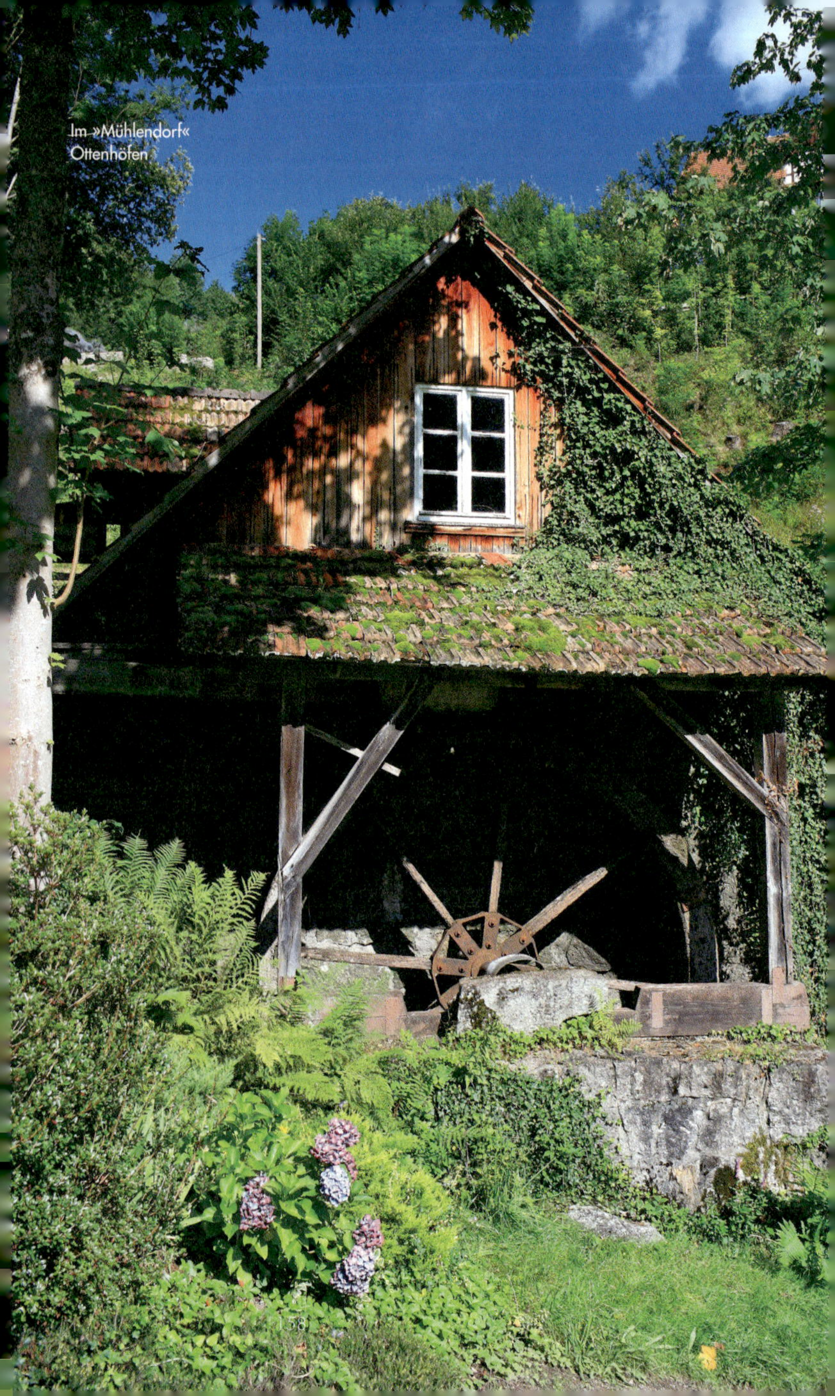

Im »Mühlendorf«
Ottenhöfen

In gleicher Reihe erschienen ...

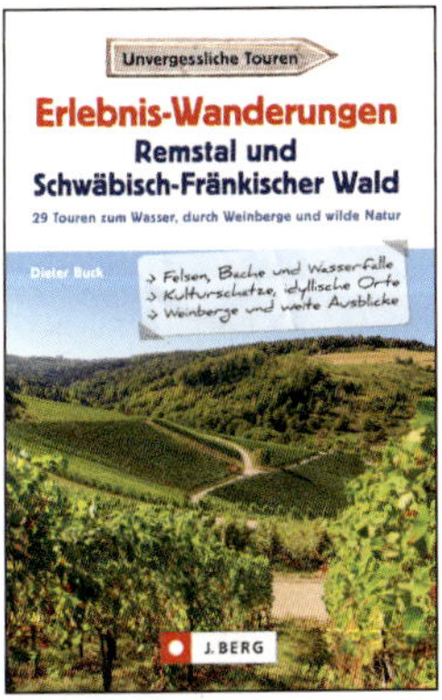

ISBN 978-3-86246-727-3

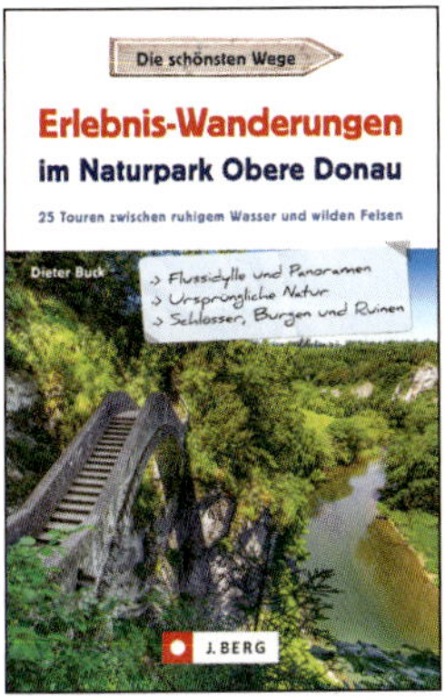

ISBN 978-3-86246-725-9

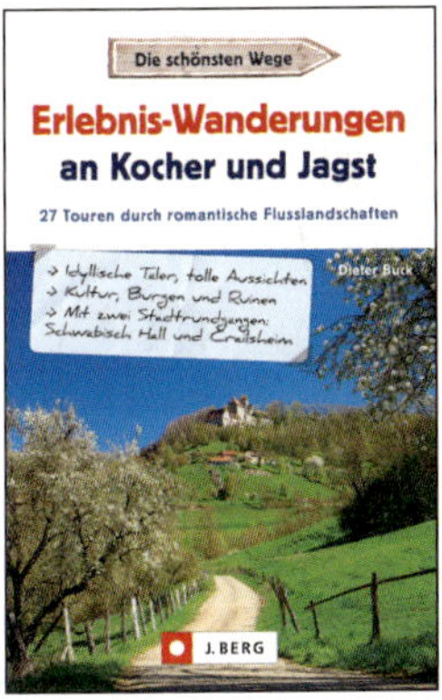

ISBN 978-3-86246-724-2

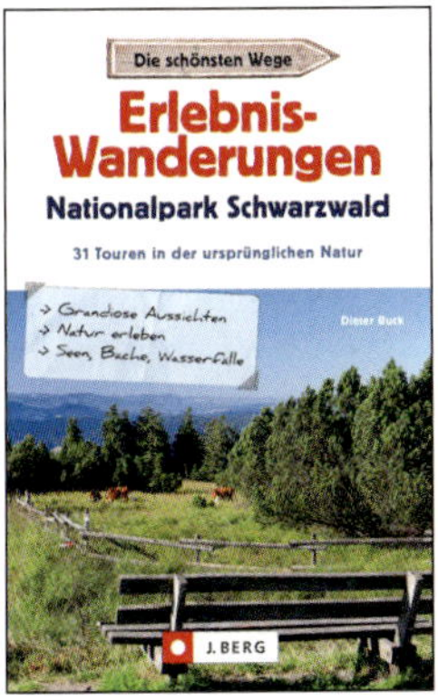

ISBN 978-3-86246-707-5

J. BERG

www.j-berg-verlag.de

Impressum

Verantwortlich: Lea Niesler
Lektorat und Satz: Verlagsbüro Wais & Partner, Stuttgart
Repro: LUDWIG:media
Kartografie: Bruckmann Verlag GmbH, Heidi Schmalfuß
Herstellung: Alexander Knoll
Printed in Slovenia by Florjancic

★★★★★

Sind Sie mit diesem Titel zufrieden? Dann würden wir uns über Ihre Weiterempfehlung freuen. Erzählen Sie es im Freundeskreis, berichten Sie Ihrem Buchhändler, oder bewerten Sie bei Onlinekauf. Und wenn Sie Kritik, Korrekturen, Aktualisierungen haben, freuen wir uns über Ihre Nachricht an J. Berg Verlag, Postfach 40 02 09, D-80702 München oder per E-Mail an lektorat@verlagshaus.de.

Unser komplettes Programm finden Sie unter www.j-berg-verlag.de

In diesem Buch wird aus Gründen der besseren Lesbarkeit das generische Maskulinum verwendet. Weibliche und anderweitige Geschlechteridentitäten werden dabei ausdrücklich mitgemeint, soweit es für die Aussage erforderlich ist.

Empfehlung der Redaktion
Sie sind auf der Suche nach weiterführender Literatur? Dann empfehlen wir Ihnen den Titel »Premiumwanderwege Schwäbische Alb« von Dieter Buck. Oder Sie werfen einen Blick in die Zeitschrift »Schöner Südwesten«. Hier werden Sie bestimmt fündig.

Bildnachweis: Alle Bilder im Innenteil und auf den Umschlagseiten stammen vom Autor, mit folgender Ausnahme: Autorenfoto (Melanie Buck).
Umschlagvorderseite: Schloss Staufenberg (Tour 13)
Umschlagrückseite: Blick über die Schwarzwaldhöhen (Tour 21)

Die Deutsche Nationalbibliothek verzeichnet diese Publikation in der Deutschen Nationalbibliografie; detaillierte bibliografische Daten sind im Internet über http://dnb.d-nb.de abrufbar.

Infanteriestraße 11a
80797 München

ISBN 978-3-86246-988-8